人文社科
高校学术研究论著丛刊

跨文化交际视域下大学英语教学理论与实践融合研究

王静 著

中国书籍出版社
China Book Press

图书在版编目 (CIP) 数据

跨文化交际视域下大学英语教学理论与实践融合研究 / 王静著 . -- 北京 : 中国书籍出版社 , 2021.9

ISBN 978-7-5068-8429-7

Ⅰ . ①跨… Ⅱ . ①王… Ⅲ . ①英语 – 教学研究 – 高等学校 Ⅳ . ① H319.3

中国版本图书馆 CIP 数据核字（2021）第 191332 号

跨文化交际视域下大学英语教学理论与实践融合研究

王　静　著

丛书策划	谭　鹏　武　斌
责任编辑	吴化强
责任印制	孙马飞　马　芝
封面设计	东方美迪
出版发行	中国书籍出版社
地　　址	北京市丰台区三路居路 97 号 (邮编：100073)
电　　话	（010）52257143（总编室）　（010）52257140（发行部）
电子邮箱	eo@chinabp.com.cn
经　　销	全国新华书店
印　　厂	三河市德贤弘印务有限公司
开　　本	710 毫米 ×1000 毫米　1/16
字　　数	276 千字
印　　张	14.75
版　　次	2022 年 7 月第 1 版
印　　次	2022 年 7 月第 1 次印刷
书　　号	ISBN 978-7-5068-8429-7
定　　价	78.00 元

版权所有　翻印必究

目 录

第一章 导 论 … 1
第一节 语言、文化与交际 … 1
第二节 跨文化交际理论解析 … 17
第三节 跨文化意识与跨文化交际能力 … 32

第二章 大学英语教学理论研究 … 35
第一节 大学英语教学的界定 … 35
第二节 大学英语教学的理论依据 … 39
第三节 大学英语教学的基本原则 … 49

第三章 跨文化交际与大学英语教学的融合 … 54
第一节 大学英语跨文化交际教学的现状 … 54
第二节 加强大学英语跨文化交际教学的意义 … 59
第三节 跨文化交际视域下大学英语教学的目标与内容 … 61
第四节 跨文化交际视域下大学英语教学的实施原则与策略 … 75

第四章 跨文化交际视域下大学英语词汇与语法教学的理论与方法实践 … 82
第一节 跨文化交际视域下大学英语词汇教学的理论与方法实践 … 82
第二节 跨文化交际视域下大学英语语法教学的理论与方法实践 … 102

第五章 跨文化交际视域下大学英语听说技能教学的理论与方法实践 … 113
第一节 跨文化交际视域下大学英语听力教学的理论与方法实践 … 113

第二节 跨文化交际视域下大学英语口语
　　　　教学的理论与方法实践……………………… 125

第六章 跨文化交际视域下大学英语读写技能
　　　教学的理论与方法实践…………………………… 134
　　第一节 跨文化交际视域下大学英语阅读
　　　　教学的理论与方法实践……………………… 134
　　第二节 跨文化交际视域下大学英语写作
　　　　教学的理论与方法实践……………………… 152

第七章 跨文化交际视域下大学英语翻译与文化技能
　　　教学的理论与方法实践…………………………… 160
　　第一节 跨文化交际视域下大学英语翻译
　　　　教学的理论与方法实践……………………… 160
　　第二节 跨文化交际视域下大学英语文化
　　　　教学的理论与方法实践……………………… 170

第八章 跨文化交际视域下大学英语教学其他要素的创新发展… 183
　　第一节 跨文化交际视域下大学英语教师的角色转型……… 183
　　第二节 跨文化交际视域下大学英语教材的多维度开发…… 196
　　第三节 跨文化交际视域下大学英语教学评价的多元化…… 203
　　第四节 跨文化交际视域下大学英语教学模式的多样化…… 207

参考文献………………………………………………………… 221

第一章 导 论

随着世界经济迈向全球化,文化也呈现出多元化的局面,跨文化交际活动越来越频繁,世界各国人民通过交际来了解彼此的语言与文化。现如今,语言已经不是阻碍国与国交往的障碍,能否对他国文化有所理解和把握成了交往的障碍和重要因素。这意味着,人们要想成功进行跨文化交际,首先就需要具备跨文化交际能力和准确看待本国文化和他国文化的视野。本章作为开篇,对语言、文化、交际的相关知识展开探讨,并进一步解读三者的关系。

第一节 语言、文化与交际

众所周知,语言与文化密切相关,而了解语言与文化的目的在于合理进行交际。因此,三者的关系是非常复杂的和多面的。本节首先对语言、文化、交际的基础知识展开分析。

一、语言

人生活在语言的世界里,语言赋予世界以"意义"。人可以通过语言来完成某些行为,而不必事必躬亲。语言存在于人类具体使用语言的过程中,这一过程就表现为交际行为。简言之,语言是伴随着具体的交际行为出现在我们面前的,语言是完成某种特定行为的媒介,只有意识到这一点,人们才能真正意识到语言自身所具有的价值。借助于语言,人类构建了一个超出其生存环境的符号世界,正是在这个世界中,人类获得了空前的自由,从而不再受制于环境的束缚。

（一）什么是语言

对于什么是语言,国内外很多学者都对其进行了界定。

语言学家本福尼斯特(Benveniste)指出:"作为一个系统,语言的意义在于作为某一类型的成分,其功能与意义往往是由结构来加以赋予的。之所以可以无限制地展开交际,就是因为语言是根据编码规则来有系统地组织起来的。发话者首先组成个别符号,进而生成成组符号,最后产生无限的语言。听话者对发话者的语言加以辨别,因为发话者身上也会产生同样的系统。"①

语言学家惠特尼(Whitney)指出:"语言为人类独有,本身属于文化的一部分,是人类获得的一种能力。与其他表达手段相比,语言需要交际这一动因,并且交际对于语言而言起着重要作用。"②

语言学家缪勒(Muller)指出:"人与动物的最大区别在于语言,人类能够说话,但是动物不可以。"③

语言学家施莱赫尔(Schleicher)指出:"语言是不会被人类意志支配的一种天然的有机体,是从一定的规律出发产生的,并且随着时间的流转与推移,其可能会消亡或变老。"④

语言学家刘易斯(Lewis)指出:"作为一种活动方式,语言可能是人们最为重要的一种行为方式。"⑤

语言学家鲍林杰与赛尔斯(Bolinger & Sears)指出:"人类语言与交际者的经历有着密切的关系,并且运用任意性的声音组成约定俗成的符号,根据一定的规则将其进行组装起来,成为一个交际系统,这一系统主要由两方面构成,即听说。"⑥

---

① Benveniste, Emile. *Problems in General Linguistics*[M]. Coral Gables: Ubiversity of Miami Press, 1966: 21.
② Whitney, W. D. Nature and Origin of Language[A]. *The Origin of Language*[C]. Bristol: Thoemmes Press, 1875: 291.
③ Muller, Friendrich Max. Lectures on the Science of Language[A]. *The Origin of Language*[C]. Roy Harris. Bristol: Thoemmes Press, 1861: 14.
④ Schleicher, A. *Die Darwinische Theorie und die Sprachwissenschaft*[M]. London: Hotten, 1863: 20-21.
⑤ Lewis, M. M. *Infant Speech: a Study of the Beginnings of Lanuage*[M]. London: Kegan Paul, 1936: 5.
⑥ Bolinger, Dwight & Donald A. Sears. *Aspects of Language*[M]. New York: Harcourt Bruce Jovanovich Inc., 1981: 1-2.

第一章 导 论

语言学家赵元任指出:"语言是由发音器官发出的,是构成系统的一种行为方式,是人们展开沟通的一种手段和工具。"①

语言学家许国璋指出:"语言是人类特有的一种符号系统,是能够将人与人之间的相互反应传达出来的媒介,除了对人与人有作用,其对于人与客观世界可以产生作用,是人类对客观世界加以认识的工具和手段。当然,语言还可以作用于文化,是文化信息的承载体。"②

语言学家王希杰指出:"语言属于一种社会现象,其与其他社会现象不同,是人们交流思想、传递信息的工具,是为人们服务的。"③

显然,上述学者对语言的定义说法不同,研究层面也存在差异,但是有一点可以明确,即语言是人类特有的,是人与动物相互区别的一个特征。

(二)语言的属性

1. 一种交际工具

语言的功能有很多,但交际功能是所有功能中最基本的,具体可以从如下两个层面来理解。

(1)语言是最重要的交际工具之一。人类社会中的每个人都生活在一定的客观社会条件中,人与人的交际是社会生活中的重要组成成分。人们往往用语言来交际,但是除了语言,还可以有很多种交际方式,如文字、灯光语、旗语、身势语等。文字的工具主要在于对语言加以记录,是基于语言的一种辅助交际工具。灯光语、旗语是基于语言与文字而产生的辅助交际工具,因此也不能和语言相比。身势语是流传很广的非语言交际方式,但是受各种条件的限制,往往会产生某些误会,因此也不能和语言相比。通过上述分析可知,语言是所有交际工具中最重要的交际工具。

(2)语言是人类独有的交际工具。对于语言是交际工具,这在前面已经论述,但是这里所强调的是"人类独有",其可以从两个层面来理解。

第一,动物所谓的"语言"与人类的语言有根本区别。"人有人言,

---

① 赵元任.语言问题[M].台北:台湾商务印书馆,1968:2.
② 许国璋.语言的定义、功能、起源[J].外语教学与研究,1986,(2):15.
③ 王希杰.语言是什么?[M].上海:上海教育出版社,1983:116-117.

兽有兽语。"动物与动物也存在交际,他们采用的交际方式也有很多,可以是有声的,也可以是无声的。但是,动物与动物之间这些所谓的"语言"与人类的语言是无法比拟的。首先,人类语言具有社会性、心理性与物理性。社会性是人类语言的根本属性,因为人类的语言源于人类集体劳动的交际需要。运用语言,人们才能够适应自然、改造自然。相比之下,动物的"语言"只是为了适应自然。其次,人类的语言具有单位明晰性。人类语言是一种音义结合的词汇系统与语法系统,音形义各个要素都可以再分解成明确的单位。相比之下,动物的"语言"是无法分析出来的。再次,人类语言具有任意性。语言是一种规则系统,人们使用语言对自己的言语加以规范。但是,语言系统本身的语素和词、用什么音对意义加以表达等从本质上说是任意的。相比之下,动物的"语言"在表达情绪和欲望时并无多大区别。最后,人类语言具有能产性。人类的语言虽然是一套相对固定的系统,各个结构成分是有限的,但是人们能够运用这一有限的成分产生无限的句子,传递出无限的信息。相比之下,动物的"语言"是无法达到这一效果的。

第二,动物学不会人类语言。动物能否学会人类的语言?对于这一问题,显然是不能。如果能学会,那就不能说语言是"人类独有"的交际工具了。很多人说,鹦鹉等能够模仿人的声音,但是这也不能说它们掌握了人类的语言,因为它们只是模仿,只能学会只言片语。也就是说,这些动物不能像人类一样运用语言产生无限多的句子,也不能写出无限多的文章。因此,语言是动物不可逾越的鸿沟,能否掌握语言,也是人与动物的根本区别之一。

2. 一种符号系统

人们的生活中到处都存在着符号的痕迹。例如,马路上的交通信号灯,绿色代表通行,红色代表禁止通行,黄色代表等待。医院里面会张贴禁止吸烟的标志,告诉人们不可以在医院吸烟。在过春节时,中国人习惯贴福字,这是为了表达对来年的祝福。天气阴沉代表着要下雨。某处浓烟滚滚可能预示着之前发生过火灾。再如,路上爬行的蚂蚁当碰到其他蚂蚁时会相互触碰触角,以传达哪里有食物;猎人根据动物留下的足迹可以找到哪里出现过猎物等。显然,符号以及符号活动时时刻刻存在。

索绪尔在他的语言学研究中指出,符号在语言学中是非常重要的,并且反复强调符号是语言的本质。语言学属于符号学的一部分,很多人将语言学称为"符号学",也就是与符号相关的科学,即分析和研究人们用一些约定俗成的系统来对思想加以传达的规律和现象。

关于符号学与语言学的关系,学者们所持有的观点大致包含如下几点。(1)索绪尔、西比奥克等人认为符号学包含语言学。(2)法国著名的符号学家巴尔特、罗兰等人认为符号学属于语言学的一部分。(3)有学者指出符号学与语言学是相互独立的并列成分。(4)法国符号学家吉劳认为符号学与语言学是不相关的。

对于上述观点,支持第一种观点与第三种观点的人更有说服力,他们各自持有自己的观点和意见。实际上,符号学作为一门跨学科的研究手段,它在一定程度上包含了语言学,并赋予语言学一项新的研究手段,而语言学也具备一些自身的特点,这些特点正是符号学中未包含的领域。但是无论如何,我们需要承认的是语言是人类多种符号系统中的一个典型代表,也是人们使用最为广泛的一种。如果我们将语言研究置于符号学研究中,必然有助于研究语言,从而为语言学的发展奠定基础。

对于人类而言,语言是特有的符号体系,也是人类最为常用的符号体系。从狭义层面来说,语言只是指口头语言与书写文字,但是广义上的语言就包含一些非语言符号,如装饰语言、表情语言等,这些非语言符号也传递着一些思想信息。但是,一般来说,语言更倾向于指代口头语言与书面文字。

(三)语言的起源

语言学家所掌握的证据已经证明,语言是先有口语而后才有书面语的,但最初的口语又是如何产生和形成的呢?语言的起源是什么?我们知道,在录音机等声音录制工具出现以前,人们只能凭借保存下来的书面资料对语言进行研究,这就直接导致人们无法对书面语出现以前的语言即口语进行研究。因为无据可依,在这一问题上一直存在种种假说,比较常见的主要有神授说、拟声说、拟象说等。

1. 神授说

人类早期,当他们面对一些无法解释的现象时,往往归结于神灵。当他们面对语言这一现象时,也理所当然地认为是神灵的力量,认为都是神力创造而成的,是神力的恩赐。

因而,在大多数宗教中都存在某种神力授予人们语言或创造语言的描述。例如,在《旧约·创世纪》中,上帝创造了人类的祖先亚当和各种飞禽走兽,而后将这些动物带到亚当面前由他命名;在中国古代神话中有女娲造人、仓颉造字的传说;在埃及,人们相信语言是由纳布(Nabu)神创造的等。

2. 拟声说与神授说

相对立的另一种假说则认为语言的开端始于"自然之声"。按照声源的不同,语言学家分别提出了三种不同的理论。

第一种是"汪汪理论",即早期的人类通过模仿周围自然界的声音形成最初的语言,这一假说为语言中存在的拟声词如 cuckoo, hiss, rattle 等提供了解释。

第二种是"呸呸理论",该理论认为最初的语言源于人类在感受到疼痛、愤怒、快乐等情感时发出的声音,如 Ouch! Ah! Hey! 等感叹词。

第三种理论则被称作"唷嗨嗬理论",这种理论认为人类在参与某项集体劳作时,为了保持动作的协调一致而发出的有节奏的号子声被认为是语言的起源。

以上三种理论都在一定程度上揭示了语言中存在的音义对应关系,如 cuckoo 一词就是人类通过模仿布谷鸟的叫声来指代"布谷鸟"这一事物,而人们在感受到疼痛时自然而然发出的 ouch 声,也被用来指代"疼痛"的感觉。虽然这些理论都具有一定的解释力,但毕竟语言中的拟声词以及感叹词数量有限,因此拟声说具有极大的局限性。

3. 拟象说

拟象说不同于拟声说,它将语言的起源归因于对自然物象而非声音的模拟。其中一种观点认为人类最初是借助一系列的身体语言(如手势、面部表情等)来进行沟通的,逐渐地,舌头、嘴唇等发音器官模拟那些肢体表意动作并发出声音,从而产生了真正的语言。换言之,口腔发音动作是对身体语言的复制,因此被称作口腔手势说。但是我们很难想象一个人在发音时其口腔动作会与其身体语言有什么相似之处,因而该理论听起来有些古怪。

另一种观点则提倡口型拟象说,认为语言是人类对所目击或想象的普遍意义上的物象的模拟。陈澧在《东塾读书记·小学》中提到:"盖天下之象,人目见之则心有意,意欲达之则口有声。意者,象乎事物而构之者也;声者,象乎意而宣之者也。……如'大'字之声大,'小'字之声小,'长'字之声长,'短'字之声短。"

(四)语言的特征

1. 生理性

生理性是语言最基本的特征。人脑中包含多种对语言进行处理的机制,这些机制是区分人与动物的重要层面,之所以婴儿和儿童可以容易获得知识,而到了一定年纪之后知识获取速度会减慢,都是由于语言生理机制的影响和作用。

2. 心理性

语言与思维有着密切的关系,语言是人们展开交流、进行思维的重要工具。如果没有语言的参与,思维是很难展开的;如果脱离了思维这一辅助,语言也丧失了依靠,这样说出的语言是无逻辑的语言。可以说,如果思维出现问题,那么语言也必然受到严重的影响。

3. 创造性

创造性是指语言可以无限变化的潜力。有人将语言与交通信号灯作比,认为语言比交通信号灯还要复杂,这是因为人们可以运用语言产生很多新的意义。例如,一些词语通过新的使用方法可以传达不同的意思,并且能够立刻被人理解。

从另一个角度而言,只有人类的语言具有创造性。虽然绝大多数的动物能够给同伴传递信息,能够接收其他同伴的信息,但是这些信息并不具有创造性。例如,长臂猿的叫声往往都来自一个有限的指令,它们的叫声不具有创造性,因此不可能创造新意;蜜蜂的舞蹈只是用来指示食物的所在,仅能传递这一唯一的信息,因此也不具有创造性。

但是如果将语言视作一个交流系统,那么语言就不是人类独有的了。也就是说,蜘蛛、蜜蜂等也可以通过语言进行交流,只不过交流的内容是非常有限的。语言是创造性的,因为其可以产生出无限的句子,这也体现了语言的递归性。

4. 移位性

所谓移位性,即交际双方可以用语言传达不在交际空间或现场的事件、物体、概念等信息。例如,人们可以提及孔子,即便他已经去世两千多年,距离人们比较遥远,但是人们仍旧可以用语言将他的相关信息传达出来。

移位性赋予了人们巨大的抽象能力与概括能力,这些能力也促进了人们的进步与发展。一些词语常被用于指代当前语境中不存在的事物或事件,当人们对一些遥远的事物或事件进行讨论时,人们就有了对该事物或事件等抽象的概念能力。

二、文化

无论是历史上还是现代社会,人们所说的社会都是全球社会,每一种文化都是将宇宙万物囊括在内的体系,并且将宇宙万物纳入各自的文化版图之中。总体上说,文化会涉及人与社会的关系、人的存在方式等层面。但是,其也包含一些具体的内容。下面就来具体论述什么是文化。

(一)什么是文化

对于文化的定义,最早可以追溯到学者爱德华·泰勒(Edward Burnett Tylor,1871),他这样说道:"文化或者文明,是从广泛的民族学意义上来说的,可以归结为一个复合整体,其中包含艺术、知识、法律、习俗等,还包括一个社会成员所习得的一切习惯或能力。"[①]之后,西方学者对文化的界定都是基于这一定义而来的。

语言学者莉奈尔·戴维斯(Linell Davis)认为:"文化是价值、信仰、文化模式、行为等的集合,在这一集合中,人们可以进行相互的学习与分享。"[②]

美国学者拉里·A.萨姆瓦等人(Larry A. Samovar et al.)认为:"文化是人们经过不断努力而积累下来的价值观、信念、知识、经验等的结

---

① Tylor, Edward Burnrtt. *Primitive Culture*[M].Beijing: the Chinese Press, 1990: 52.
② Davis, Linell. *Doing Culture—Cross-Cultural Communication in Action* [M]. Beijing: Foreign Language Teaching and Research Press, 2004: 24.

合体。"[1]

1963年，人类学家艾尔弗雷德·克洛伊伯（Alfred Kroeber）对一些学者关于文化的定义进行总结与整理，提出了一个较为全面的定义。[2]

（1）文化是由内隐与外显行为模式组成的。

（2）文化的核心是传统的概念与这些概念所带的价值。

（3）文化表现了人类群体的显著成就。

（4）文化体系不仅是行为的产物，还决定了进一步的行为。

这一定义确定了文化符号的传播手段，并着重强调文化不仅是人类行为的产物，还对人类行为的因素起着决定性作用。同时，其还明确了文化作为价值观的巨大意义，是对泰勒定义的延伸与拓展。

学者威廉姆斯（Williams）指出，目前文化主要用于如下三个层面。[3]

（1）用于对精神、知识、美学等加以描述。

（2）用于表达一种生活方式，可能是一个时期，可能是一个民族或者可能是整个人类的生活方式。

（3）用于对智力加以描述。

在文化领域下，本书作者认为文化的定义可以等同于2001年联合国教科文组织发表的《世界文化多样性宣言》中的定义：文化是某个社会、社会群体特有的，集物质、精神、情感等为一体的综合，其不仅涉及文学、艺术，还涉及生活准则、生活方式、传统、价值观等。

进入20世纪90年代之后，很多学者也对文化进行了界定，这里归结为两种：一种是社会结构层面上的文化，指一个社会中起着普遍、长期意义的行为模式与准则；一种是个体行为层面上的文化，指的是对个人习得产生影响的规则。

这些定义都表明了：文化不仅反映的是社会存在，其本身就是一种行为、价值观、社会方式等的解释与整合，是人与自然、社会、自身关系的呈现。

---

[1] Samovar, L. & Porter, R. *Communication between Cultures*[M]. Belmont, CA: Wadsworth Publishing Company, 1995: 47.

[2] 傅铿. 文化[M]. 上海：上海人民出版社, 1990: 12.

[3] Raymond Williams. *Keywords: A Vocabulary of Culture and Society*[M]. London: Fontana Press, 1983: 87.

（二）文化的分类

1. 交际文化与知识文化

文化和交际总是被放到一起来讨论,文化在交际中有着无可替代的地位,并对交际的影响最大,因此有学者将文化分为交际文化和知识文化。

那些对跨文化交际直接起作用的文化信息就是交际文化,而那些对跨文化交际没有直接作用的文化就是知识文化,包括文化实物、艺术品、文物古迹等物质形式的文化。

学者们常常将关注点放在交际文化上,而对知识文化进行的研究较少。交际文化又分为外显交际文化和内隐交际文化。外显交际文化主要是关于衣、食、住、行的文化,是表现出来的;内隐交际文化是关于思维和价值观的文化,不易察觉。

2. 物质文化、制度文化与精神文化

三分法是将文化分为物质文化、制度文化和精神文化的分类方法。

人从出生开始就离不开物质的支撑,物质是满足人类基本生存需要的必需品。物质文化就是人类在社会实践中创造的有关文化的物质产品。物质文化是用来满足人类的生存需要的,只是为了让人类更好地在当前的环境中生存下去,是文化的基础部分。

人是高级动物,会在生存的环境中通过合作和竞争来建立一个社会组织,这也是人与动物有区别的一个地方。人类创建制度,归根到底还是为自己服务的,但同时也对自己有所约束。一个社会必然有着与社会性质相适应的制度,制度包含着各种规则、法律等,制度文化就是与此相关的文化。

人与动物的另一个本质区别就是人的思想性。人有大脑,会思考,有意识。精神文化就是有关意识的文化,是一种无形的东西,构成了文化的精神内核。精神文化是人类在认识世界和改造世界的过程中挖掘出的一套思想理论,包括价值观、文学、哲学、道德、伦理、习俗、艺术、宗教信仰等,因此也称为观念文化。

（三）文化的特征

1. 主体性

文化是客体的主体化，是主体发挥创造性的外化表现。文化具有主体性的特征主要源于人的主体性。人通过与客体进行交互，才能将其主体性展现出来，从而产生一种自觉性。一般来说，文化的主体性特征主要表现为如下两点。

首先，文化主体不仅具有目的性，还具有工具性。如前所述，由于文化是主体发挥创造性的外化表现，因此其必然会体现文化主体的目的性，只有这样才能促进人的全面发展。另外，文化也是人能够全面发展的工具，如果不存在文化，那么就无法谈及人的全面发展，因此这体现了文化的工具性。

其次，文化主体不仅具有生产性，还具有消费性。人们之所以进行生产，主要是为消费服务的，而人类对文化进行生产与创造，也是为了更好地进行消费。在这一过程中，对文化进行生产与创造属于手段，对文化进行消费属于目的。

2. 历史性

文化具有历史性的特征，这是因为其将人类社会生活与价值观的变化过程动态地反映出来。也就是说，文化随着社会进步不断演进，也在不断扬弃，即对既有文化进行批判、继承与改造。对于某一历史时期来说，这些文化是积极的、先进的，但是随着时代的发展，这些文化又可能失去其积极性、先进性，被更先进的文化取代。

例如，汉语中的"拱手"指男子相见时的一种尊重的礼节，该词产生于传统汉民族文化中。然而随着历史的发展，这一礼节已经不复存在，现代社会常见的礼节是鞠躬、握手等。因此，在当今社会，"拱手"一词已经丧失了之前的意义，而仅作为文学作品中传达某些情感的符号。

3. 实践性

实践是人类对文化进行创造的自觉性、能动性的活动，而文化是人类进行实践的内在图式。简单来说，文化具有实践性特征，具体可以表现为两点。首先，实践对文化起决定性作用。人类展开实践的手段与方式决定着文化的性质。在这些实践手段与方式中，物质生产方式居于基础地位。其次,文化对实践有促进作用。这是因为实践往往是在某些特定文化中展开的,如果没有文化背景的融入,那么实践就会非常困难。另外,文化对实践的展开有着巨大的指导意义,也正是由于文化的指导,实践才能取得成功。

4. 社会性

文化具有社会性特征,这主要表现在如下两点。

首先,从自然上来说,文化是人们创造性活动的结果,如贝壳、冰块等自然物品经过雕琢会变成饰品、冰雕等。

其次,从人类行为来说,文化起着重要的规范作用。一个人生长于什么样的环境,其言谈举止就会有什么样的表现。另外,人们可以在文化的轨道中对各种处世规则进行把握,因此可以说人不仅是社会中的人,也是文化中的人。

三、交际

交际这一现象无处不在。也就是说,无论处于何时何地,人们都需要进行交际。在日常生活中,交际的例子很多,如婴儿啼哭就是一种与外界交流的形式,可能代表着"我饿了或者我渴了"这样的含义。虽然这是一个非常简单的例子,但表达了他们在交际。总体来说,交际是人们活动的基础,是人们运用符号与语言的一种能力。下面就来具体分析什么是交际。

(一)什么是交际

简单理解交际,即人们交流信息、交流情感的过程。

关于交际,汉语中很早就有与之相关的论述。《辞源》记载:"际,接也。交际谓人以礼仪币帛相交接也。"在古代,交际指的是与他人的交往与接触。

同样,《现代汉语词典》也对交际进行了界定,即认为交际是社会上人与人之间相互交往的情况。[①]

英语中与交际相对应的是 communication,其中 communi 是其词

---

① 陈俊森,樊葳葳,钟华.跨文化交际与外语教育[M].武汉:华中科技大学出版社,2006:5.

根,意思为"共同"。对于 communication 的翻译,国际政治界将其翻译为"交流",交通界将其翻译为"交通或通信",新闻界将其翻译为"传播"。

《朗文当代英语辞典》这样解释 communication:"Communication is the process by which people exchange information or express their thoughts and feelings."这句话的意思是说交际即人们交流信息和情感的过程。

不过总体来说,对于交际,目前还没有一个统一的说法。

(二)交际的分类

在人类的活动中,交际是一种基本的形式,是以人为中心展开的。一般来说,交际包含两类:一类是人际交际,另一类是非人际交际。前者无论是信息的发出者,还是信息的接收者,都是具体的人;后者又划分为两类,一类是人与自然之间的交际,另一类是组织与大众的交际,这种分类是从交际对象来区分的。[①]

无论属于哪一种类型的交际,交际媒介都不外乎两种,一种是语言,一种是非语言。因此,交际形式可以用图 1-1 来表示。

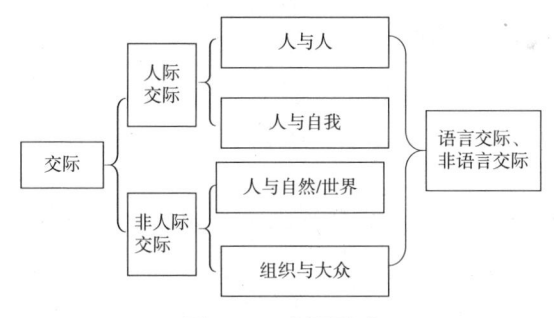

图 1-1 交际形式

(资料来源:陈桂琴,2014)

四、语言、文化与交际三者的关系

语言、文化、交际三者有着密切的关系,这三者共同对跨文化交际产生作用。

---

① 傅铿.文化[M].上海:上海人民出版社,1990:12.

首先,语言具有文化属性,人类创造了语言,通过语言加以记录与传播,从而将历史、文化等传承下来。语言是以文化作为依托而存在的,语言与文化相辅相成、共同发展。

其次,文化对语言和交际产生影响。交际要基于文化的大环境下展开,并且将语言作为载体。在具体的交际过程中,人们往往运用语言来传播思想和信息,整个语言与交际的过程都会被具体的文化所影响。

最后,交际是语言与文化传播的媒介与手段。语言与文化的传播都离不开交际的影响和作用。在人类交际的过程中,人们会不知不觉地产生文化感悟力与语言使用能力。但是,如果个体并没有具体的交际活动,那么他们所具备的文化感悟力与语言使用能力就没有任何意义了。

总而言之,信息传播的过程与文化的环境与交际的渠道有着密切的联系。交际不仅对语言与文化有依赖作用,又对语言与文化的传播与发展起着促进意义。下面就具体分析三者的关系。

(一)语言与文化的关系

语言与文化的关系是非常复杂的,如果从某一个角度来分析是存在偏颇的,因此下面从辩证的角度对二者的关系进行分析。

1. 文化与语言相互依存

语言是文化传承的载体。反过来,文化对语言发展有着巨大的推动作用。语言的发展对文化各个部分同样起着推动作用,如法律、政治、风俗、艺术创造、教育、思维等。因此,只有文化不断发展,语言才能发展。

语言是文化的一部分,并且是属于最初始的文化,是文化的一个重要组成部分,是精神文化的基础。但是,语言是不可以超越文化存在的,不可脱离一个民族所流传下来的对这个民族风俗习惯与生活面貌起着决定作用的信念体系。同时,文化又对语言的形式起着制约的作用,是语言赖以存在的基础,不断将自己的精髓注入语言中,是语言能够再生与发展的生命力量,成为语言的文化内涵与语言表现形式,因此文化的发展将会对语言的发展起促进作用。反过来说,语言的发展也对文化的发展有着巨大的意义。

2. 语言与文化相互包容

语言是文化的基础与重要部分。从这一意义上而言,语言是文化

第一章 导 论

系统中的一个子系统,然而这一子系统有着自身的特殊性,即其在结构上能够将文化上的特点清晰地表现出来,其提供了对概念世界起着决定作用的分类系统。简单来说,语言是文化系统的一种典型形式,对整体文化系统起着决定性的作用,其包容着文化的一切,对文化的一切有着涵盖的作用。

由于语言与人类行为是融为一体的,是文化产生与发展的必由之路,因此语言能够详细地对一个民族的历史文化、娱乐游戏、信仰偏见等加以反映。文化上的接触总是导致"语言货物"的交换。十字军东征时在巴勒斯坦的烈日下脱下原来穿的金属盔甲,换上了阿拉伯人穿的一种棉布服装。于是这种服装传到了欧洲,出现了意大利语的giubba、西班牙语的aljuba、德语的Joppe等同出一源的指称男用服装的词。

语言如水银泻地般的文化渗透力(Culture penetration)还使它在文化的历史发展中获得一种特定历史层面的心智氛围(the mental atmosphere),从而成为特定时代特定社会人类思想的典型标志。英国文学批评家L.P.史密斯指出,如果我们得到一份声称是中世纪手稿的抄本,而其中发现有enlightenment(启蒙)、skepticism(怀疑主义)这样的字眼儿,我们将毫不迟疑地宣称,这是一份明显荒谬的伪造品;如果在一部假称是伊丽莎白时代(Queen Elizabethan,1558—1603)的剧本中,却看到exciting event(激动人心的事件)、interesting personality(有趣的人格)这样的短语,或是发现剧中的角色在谈论着他们的feelings(感情),我们也将即刻抛弃它。

汉字的象形性对中国人认识世界的方式直接起着制约的作用,这一特性使人们在使用文字时不需要了解其读音就可以根据形态来把握其概念意义,并在一定程度上对其深层含义有所了解和把握。人们在学习汉字时,完整地接受了这样一个认知途径与世界构图,以语言文字的形象贯通世界的形象,最终在语言文字上形成"目击道存"的思维形式,并以这种方式来容纳华夏文化。

语言统一文化各领域的功能,使语言问题在现代化进程中日益凸显出来,因为现代化的问题归根到底是人的现代化(modernization)问题。这就不能不与人及整个民族和社会的文化意识(culture consciousness)、文化素质(culture quality)、文化传统(culture tradition)、文化氛围(culture atmosphere)、文化构成(culture formulation)、文化功能(culture function)、文化发展(culture development)的态势等等发生关系。因此,现代人无疑应该具有一种崭新的文化含义（culture meaning）、文化形象（culture image）和文化精神（culture spirit），这就必然需要在其思维方式（mode of thinking）、心理意识（mental consciousness）和审美情态等方面有一个较为深刻的革命，这一革命的必要条件就是语言的解读和更新。

从本质上说，语言是对传统的阐释与理解。人类生活在语言中，而能够对传统进行保存的是语言，人类已经在传统中生存，就在人对语言理解与接受的同时，传统已经通过语言进入到人类的生活中。人之所以成为现实与理性结合的人，就是因为他对某一文化传统的语言进行无可选择的接受，并通过语言对传统进行理解与解释。

（二）文化与交际的关系

文化与交际有着密切关系。受交际双方文化背景的影响，彼此在展开交际时必须考虑文化因素，这样才能保证采用恰当的交际手段展开交际。

文化对交际模式有着巨大影响。交际模式受交际双方文化背景的影响和制约。因此，为了保证交际顺利，必须选择恰当的交际模式。

（1）何时讲话。对于"何时讲话"，由于受文化背景的影响，双方需要遵循彼此各自的规则。例如，对于个人因素，西方人非常看重，因此避免在公共场合谈论。相比之下，中国人对其并不十分看重，因此愿意与他人展开交谈，即便是陌生人。

（2）话题的选择。在交际中，话题的选择十分重要。受文化背景影响，交际双方选择的话题必然不同。例如，中国人在交谈中习惯谈论薪资水平、家庭状况等，而这些在西方人眼中被看作隐私。

（3）话轮转换。所谓话轮转换，即交际双方在交际过程中，不断转换自身的角色，即说话人与听话人之间的角色转换。

当交际双方所处的文化背景不同时，话轮转换也是不同的。例如，日本人在进行交谈时，话轮的转换需要交际者考虑时机，在恰当的时候选择转换。美国人则不同，美国人在交谈时，可以直接进行话轮转换。

（三）语言与交际的关系

从一定程度上来说，语言就是交际，在交际中发挥着不可替代的作用和意义。也就是说，二者关系密切。

正是因为句子数量是无限的，因此在交际过程中理解是有难度的。为了对句子能够更好地理解与把握，语言学家制订了一系列规则，从而使语言能够按照一定的语法程式展开。

在实际的交际中，语言环境一般较为复杂，如果人们无法对所有的交际范畴加以罗列，那么就应该展开系统的分析和设定。换句话说，只有交际者明确了解语言规则，才能顺利地展开交际。

第二节 跨文化交际理论解析

通过跨文化交际，国与国之间可以相互交流，这种交往的过程是十分复杂的。虽然交流的时空距离在不断缩小，但是人们的心理距离、文化距离并没有随之缩小。由于受文化取向、价值观念等的影响，文化差异导致了一些冲突和矛盾的出现，不同文化背景下人的交流面临着严峻的障碍。为了解决这些障碍，对跨文化交际进行研究是十分必要的。

跨文化交际这一现象并不是近期才出现的，而是自古就有。随着人类不断进步，跨文化交际的内容、形式等也在不断改变。在当今时代，跨文化交际的手段和内容变得更为丰富。当然，对跨文化交际进行研究也有很长的历史。本节首先分析什么是跨文化交际。

一、什么是跨文化交际

"跨文化交际"一词是由著名学者霍尔（Hall）提出的[1]，常用cross-cultural communication 或者 intercultural communication 这两个意思相近的词来表达，指代的是一些长期旅居国外的美国人与当地人之间展开的交际。但是，随着跨文化交际的深入，其定义变得更为广泛，指的是不同文化背景下人们之间展开的交际活动。

---

[1] Hall Edward T. *The Silent Language*[M]. New York: Anchor Books, 1959: 5.

现如今，很多人将跨文化交际定义为来自不同背景的人之间，通过语言来实现信息的交流与共享的过程。

二、跨文化交际的要素

跨文化交际的过程是一个信息编码与解码的过程。这一过程是非常复杂的，同时会受到多种因素的影响和制约。其主要包含两大因素，一是言语交际因素，另一个是非言语交际因素。下面就来分析和探讨这两大因素。

（一）言语交际

语言是人们进行交际的重要因素之一。语言跨越了人的心理、社会等层面，与之相关的领域也很多。对语言进行研究不仅是语言学的任务，也是心理学、社会学等学科的任务和内容。因此，语言与交际关系的研究具有明显的跨学科性。

1. 言语交际的过程

人们在进行言语交际时，往往会存在一个信息取舍的过程。下面通过图 1-2 来表达言语交际的具体过程。

在图 1-2 中，A 代表的是人们生活的无限世界，B 代表的是人类的听觉、视觉、嗅觉、味觉、触觉这五种感官所能触碰到的部分，如眼睛可以触碰到光线的刺激，耳朵可以触碰到 20～2 万周波声。另外，当这些感官不能处理多个信息的时候，在抓住一方时必然会对另一方进行舍弃。不过，还存在一些不是凭借五感来处理的，而是通过思维和感觉来处理的部分。例如，平行的感觉、时间经过的感觉就属于五感之外的感觉。人们在头脑中进行抽象化的思维，有时候与五感的联系不大。

C 代表的是五感可以碰触的范围中个人想说、需要注意的部分。D 代表的是个人注意的部分中用语言能够传达出来的部分，这里也具有一定的抽象性。例如，人的知觉是非常强大的，据说可以将 700 万种颜色识别出来。但是，与颜色相关的词汇并不多。就这一点来说，语言这一交际手段是相对贫弱的。同时，语言具有两极性，简单来说就是中间词较少。尤其是语言中有很多的反义词，如善—恶，是很难找到中间词的。我们这样想一下，我们通过打电话来告诉对方如何系鞋带，通过广播来教授舞蹈等。

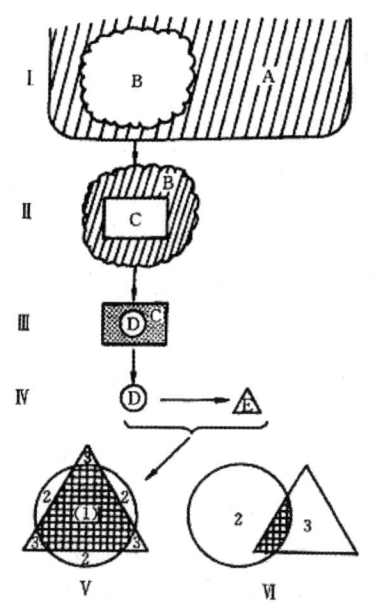

图 1-2 言语交际的过程[1]

（资料来源：陈俊生、樊崴崴、钟华，2006）

E 代表的是对方获取的信息，到了下面的第Ⅴ阶段，是 D 和 E 的重叠，在重叠的部分，1 是指代能够传递过去的部分，2 与 3 是某些问题的部分，其中 2 是指代不能传递过去的部分，3 是指代发话人虽然并未说出，但是听话人自己增加了意义。在跨文化交际过程中，由于不同人的世界观、价值观不同，因此完全有可能形成Ⅵ的状况。

总之，从图 1-2 中我们不难看出，从 A 到 E 下降的同时，形状的大小也在缩小，这就预示着信息量也在逐渐变小。这里面就融入了抽象的意义。在阶段Ⅰ中，人的身体如同一个过滤器；在阶段Ⅱ中，人的思维、精神等如同一个过滤器；到了阶段Ⅲ，语言就充当了过滤器。这样我们不难发现，言语交际不仅有它的长处，也具有了它的短处。为了更好地展开交际，就需要对言语交际的这一长处与短处有清楚的认识。

2. 言语交际的内容

在影响跨文化交际的多个因素中，语言作为文化的重要表现，是跨文化交际的一大障碍。从萨丕尔—沃尔夫（Sapir-Whorf）假设中我们

---

[1] 严明．跨文化交际理论研究[M]．哈尔滨：黑龙江大学出版社，2009：59．

不难发现,语言是人们对社会现实进行理解的向导,对人们的感知和思维有着重要的影响。无论是何种语言,都有其独特的语音、词汇、语法、语言风格等。对一门外语进行学习,对其语言习惯与交际行为的了解有着十分重要的意义。

(1)言语调节

语言并不是一个简单的交流工具,语言不仅是文化的载体,它还是个人和群体特征的表现与象征。一般来说,能否说该群体的语言是判断这个人是否属于该群体的标志。同样,某些人都说同一语言或者同一方言,那么就可以很自然地认为他们都源自同一种文化,他们在交流时也会使用该群体文化下的行为规范、价值观念、交际风格,因此也会让彼此感到非常的轻松。正因为所说的语言体现出发话人的身份,而且人们习惯于与说自己语言的人进行交流,因此学外语的热潮无论在国内还是国外都很高,人们都想得到更多群体的认同。不仅如此,语言还标志着一个民族的文化独立与主权,其对于一个国家或民族而言是非常重要的。统一的语言是民族、群体间的黏合剂,其有助于促进民族的团结。更为有趣的一点是,人们对其他民族语言如此的崇尚,往往会产生爱屋及乌的想法,对说这种语言的外国人会不自觉地流露出亲近与欣喜之情。

语言具有的这种个人身份与凝聚力预示着言语调节的必然性。所谓言语调节,又可以称为"交际调节",即人们出于某种动机,对自己的语言与非语言行为进行调整,以求与交际对象建构所期望的社会距离。一般而言,发话人为了适应交际对象的接受能力,往往会迎合交际对象的需要与特点,对自己的停顿、语速、语音等进行稍微调整。

常见的言语调节有妈妈言语、教师言语等,就是妈妈、教师等为了适应孩子或者学生的认知与知识水平而形成的一种简化语言。这属于一种趋同调节的现象,有助于更好地进行交流,达到更好的交流效果。当然,与趋同调节相对,还存在趋异调节,其主要目的是维持自己文化的鲜明特征与自尊,对自己的言语与非语言行为不做任何的调整,甚至夸大与交际对象的行为,这种现象的产生正是由于语言作为文化独立象征以及个人身份而造成的。或者说,趋异调节的产生可能是因为发话人不喜欢交际对象,或者为了让对方感受未经雕饰或者原汁原味的语言。总之,无论是趋同调节,还是趋异调节,都彰显了发话人希望得到交际对象的认同,通过趋同调节,我们希望更好地接近对方;通过趋异调节,我们希望能够保持一定的距离。因此,理想的做法应该做到二者的结合,不仅要体现出自己向往与对方进行交际的愿望,还要保证一种健康的群体认同感。

需要指出的是,在影响言语调节的多个因素中,民族语言活力有着非常重要的影响作用。所谓民族语言活力,即某一语言的社会经济地位,以及说这种语言的分布情况与人数等。如果一种语言的活力大,那么对社会的影响力也较大,具有较广的普及率,政府与教育机构也会大力支持,人们也会更加青睐。这是因为,人们会将说这种语言的人与语言本身的活力相关联,认为这些人具有较高的声望,所以愿意被这样的群体接受与认同。

在跨文化交际中,言语调节理论证明了跨文化交际与其他交际一样,不仅是为了交流信息与意义,更是一个人身份协商与社会交往的过程。来自不同文化的交际双方在使用中介语进行交流时,还需要注意彼此的文化身份与语言水平,进行恰当的调节。

(2)交际风格

在言语交际中,交际风格是非常重要的层面。著名学者威廉·古迪孔斯特和斯特拉·廷图米(William Gudykunst & Stella Ting-Toomey)论述了四种不同的交际风格,即直接与间接的交际风格、详尽与简洁的交际风格、以个人为中心与以语境为中心的交际风格、情感型与工具型的交际风格。

第一,在表达意图、意思、欲望等的时候,有人会开门见山,有人却拐弯抹角;有人直截了当,有人却委婉含蓄。美国文化更注重精确,美国英语的运用在很大程度上与这一点相符。从词汇程度上来说,美国人常使用 certainly, absolutely 等这样意义明确的词汇。从语法、句法上来说,英语句子一般要求主谓宾齐全,结构要求完整,并且使用很多现实语法规则与虚拟语法规则。从篇章结构上来说,美国英语往往包含三部分:导言、主体与结论,每一段具有明确的中心思想,第一句往往是全段的主题句,使用连词进行连接,保证语义的连贯。与之相对的是中国、日本的语言,常用"可能""或许""大概"这些词,篇章结构较为松散,但是汉语中往往形散神不散,给人回味无穷的韵味。

英汉语言的差异,加上受个人主义与集体主义的影响,导致了英美人与中国人交际风格的差异。中国文化强调和谐性与一致性,因此在传达情感与态度以及对他人进行评论与批评时,往往比较委婉,喜欢通过暗示的手法来传达,这样为了避免难堪。如果交际双方都是中国人,双方就会理解,但是如果交际对象为英美人,就会让对方感到误解。因此从英美人的价值观标准上来说,坦率表达思想是诚实的表现,他们习惯明确地告知对方自己的想法,因此直接与间接的交际风格会出现碰撞。

第二,不同的交际风格有量的区别,即在交流时应该是言简意赅,还是详细具体,或者是介于二者间的交际风格。威廉·古迪孔斯特和斯特拉·廷图米在对其他学者的研究结果进行研究的基础上指出,中东的很多国家都属于详尽的交际风格,北欧和美国基本上属于不多不少的交际风格,中国、日本等亚洲国家属于简洁的交际风格。这是因为,阿拉伯语言本身具有夸张的特点,这使得阿拉伯人在交际中往往会使用夸张的语言来表达思想和决心。例如,客人在表达吃饱的时候,往往会多次重复"不能再吃了",并夹杂着"向上帝发誓"的话语,而主人对"no"的理解也不是停留在表面,而认为是同意。中国、日本作为简洁交际风格的代表,主要体现在对沉默、委婉的理解上。中国人认为"沉默是金",并认为说话的多少同地位有着密切的关系。一般来说,中国的父母、教师属于说教者,子女、学生属于听话者。美国文化中反对交际中的等级制,主张平等,因此子女与父母、学生与教师都享有平等的表达思想的机会。

第三,威廉·古迪孔斯特和斯特拉·廷图米提出了以个人为中心——以环境为中心的交际风格。以个人为中心的交际风格是采用一些语言手段,对个体身份加以强化;以环境为中心的交际风格是运用语言手段,对角色身份进行强化。这两种交际风格的差别在于,以环境为中心的交际风格是运用语言将社会等级顺序进行反映,将这种不对等的角色地位加以彰显;以个人为中心的交际风格是运用语言将平等的社会秩序加以反映,对对等的角色关系加以彰显。同样,在日语中,存在着很多的敬语和礼节,针对不同的交际对象、交际场合、角色关系等,会使用不同的词汇、句型,并且人际交往也非常的正式。如果是在一个非正式的场合,日本人往往会觉得不自在,在他们看来,语言运用必然与交际双方的角色有着密切的关系。与中国、日本的文化存在鲜明对照的是英语,英美文化推崇直率、平等与非正式,因此他们在使用语言进行交际时往往使用那些非正式的称呼或者敬语,这种交际风格表达是美国文化对民主自由的推崇。

第四,中西方交际风格的差异还体现在情感型—工具型的区别上。情感型的交际风格是以信息接收者作为导向,要求接收者具备一定的本能,对信息发出者的意图要善于猜测与领会,要能够明白发话人的弦外之音。另外,发话人在信息发送的过程中,要观察交际对方的反应,及时地改变自己的发话方式与内容。因此,这样的言语交际基本上是发话人与听话人之间信息与交际关系的协商过程。相比之下,工具型的交际风格是以信息发出者作为导向,根据明确的言语交际来实现交际的目标,发话人明确地阐释自己的意图,听话人就很容易理解发话人的言外之意,因此与情感型的交际风格相比,听话人的负担要轻很多。可见,工具型的交际风格是一种较为实用的交际风格。

显然,上述几种交际风格是相互关联与渗透的,它们是基于不同的文化价值观建立起来的,其中影响力最大的是集体主义与个人主义的差异,其在社会的各个领域都得以贯穿,并从很大程度上决定中西方文化的不同。

(二)非言语交际

言语交际是通过语言来展开交际的,而非言语交际是通过非言语交际行为展开交际的。非言语交际是言语交际的一种辅助手法,是往往被人们忽视的手法。但是,非言语交际在英汉交际中起着十分重要的作用,甚至有助于实现言语交际无法实现的效果。非言语交际包含多个层面,如体态语、副语言、客体语言等。

对于非言语交际行为,中外学者下了不少的定义。

(1)将非言语交际定义为一种不运用语言展开的交际,这是一种笼统的定义。

(2)将非言语交际定义为不运用言辞来表达,并且被社会人认可与熟知的一种行为,这是较为具体的定义。

三、跨文化交际的主要理论

(一)跨文化关系理论

人类不是独居性的生物,当人们思欲与他人分享喜、怒、哀、乐、爱、恶、欲等七情六欲之时,也正是寻求与他人建立人际关系网的时候。从人们出生的那一刻起,已经开始经由沟通的管道编织一个社会关系网。人性本就具有爱与被爱的本质,这种本质随着年龄的成长逐渐地表现出来。换句话说,人类一生都持续着与周遭的人发展(develop)、维系(maintain)以及终止(terminate)相互间的关系。由于交通与传播科技的突飞猛进,人类在全球化社会的接触更是简便与频繁。不仅是人与人之间,包括团体间、组织间与国家间的关系,也比20世纪更加紧密。

1. 跨文化关系的性质与特征

人际关系指人们在日常生活中,如何在陌生(strange)与亲密(intimate)之间的连续线上相互对待的过程。对人际关系内涵的认知,不同文化会有显著的差异。不过,不管文化对人类认知关系的影响如何,人类这种与他人联系的欲望,同是建立在"社会需求"(socialneeds)的基础上。根据Schutz的研究,人类的社会需求包含三个要素:归属感(inclusion)、支配力(control)以及情感(affection)。

归属感(inclusion)是人们意欲参加社交、文化、宗教或学术等不同团体的动因。在不同的团体与成员建立人际关系,是人们发展自我认同的基本步骤,因为只有在具有归属感的团体内,个人的特质与思想行为才能够受到接受与认同。

支配力(control)代表影响他人思想行为的能力。支配力通常来自一个人的知识、吸引力或权威。人类沟通的过程,其实就是互动者彼此说服对方,也就是经由个人支配力彼此影响对方的过程。显示支配力的行为,可包括如提供他人不知晓的讯息、提供新点子、鼓吹行动、替人解决冲突或排解纠纷或同意对方意见等项目。

情感(affection)需求则是人类追求爱人与被爱的欲望。为了维持良好的人际关系,归属感和支配力必须以情感来调和。情感的流露,可以培养出亲密的感情和产生海誓山盟的承诺。只有情感有了合理的表达与维护,人类才能彼此在生理、心理等其他方面紧密地连接起来。

总之,人际关系乃是人们在社会需求的领域中,寻求建立连接网络的互动过程。在这个彼此试着满足对方归属感、支配欲与情感需求的过程中,因为双方文化背景、宗教信仰、教育程度与个性等因素的影响,而产生正面或负面的结果。

2. 文化对关系发展的影响

从文化的角度而言,它对关系发展的取向具有重大的冲击。例如,

第一章 导 论

文化的差异在俩人开始互动时就扮演了一个重要的角色。有些文化对与陌生人的交谈比较开放,有些则相当保守。东亚与北美文化对沟通的看法最主要的差别在于前者以社交关系为重,后者以个人主义为主。东亚文化的这种思想取向,主要是受到儒家对仁、义、礼、智四个概念的重视。这四个概念的信仰,对东亚人的沟通过程形成了与北美不同的重大影响。其中一项就是人际关系运作的形态。

东亚人倾向于建立:

(1)特殊性的关系。这种关系凸显年龄、性别、角色和地位的差异,并且鼓励彼此间的相互依赖。在特殊性关系的社会里,沟通往往受制于一组清晰的规范(norms)。

(2)长期性的关系。这种起头难,一旦建立之后就变成长期性关系的取向,衍生了礼尚往来(reciprocity)的习惯与层级性(hierarchical)的关系结构。

(3)明显区分我族(in-group)与他族(out-group)的关系。这种由包括血亲、同乡、同学、同事等关系网所建立起来的我族或内团体的结构,促使东亚人不信任他族或外团体分子。

(4)正式性关系(formal relationships)。较正式性的关系使得东亚人在碰到龃龉的时候,倾向于依赖第三者或仲裁人来帮忙解决,以避免当事人面对面的窘状。

(5)重叠的私人/公共关系(personal/public relationships)。东亚人较喜欢私人性或人性化的互动环境,因此私人与公共关系之间的界限,常有重叠的时候。

北美文化和东亚文化有很大的差异,在人际关系上,北美人倾向于建立:

(1)普遍性的关系(universalistic relationships)。这种关系依照一个客观的(objective)法则行事,人际间的关系,以公平(fairness)与平等(equality)为依归。

(2)短期性的关系(short-term relationship)。这种关系起头容易建立,但是彼此之间不具有什么义务,因此没有所谓"礼尚往来"的约束感。

(3)不明显区分我族(in-group)与他族(out-group)的关系。对认识或不认识的人一视同仁,只要觉得搭调,人人可以为友,因此朋友群通常比东亚人广泛。

（4）非正式性关系（informal relationships）。这是属于平行式（horizontal）的沟通与人际关系，从北美人对认不认识或不论年龄大小都喜欢以名（Hostname）互相称呼对方，可以看出。

（5）公私分明的关系。北美人不习惯把私人与公共关系扯在一起，以防隐私、自主等个人权益受到侵犯。

3. 跨文化关系的特征

除了文化的影响之外，跨文化的关系具有四项明显的特征：高度动态性（dynamic）、容易产生误解（misunderstanding）、焦虑感（anxiety）较高以及潜在利益（potential benefits）。

（1）高度动态性（Dynamic）。跨文化关系比单文化的关系建立过程，更具动态性（dynamic）。跨文化关系的高度动态性，不仅是因为关系本身是一个互动双方经由沟通来彼此影响的过程，更是沟通形态、价值观念、认知系统、生活饮食习惯等文化的差异所造成。

（2）容易产生误解（Misunderstanding）。由于文化的期待（expectations）与刻板印象（stereotyping）紧随着跨文化的沟通，也因此在跨文化关系建立的过程中扮演着重要的角色。因为每种文化都有不同的期待与刻板印象，在关系建立的过程中也更容易产生误解。

（3）焦虑感（Anxiety）较高。任何关系建立的初期，因情况的模糊性（ambiguity）和对互动对方资讯的缺乏，产生某种程度的焦虑感是不可避免的。这种模糊性或不确定性（uncertainty）和资讯缺乏的情况，在跨文化沟通的过程中，因彼此文化的差异更加严重，焦虑感也相对地增高。

（4）潜在利益（Potential Benefits）。跨文化关系的发展过程，虽然充满着动态性高，情况不容易掌握，也更容易产生高度的焦虑感和误解，其实也正是这些因文化差异所形成的潜在困难，给跨文化关系的建立带来了一种独特性的挑战和可能的回报与机会。

4. 跨文化关系研究的理论模式

研究关系建立的理论与模式俯拾可得。例如，较具有代表性的有社会交换理论、社交关系渗入理论、不确定性减除理论、沟通适应理论、Devito 的关系五阶模式、Knapp & Vangelisti 的关系两段十层模式以及第三文化建立理论。

（1）社会交换理论。社会交换理论以经济学的奖赏（reward）和代价（cost）两个概念为基础，主张人们凡事都会衡量奖赏和代价的差异，并试图争取最大的效益。交易中，如果奖赏大于代价，人们会趋之若鹜；如果代价大过奖赏，人们则按兵不动或避之唯恐不及。

应用到人类关系的发展也是一样，如果交往的过程充满着欢笑、情意、尊重、权力地位等奖赏性的成分，人们通常会继续追求该项关系的进展。如果关系满是仇恨、不快、痛苦、财务损失等负面代价，人们会裹足不前或结束双方的关系。

（2）社交关系渗入理论。社交关系渗入理论认为人们关系的进展，建立在自我表露（self-disclosure）的基础上。从表露讯息的深度（depth）和广度（width），可以判断出彼此之间的关系仅是泛泛之交或具有深交，以及关系进展的四个阶段：适应期、探测性的情感交换期、情感交换期以及稳定期。

在适应期的表露，均属于表面性的或刻板印象性的讯息；探测性情感交换期的讯息，围绕在互动者个性周边的事实；在情感交换期，彼此开始感到自在地表露个人的意见；在稳定期则可以无所不谈，不会有所顾忌。

（3）不确定性减除理论。不确定性减除理论专门用来检视人们在见面初期，彼此如何开始来认识对方的过程。不确定感（uncertainty）指在认知上，因无法在不明情况下适当解释自己或对方的思想行为所引起的焦虑感。这个理论主张，唯有减低这种焦虑感，人们才有办法发展关系。因此，在关系发展的过程里，人们一直是试着减低不确定感。通常有三种策略可用来达到减低不确定感的目的：被动、主动和互动策略。

被动策略（passive strategy）指不直接与对方沟通；但暗中观察对方在不同情况下的行为，收集可以了解对方的资讯。不确定感经由这个间接资料收集的过程得以减轻。

主动策略（active strategy）也不直接与对方沟通，但积极地从认识对方的人们或朋友中收集有关对方的资料。由于没有与对方直接对话，因此被动与主动两种策略所收集的资讯，不见得是正确可信的。

互动策略（interactive strategy）使用两种方法。第一是直接询问对方有关他们的资讯，第二是经由自我表露，让对方了解你自己。询问对方加上自我表露，通常会使对方觉得有义务，提供适当的资讯。互动策略所得的资讯比前两者正确。

不确定性减除理论已广泛地应用在跨文化沟通上。

（4）沟通适应理论。沟通适应理论融合了言语适应理论和民族语言认同理论；探讨在社会与心理情境下，双方沟通进展的情形以及沟通有个人特性之间的关系。沟通适应理论以三个概念为基础：聚合、分歧及维持。聚合指改变自己语言表达的方式来适应互动对方，以显示出彼此之间的休戚与共；分歧指刻意强调与互动对方在语言上使用的不同；维持指无顾互动对方，持续使用自己的语言表达方式。在跨文化沟通的过程中，聚合的使用可以增加吸引力，分歧则相反。维持的使用，少数族裔在发现自我语言的重要性时，通常会采用维持的方式，持续使用自己语言或表达方式。

（5）Devito 关系五阶模式。Devito 的关系模式着重在关系发展的阶段。人类关系的发展，可分为五个阶段：接触期、投入期、亲密期、恶化期以及分手期。每一期的发展都有一个起头与结尾。在结尾的时候，互动者必须决定，关系就停驻在该阶段或继续往另一个阶段推进。

（6）Knapp & Vangelishti 的关系模式。Knapp & Vangelishti 的模式，把人类关系的进展细分为两个阶段，每个阶段又以五个层次来区分关系的分和。两个阶段为聚合（coming together）和分离（coming apart）。

（二）跨文化冲突理论

尽管有些文化重视和谐的价值观，有些文化以对抗作为解决问题的主要方法，在人类关系发展的过程中，冲突是一个必然存在的事实。也就是说，有人类的地方，就有冲突存在。冲突可说是人生的一个无法避免的事实，是一个具有普世性的现象与概念。

1. 冲突的本质

广义而言，只要两个对象之间的需求无法搭配或相容，人们就可以说，他们处于冲突的情境之中。不管文化差异的大小，冲突是日常生活的一部分。冲突与人生形影不离，有人或许会以为某些人一定乐于与人发生冲突或是以冲突为乐。其实不然，不管中外，只要是正常人，身处冲突情况时，感觉通常是负面、不愉快的。

虽然冲突是普遍存在的，但是不同文化的人们对冲突这个概念，在意义的认知上还是有所差别的。例如，"冲突"这个词在英文为"conflict"；

依定义是,只要彼此需求不相配,就是"conflict"。但从中文的角度来看,把"conflict"翻译成"冲突",其实并不是很理想。因为中文"冲突"的意义,比英文的严重得多。中文"冲突"的意义,已接近英文的"clash",意指有暴力性或倾向的"conflict"或对抗。其他接近"conflict"意义的中文,有"分歧""纠纷""问题"和"矛盾"。

大致上"矛盾"和英文"conflict"的意义较为接近。不过,"矛盾"在中国也有不同的用法。从历史的典故而言,矛和盾都是武器,买者自夸其矛无盾不破,又自诩其盾无矛不挡,结果在逻辑上说不通。因此,一些人认为"矛盾"原意为"互反"(mutually opposed)或"逻辑的不相容"(logically incompatible)。如此和英文的"contradiction"比较相近,而非"conflict"。

但是"矛盾"后来演变出了其他的意义。把个人、人际间、团体间、组织间以及阶级间,在价值观、信仰、态度、意见与意识形态上的差异,认为是"矛盾"的内涵。由此可见文化对"冲突"意义之认定的影响。最后,从沟通结构的角度来看,冲突在每一个沟通层次都会发生。依性质而言,冲突有虚实之分。所谓"实冲突"(real conflict),指因争取资源、权力或地位的真实性的对抗。这种冲突产生了"零和"(zero-sum)的情况,也就是说,结果一定有输赢。甲方赢,意味着乙方输,像各种球类竞赛一样,两方对峙,不能同赢或双输。

"虚冲突"又称"诱发性冲突"。原本并无真正的冲突,但是为了特殊的目的,如凝聚团体成员,刻意制造出一个假想的对手。这在政治上也常发生,政客与政客之间,或国与国之间,常常会树立一个假想敌或外患来巩固或争取选票,或激发国人的爱国情操。

2. 文化对冲突的影响

文化对冲突的经营与解决的影响可从文化的三个方面说起:文化情境、语言差异以及思想形态。

(1)文化情境。文化价值取向区分为高情境文化和低情境文化,信息、情境和意义三个概念,均衡地与功能性地结合在一起。分享的讯息愈多,情境的程度愈高。因此,文化分布在高情境与低情境的连续线上。

(2)语言差异。语言和文化的紧密关系。每一个文化都有一组制约其语言结构,包括语形、语音、语句、语意和语用等领域的规则。这些语言本身的结构是沟通时首先必须碰上的问题。换句话说,不了解一个语言的结构,根本就无法进行沟通,彼此间的误会与冲突,也因此容易产生。

不过,语言结构是属于沟通的显性层次,只要经过学习的过程,通常在一段时间内,就能取得了解与运用的能力。因此,语言的差异对冲突经营或解决的影响,最难以驾驭的部分,乃是语言的表达方式;它代表着沟通的隐性层次,深深受制于文化深层的价值取向。

语言的表达方式,在人类开始学习说话时,即慢慢地跟着发展。由于语言表达的方式反映和具体化人们文化的信仰,在互动时因表达方式的不同,往往会引起冲突。从文化情境可以得知语言的表达可分为直接与间接两种方式。直接表达的方式特别重视自我表现、口头的流利、雄辩的言说和试图直接说服对方接受其观点的倾向。反之,间接表达方式的特色,在于较常使用模糊性的语言和不直接说"不"或拒绝对方,以确保和谐的互动气氛。

很明显,直接表达语言是低情境文化的特征,间接表达语言的方式则代表了高情境文化的特征。在互动的过程,使用直接表达方式的人们,比较容易引发冲突,而且在解决冲突时倾向于采取对抗的方法。语言的表达方式在自我表露的过程中可清楚地看出差异。

(3)思想形态。思想形态指文化成员推理的方式或解决问题的步骤。从语言的表达中,很容易可以分辨出思想的形态差异。

3. 跨文化冲突解决方法

解决跨文化冲突的方法,大致上可分为以下五种:

(1)文化支配法。这是以自我或自己文化为中心的冲突解决法,也就是"我是他非"的作风。

(2)文化顺应法。文化顺应法,是"我非他是"的利他做法。如同入乡随俗一样,迁就对方。这种迁就,可能是真的欣赏对方,可能是屈服于对方的势力,也可能是担心互动结果的不理想而产生的。

(3)文化妥协法。此法的运用结果是各方都同时赢一些,但也输一些。也就是既没有全赢,也没有全输。在事情不能两全的时候,这倒是一个可取的折中法。

(4)文化逃避法。这是鸵鸟主义法,把头栽入泥沙里,看不见问题,就以为问题不存在了。

(5)文化综合法。同时顾及双方的需要,发展出另一套双方可以同意与互利的方法,以便适当地把问题解决,这是达到双赢结果的保证。

这五个跨文化冲突或问题解决的方法,各有利弊。表面上看来,除了文化综合法之外,其他各法似乎都不可取。其实,在实际运作情况下,并不见得如此。尤其是从策略性的角度,有时候会刻意使用非预期的方法,出奇制胜。不过,整体而言,文化综合法还是代表跨文化冲突解决最为理想的方法。它不仅解决了问题,而且双方都乐于接受,没有怨恨存在。

文化综合的冲突解决方法,是一种用以经营多元文化之冲击的主要方法之一。它具有三项原则:①文化的异质性,信仰文化多元主义;②文化同异性,相信人们之间,相似和相异的特性同时存在;③殊途同归性,不同文化方法对解决相同的问题同时有效。

(三)跨文化谈判理论

人类沟通或关系发展的过程,不可避免地必须面对各种可能的冲突或龃龉。为了解决这些问题,人们随时得经由谈判(negotiation)的过程来说服对方,以做出满意的决策。因此,有关系就有冲突,有冲突就有谈判的存在。谈判是人类沟通互动的一个紧要部分。

文化的复杂性,在从事跨文化或国际谈判时,应该特别注意五个项目:谈判者及情况、决策的形态、国家性格、文化噪音以及解说和翻译者。

(1)谈判者及情况。谈判者的选择标准与有利于我方的谈判的情况是两个谈判的基本问题。首先是谈判代表人选择的问题。美国和巴西,日本和中国台湾之间,对适当谈判人选的条件较为接近。日本虽然和美国与巴西一样重视口头表达能力,但是同时注重聆听的能力。中国台湾重视谈判者必须有趣以及毅力与果断,则是其他国家和地区所无。谈判的情况包括地点、场所摆设、谈判时间、地位等要素。地点方面,应该在我方的办公室、对方的办公室或是第三个中立的地点,这些都是安排谈判的过程,根据谈判的性质,必须考虑到的地点问题。大部分人似乎喜欢选择较中立的地点从事谈判。谈判时间的运用,因文化对时间概念的认知不同,对跨文化谈判具有很大的影响。在跨文化谈判时,时间的运用,常常成为一个克服对方的武器。最后是谈判者地位的决定。美国人较喜欢不正式的行事作风,也较重视人人平等的观念,因此重视谈判者的专业知识,而非社会地位。东方人则重视层级关系,对谈判资格的选择,往往是以个人的社会地位或尊卑长幼来决定的。这种差异,常常给跨文化谈判带来诸多的困扰。

(2)决策的形态。从文化情境的角度,人们已经了解高情境和低情境文化,有着不同的问题或冲突解决方法。决策既然是问题解决过程的一环,文化必然也赋予它的成员一套决策的形态。

(3)文化噪音。文化噪音专指沟通过程,阻止或扭曲信息流动的各种障碍。这种障碍在跨文化谈判中,主要存在于讯息本身和输送的过程。也就是语言与非语言的表达行为。口语谈判的策略包括:承诺、恐吓、劝告、警告、奖赏、惩罚、规范性诉求、诺言、自我表露、质问、命令;非口语的谈判策略,则有沉默、交谈重叠、脸部直视以及触摸等。

(4)解说和翻译者。在跨文化谈判的过程中,常常需要依赖解说或翻译来协助双方彼此了解讨论的内容与文件用语的正确性。在跨文化沟通的过程中,翻译可能造成三项困扰:①不同语系之间,常常很难找到对等的词语来翻译;②错误的翻译,可能酿成巨大的悲剧;③正确可靠的翻译不容易,因此常常需要仰赖专业人才。在跨文化谈判里,有关翻译必须注意的事项有三个值得一提:第一,翻译过的词语,对双方的主观意义十分重要。第二,一方语言的概念,若不存在于对方的语系,该如何处理。第三,双方的语言是否具有难以翻译的内在推理或思考形态。

第三节 跨文化意识与跨文化交际能力

在跨文化交际中,跨文化意识与跨文化能力的认知和培养是非常重要的,对这两项内容的了解,有助于更好地指导跨文化交际实践。因此,下面就对这两大层面展开分析。

一、跨文化意识

意识对人类的行动起着引领作用。在人们的跨文化交际中,只有具备跨文化意识,才能按照交际规则,对对方的行为有恰当的理解,顺利展开交际。由于中西方文化存在明显的差异性,个体与个体之间也存在差异,因此交际必然会遇到很多障碍。跨文化意识对世界的多样化、不同文化形式是承认的,并主张应该保持平等的姿态展开交流。可见,对跨文化意识的了解,有助于当代社会与人的和谐发展。

在跨文化交际中,跨文化意识主要体现在认知上,即对人的思维产生作用,这样的认知思维对个体行动有着重要的指导意义。另外,跨文化意识还具有文化性,因此需要交际双方对自身文化的特征、他国文化的特征进行探求与了解,从而提升交际中的理解力。

世界文化是平等的,不能说好还是说坏,交际者需要在基本的跨文化意识的支持下,对不同文化的差异有敏锐的洞察力,从而捕捉跨文化交际的问题,顺利展开跨文化交际。

跨文化意识的培养并不是一蹴而就的,是一个循序渐进的过程,具体包含对文化词汇、文学典故的学习,对中西方价值观念的了解,对中西方节日的清楚,对社交往来规范的熟知,同时不能忽视非言语交际。

二、跨文化交际能力

20世纪90年代以后,西方的第二语言教育学学者提出把培养跨文化交际能力当作第二语言教学的主要目标。那么,什么是跨文化交际能力?按照定义,跨文化交际能力是一种与不同文化的人有效交往的能力。跨文化交际能力涉及人们对于其他人的行为和价值观的看法,以及以非价值判断的态度与他人交往的技能。

所谓跨文化交际能力,是指对跨文化交际过程中出现问题的处理能力,如文化态度问题、文化差异问题等。在具体的跨文化交际实践中,跨文化交际能力还体现在对文化运用的有效与得体上。前者主要是指对交际目标的实现,后者是指在目的语文化社会规范、行为模式、价值取向上是否做到相符合。

上述了解了跨文化交际能力的相关知识,懂得了其在跨文化交际中发挥的重要作用。下面对跨文化交际能力的培养要点进行总结。

(1)了解文化差异。人类文化具有共性,但是也具有明显的差异性。对这些差异性的了解可以培养自身的跨文化交际能力。在具体的交际过程中,中西方在价值观念、时间观念等层面存在差异,因此交际者需要尊重不同文化的差异,对这些差异有清晰的了解,保证交际顺利开展。

(2)发展跨文化技能。当了解了文化差异后,还需要发展跨文化技能,具体来说可以从以下几点着眼。

第一,扫除思维定式的障碍。
第二,扫除民族中心主义的障碍。
第三,能够灵活处理交际情境。
第四,深层次了解目的语文化及内部规律。

第二章 大学英语教学理论研究

在我国高等教育教学中,大学英语教学有着重要的地位,并且随着人们对大学英语教学越来越重视,对大学英语教学的要求也越来越高。当前的大学英语教学不仅在于传播英语知识,还承担着培养英语实用型人才的责任。本章就对大学英语教学的理论展开研究。

第一节 大学英语教学的界定

大学英语教学是我国高等教育的一门重要课程,而这门课程的内容与社会需要、国家需要、学生需要有着紧密的关系。对于大学英语教学的内涵,可以从多个层面来理解与把握。

一、如何定义大学英语教学

作为一项活动,教学贯穿整个人类社会的生产与发展过程中。也就是说,教学在原始社会就产生了,只不过原始社会将教学与生活本身视作一回事,并不是将教学视作独立的个体存在。但是,随着社会的不断发展,教学逐渐独立出来,成为一个单独的形态存在,并对人们的生产生活产生着重要的影响。由于角度不同,人们对教学概念的理解也不同,因此这里从常见的几个定义出发进行解释。

有人认为教学即教授。从汉字词源学上分析,"教"与"教学"有着不同的解释,但是从我国教育活动中,人们往往习惯从教师的角度对教学的概念进行解释,即将教学理解为"教",因此"教学论"其实就等同于"教论"。

有人认为教学即学生的学。有些学者从学生"学"的角度对教学进行界定,认为教学是学生基于教师的指导,对知识进行学习的过程,从而发展学生自身的技能,形成自身的品德。

有人认为教学即教师的教与学生的学。有人将教学视作教师的教与学生的学,即教师与学生将课程内容作为媒介,为了实现共同的目标,彼此共同参与到活动中。也就是说,教与学是同一过程的两个方面,彼此相辅相成、不可分割。教学的根本目的在于促进学生的进步和发展。因此,这一观点是对前面两个观点的超越。

有人认为教学即教师教学生学。对于这一观点,其主要强调的是教师指导学生"学习",即教师"教学生学",而不是简单的"教师教与学生学"这一并列的概念。也就是说,这一观点强调教师要教会学生学习,重视学生学习方法的传授等,让学生学会自主学习。

二、大学英语教学的属性

(一)有目的、有计划的系统性活动

说教学具有计划性、目的性,主要在于教师是为了让学生获得知识与技能,实现多层面的发展。在教学活动中,教师需要按照教学任务与教学目的出发,将课程内容作为媒介,通过各种方法、手段等引导学生进行交往与交流,促进学生的全面发展。

大学英语教学系统性主要体现在其制定者的工作中,如教育行政机构、教研部门和学校的教学管理者等的工作。大学英语教学的计划性指的是对英语基础知识的计划性教学,如大学英语语音、词汇、语法、写作、阅读等具体知识和技能的传递。

(二)教师教与学生学的统一活动

前面通过对教学的定义进行介绍可知,无论就哪个角度而言,人们都不能否认教学活动是"教"与"学"的过程,二者是相互制约、相互依赖的关系。在课堂中,教师的教离不开学生的学,学生的学自然也离不开教师的教,因此二者是同一过程的两个层面。正如王策三在《教学论稿》中所说:"所谓教学,乃是教师教、学生学的统一活动;在这一活动中,学生掌握自身需要的知识与技能,同时促进自己身心的发展。"[1]

---

[1] 王策三.教学论稿[M].北京:人民教育出版社,1985:88-89.

需要指明的是,大学英语教学并不是教与学的简单相加,而是教师指导学生学习的过程,是二者相统一、相结合的过程。要想保证教与学的统一,不能片面地强调只有教或者只有学,也不能片面地简单相加,而应该从学生自身的学习规律与身心发展特点出发,进行教与学的活动。从这一点来说,教师教学能否成功的关键是学生的学。

(三)教师与学生以课程内容作为媒介的活动

也就是说,在教师教与学生学之间,课程内容充当中介与纽带的作用。师生围绕这一纽带开展教学活动。因此,大学英语课程内容是教学活动能否开展的必要条件。

(四)以建构意义作为本质的活动

大学英语教学活动的目的在于促进学生的全面发展,实际上这一目的实现的过程就是学生不断建构知识意义的过程,即学生对原有知识与经验进行重组,对新知识的意义加以建构的过程。在实际的学习中,学生只有将新旧知识的意义结合起来,才能真正地学好知识、掌握知识。

三、大学英语教学的现状分析

(一)受"应试教育"的制约严重

在传统教学模式中,应试教育是一个基本的目标,其主要目的是让学生成功通过考试。例如,在大学阶段,学生特别重视四六级考试成绩,因为在他们看来,只要通过四六级考试,就能够顺利毕业。但是,这样的考试很难提升学生的英语实际应用能力。

(二)教材选择方面存在弊端

从很大程度上而言,教材决定课程的教学内容与方法,因此无论对于什么课程来说,教材的选择与运用非常重要,当然大学英语教学也不例外。

但是,我国当前的大学英语教材其内容多忽视了实用性。虽然当前我们也引入了大量的国外教材,但是这些教材与我国的教学需要并不完全适应。因此,我国的教材仍旧存在明显的弊端。

(三)师资水平参差不齐

在大学英语教学中,教师是重要的组成因素,起着重要的引导作用。因此,教师素质高低,对学生英语学习的积极性有着直接的关系。但当前,很多学校的师资力量紧张,并且师资水平也存在差异,导致大学英语教学存在明显的师资问题。

(四)信息化教学效率低下

在信息技术飞速发展和广泛覆盖的背景下,有学者提出将教育信息化与传统教学理念相融合,这一理念的提出对教育行业的未来发展拓展了新的领域。近年来很多研究人员在如何提升现代教育技术的实效性方面开展了众多研究工作,取得了一定的成果,但是问题仍然显著地摆在我们面前,表现在以下两个方面。

1. 学校方面

第一,现代教育技术的应用管理不足。学校领导是学校教学工作展开的主要影响因素,因此他们关系着现代技术在英语教学中的应用和实施。近年来我国现代教育技术快速发展,但是不可否认,很多学校领导还是将学生文化成绩的提升放在学校工作的重要位置上,有些学校领导为了实现学生的"高分数",甚至放弃了英语教学创新活动的开展。

第二,学校难以引进专业的信息化人才。传统的英语教学模式已经使得英语不再是曾经的香饽饽,这给英语教学的前进之路造成了不小的障碍。当前,在发展信息化教学的过程中,需要认真探讨出符合时代发展的教学模式,包括信息化教学的指导思想、信息化教学师资队伍、信息化教学方法等。但是,由于种种主观因素和客观因素,一些专业的信息化人才不愿意走上学校的教学岗位,这也就直接制约着英语教学的信息化进程。

第三,教师的现代教育技术应用能力不足。虽然大部分教师对现代教育技术在提升英语教学效果方面的作用充分肯定,但在教学实践过程中采用多媒体教学的教师只占据一部分,这可能在很大程度上是因为教师对现代教育技术的应用操作流程不熟悉或者迫于教学目标的压力等。如果教师不在英语教学中使用现代教育技术,便无法在教学新模式中汲取新的知识和技能,更无法开展高效的教学实践工作。

2. 学生方面

学生对信息技术的掌握,在很大程度上影响着他们的英语知识学习和运用的效率。教学是针对整个学生群体而言的,英语教学信息化的高效实施,需要每一位学生的积极参与和配合。在教师减少传统教学手段而增加现代教学手段的使用频率时,学生应该以一种欢迎的态度面对这种情况,这更有利于教师开展信息化教学工作。然而现实中,很多学生习惯了传统的面授教学方式,而不适应当前的各种教育技术。

第二节 大学英语教学的理论依据

毋庸置疑,英语教学的展开离不开合理、科学的理论指导,如语言本质理论、语言学习理论、需求理论等,都是英语教学展开的理论依据。为此,本节主要针对英语教学的理论依据展开分析。

一、语言本质理论

（一）言语行为理论

奥斯汀(Austin)的言语行为理论首次将语言研究从传统的句法研究层面分离开来。奥斯汀从语言实际情况出发,分析语言的真正意义。言语行为理论主要是为了回答语言是如何用之于"行",而不是用之于"指"的问题,体现了"言则行"的语言观。奥斯汀首先对两类话语进行了区分：表述句(言有所述)和施为句(言有所为)。在之后的研究中,奥斯汀发现两种分类有些不成熟,还不够完善,并且缺乏可以区别两类话语的语言特征。于是,奥斯汀提出了"言语行为三分说",即一个人在说话时,在很多情况下,会同时实施三种行为：以言指事行为、以言行事行为和以言成事行为。

1. 表述句和施为句

（1）表述句。以言指事，判断句子是真还是假，这是表述句的目的。通常，表述句是用于陈述、报道或者描述某个事件或者事物的。例如：

桂林山水甲天下。

He plays basketball every Sunday.

以上两个例子中，第一个是描述某个事件或事物的话语；第二个是报道某一事件或事物的话语。两个句子都表达了一个或真或假的命题。

换句话说，不论它们所表达的意思是真还是假，它们所表达的命题均存在。但是，在特定语境中，表述句可能被认为是"隐性施为句"。

（2）施为句。以言行事是施为句的目的。判断句子的真假并不是施为句表达的重点。施为句可以分为显性施为句和隐性施为句。其中，显性施为句指含有施为动词的语句，而隐性施为句则指不含有施为动词的语句。例如：

I promise I'll pay you in five days.

I'll pay you in five days.

这两个句子均属于承诺句。它们的不同点是：第一个句子通过动词 promise 实现了显性承诺，而第二个句子在缺少显性施为动词的情况下实施了隐性承诺。

总结来说，施为句主要有如下几个特点。

第一，主语是发话者。

第二，谓语用一般现在时第一人称单数。

第三，说话过程包含非言语行为的实施。

第四，句子为肯定句式。

隐性施为句的上述特征并不明显，但能通过添加显性特征内容进行验证。例如：

学院成立庆典现在正式开始！

通过添加显性施为动词，可以转换成显性施为句：

（我）（宣布）学院成立庆典现在正式开始！

通常，显性施为句与隐性施为句所实施的行为与效果是相同的。

2. 言语行为三分法

奥斯汀对于表述句与施为句区分的不严格以及其个人兴趣的扩展，很难坚持"施事话语"和"表述话语"之间的严格区分，于是提出了言语行为的三分说：以言指事行为、以言行事行为和以言成事行为。指"话语"这一行为本身即以言指事行为。指"话语"实际实施的行为即以言行事行为。指"话语"所产生的后果或者取得的效果即以言成事行为。换句话说，发话者通过言语的表达，流露出真实的交际意图，一旦其真实意图被领会，就可能带来某种变化或者效果、影响等。

言语行为的特点是发话者通过说某句话或多句话，执行某个或多个行为，如陈述、道歉、命令、建议、提问和祝贺等行为。并且，这些行为的实现还可能给听者带来一些后果。例如：

我保证星期六带你去博物馆。

发话者发出"我保证星期六带你去博物馆"这一语音行为本身就是以言指事行为。以言指事本身并不构成言语交际，而是在实施以言指事行为的同时，也包含了以言行事行为，即许下了一个诺言"保证"，甚至是以言成事行为，因为听话者相信发话者会兑现诺言，促使话语交际活动的成功。

在奥斯汀之前的实证哲学家都认为，句子只能用于对某种情况、某种事实加以描述与陈述，因此认为其只适用于正确或错误的价值，但是言语行为理论明确指出话语在现实中有着行事的能力，其不仅强调发话者的主体作用，也强调听话者的反应，因此其在英语教学中有着重要的意义。

对于教师来说，言语行为理论的核心在于以言行事或以言成事，即强调语言需要在具体的实践中得以应用才更有意义，语言研究也应该侧重于具体的运用，而不仅仅是对词汇、语法等的研究。这一理论对于大学英语教学而言是非常重要的，也给予了教师一定的启示，即在大学英语教学中，可以将言语行为理论融入其中，转变教师的角色，使他们从主导者转向参与者与组织者，让学生能够积极地参与到学习之中。同时，言语行为理论也要求教师在讲课中应该保证体裁与题材的广泛性，内容要与时代要求相符，并融入跨文化交际的知识与内容，这样才能让学生在语言知识与文化知识上得到进步与发展。

对于学生来说，言语行为理论对于他们的二语学习非常重要，因为英语这门语言实践性很强，而大学英语教学主要是为了培养他们的能力，也是立足实践的，因此可能与他们的需求不谋而合。以言语行为理论作为指导，学生可以积极地参与到实践中，在实践中不断提升自身的语言能力与文化能力，调动他们学习语言的积极性与主动性。

（二）会话分析理论

要想了解会话含义,首先需要弄清楚什么是含义。从狭义上说,有人认为含义就是"会话含义",但是从广义角度上说,含义是各种隐含意义的总称。含义分为规约含义与会话含义。格赖斯认为,规约含义是对话语含义与某一特定结构间关系进行的强调,其往往基于话语的推导特性产生。

会话含义主要包含一般会话含义与特殊会话含义两类。前者指发话者在对合作原则某项准则遵守的基础上,其话语中所隐含的某一意义。例如：

（语境：A 和 B 是同学,正商量出去购物。）

A：I am out of money.

B：There is an ATM over there.

在 A 与 B 的对话中,A 提到自己没钱,而 B 回答取款机的地址,表面上看没关系,但是从语境角度来考量,可以判定出 B 的意思是让 A 去取款机取钱。

特殊会话含义指在交际过程中,交际一方明显或者有意对合作原则中的某项原则进行违背,从而让对方自己推导出具体的含义。因此,这就要求对方有一定的语用基础。

提到会话含义,就必然提到合作原则,其是对会话含义的最好解释。合作原则包括下面四条准则。

其一,量准则,指在交际中,发话者所提供的信息应该与交际所需相符,不多不少。

其二,质准则,指保证话语的真实性。

其三,关系准则,指发话者所提供的信息必须与交际内容相关。

其四,方式准则,指发话者所讲的话要清楚明白。

二、语言学习理论

（一）认知主义学习理论

认知主义学习理论认为,学习个体本身会对环境产生这样或那样的作用,大脑的活动过程能够向具体的信息加工过程转化。语言学家布鲁纳、苛勒、加涅和奥苏贝尔等是认知主义学习理论的主要代表人物。

人要在社会上生存,必然要与周围环境互相交换信息,作为认知主体的人也会与同类发生信息交换的关系。人是信息的寻求者、形成者和传递者,从一定意义上来讲,人的认识过程也就是信息加工的过程。

认知学习理论的基本观点为,在外界刺激和人内部心理过程的相互作用下才形成了人的认识,而不是说只通过外界刺激就能形成人的认识。依据这个理论观点,可以这样解释学习过程,即学生从自己的兴趣、需要出发,将所学知识与已有经验利用起来对外界刺激提供的信息进行主动加工的过程。

从认知学习理论的基本观点来看,教师不能简单将知识灌输给学生,而要将学生的学习动机激发出来,对学生的学习兴趣进行培养,使学生能够将已有的认知结构和所要学的内容联系起来。学生的学习不再是被动消极的,而是主动选择与加工外界刺激提供的信息。

认知主义学习理论认为,在影响学生学习的因素中,学生自身已有的认知结构具有非常重大的影响,在教学中应将教学内容结构直观地展示给学生,让学生对各单元教学内容之间的相互关系有深入的了解。

(二)建构主义学习理论

建构主义学习理论认为个体与外部环境的交互作用使得知识得以产生,人们会从自己的已有经验出发来理解客观事物,每个人对知识都有自己的理解和判断。美国语言学家维果斯基、皮亚杰等是建构主义学习理论的主要代表人物。

建构主义学习理论认为,学生是在一定情境下,通过自己的主观参与,同时借助他人的帮助,通过意义建构的方式而获得知识的,而不是通过教师传授得到知识的。

建构主义教学理论要求教师在学生主动建构意义、获取知识的过程中起到帮助和促进的作用,而不是给学生简单灌输和传授知识。因此在教学过程中,教师首先要转变教育思想,改革教学模式。学生是在一定的学习环境下获取知识的,学生在获取知识的过程中需要主观努力,也需要他人帮助,而且也离不开相互协作的活动。建构主义学习理论要求有利于学生获取知识的学习环境应具备情境创设、协作、会话、意义建构等基本属性或要素。下面具体分析这四个基本要素。

学习环境中必须要有对学生意义建构有利的情境。在建构主义学习环境下,教师要基于对教学目标的分析与对学生建构意义的情境创设问题的考虑而设计教学过程,并在教学设计中把握好情境创设这个关键环节。

在学生的整个学习过程中都离不开协作,如学生搜集与分析学习资料、提出和验证假设、评价学习成果及最终建构意义等都需要不同形式的协作。

在协作过程中,会话这个环节是不可或缺的。学习小组要完成学习任务,必须先通过会话来商讨学习的策略。学习小组成员之间协作学习的过程也是相互不断会话的过程,在这个过程中,学生的学习资源包括智慧资源都是共享的。

学习过程的最终目标就是意义建构。建构的意义指的是事物的本质、原理以及事物与事物之间的内在联系。帮助学生在学习中建构意义,就是帮助学生深刻理解学习内容反映的事物的本质、原理及其与其他事物之间的内在联系。

(三)二语习得理论

除了对第一语言习得的关注,心理语言学对第二语言习得也非常注重。所谓第二语言习得,即人们第二语言的形成与发展的过程,其与第二语言学习有所不同,各有侧重。

作为一门独立的学科,二语习得理论真正形成于20世纪70年代。该理论的主要代表人物是美国南加州大学语言学系的教授克拉申(S.Krashen)。克拉申是在总结自己和他人经验的基础上提出的这一理论。

二语习得理论于20世纪六七十年代形成,主要对二语习得的过程与本质进行研究,描述学生如何对第二语言进行获取与解释。对于这一理论的研究,学者克拉申(Krashen)做出了巨大贡献,并提出五大假设。

1. 习得—学得假说

所谓习得,指学生不自觉地、无意识地对语言进行学习的过程。所谓学得,即学生自觉地、有意识地对语言进行学习的过程。"习得"与"学得"的区别如表2-1所示。

第二章　大学英语教学理论研究

表2-1　语言的习得与学得的不同

	习得	学得
输入	自然输入	刻意地获得语言知识
侧重	语言的流畅性	语言的准确性
形式	与儿童的第一语言习得类似	重视文法知识的学习
内容	知识是无形的	知识是有形的
学习过程	无意识的、自然的	有意识的、正式的

（资料来源：何广铿，2011）

2. 自然顺序假说

克拉申提出的这一假说主要强调语言结构的习得是需要一定的顺序，即根据特定的顺序来习得语法规则与结构。当然，这也在第二语言习得中适用。例如，克拉申常引用的词素习得顺序如图2-1所示。

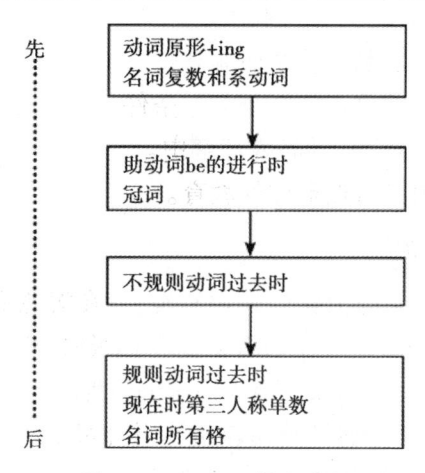

图2-1　词素习得顺序图

（资料来源：何广铿，2011）

由图2-1可知，将英语作为第二语言习得的过程中，人们对进行时的掌握是最早的，过去时是比较晚的，对名词复数的掌握是比较早的，对名词所有格的掌握是比较晚的。

3. 监控假说

克拉申的监控假说区分了习得与学得的作用。前者主要用于输出语言，对自己的语感加以培养，在交际中能够有效运用语言。后者主要用于对语言进行监控，从而检测出是否运用了恰当的语言。

同时,克拉申认为学得的监控是有限的,受一些条件的影响和制约,具体归纳为如下三点。

第一,需要充裕时间。

第二,需要关注语言形式,而不是语言意义。

第三,需要了解和把握语言规则。

在这些条件的制约下,克拉申将对学生的监控情况划分为以下三种。

第一,监控不足的学生。

第二,监控适中的学生。

第三,监控过度的学生。

4. 输入假说

克拉申的输入假设和斯温(Swain)的输出假设是从两个不同的侧面来讨论语言习得的观点,都有其合理成分,都对外语教学有一定的启示。输入假说的内容主要有以下几点。

其一,与习得有着紧密关系而非学得。

其二,掌握现有的语言规则是前提条件。

其三,i+1模式会自动融入理解中。

其四,语言能力是自然形成的教育。

5. 情感过滤假说

"情感过滤"是一种内在的处理系统,它在潜意识上以心理学家们称之为"情感"的因素阻止学习者对语言的吸收,它是阻止学习者完全消化其在学习中所获得的综合输入内容的一种心理障碍。

克拉申的情感过滤假说是指在第二语言习得中,将情感纳入进去。也就是说,自尊心、动机等情感因素会对第二语言习得产生重要影响。

克拉申把他的二语习得理论主要归纳为两条:习得比学习更重要;为了习得第二语言,两个条件是必需的:可理解的输入(i+1)和较低的情感过滤。

三、需求分析理论

(一)需求分析理论概述

需求分析有广义与狭义之分。广义的需求分析是指学习者除了自身的学习需求,还需要考虑单位、组织者、社会等其他方面的需求。狭义的需求分析则仅涉及学习者个人自身的学习需求。

威多森(Widdowson,1979)指出,需求是指对学生的课后所设置的学习要求,这是一种以目标为导向的需求。①

英国语言学教授贝里克(Berwick,1989)指出,需求是指在学习或工作之外,学生想要获得的个人目标需求。②

学者陈冰冰认为,"需求分析是通过访谈、内省、观察、问卷等方式对学习者的学习需求进行的调研,这种方法已经广泛应用于教育、经贸、服务、制造等行业中。"

在语言教育领域中,最早出现的需求分析是针对专门用途英语展开的。在专门用途英语的学习中,学习者的学习需求主要表现在为了达到某些目标所需求的语言知识、语言技能而展开学习。后来,随着高校英语教学的深入发展,"需求"的应用范围越来越广泛,涉及语言、教材、情感等方面的人的需求、愿望、动机等。

(二)需求分析的对象

需求分析的对象包括以下四个方面。

第一,学习者。这主要包括学生以及其他有学习需求的学习者。

第二,观察者。这主要包括教师、教学管理人员、助教、语言项目的相关领导等。

第三,需求分析专家。这主要是指专业人员或者具有丰富经验的大纲设计教师等。

第四,资源组。这方面指的是能够提供学习者信息的人,如家长、监护者、经济赞助人等。

(三)需求分析的内容

一直以来,众多学者对需求分析展开了研究,不同学者对这方面的

---

① Widdowson, H.G. EST in theory and practice[A]. *Explorations in Applied Linguistics*[C]. In H.G. Widdowson (ed.). London: Oxford University Press, 1979: 326.
② Berwick, R. Need assessment in language programming: from theory to practice[A]. *The Second Language Curriculum*[C]. In R.K. Johnson (ed.). Cambridge: Cambridge University Press, 1989: 55.

研究存在不同视角,自然所得出的成果也存在差异。同样,对于需求分析的内容,不同学者也提出了不同的看法。

1. 哈钦森和沃特斯的观点

学者哈钦森和沃特斯(Hutchinson & Waters,1987)认为,需求分析包括目标需求、学习需求两个方面。其中,目标需求指的是学习者在目标情景中所能掌握的可以顺利使用的知识、技能。另外,这两位学者又进一步将目标需求分为必备需求、所缺需求、所想需求。学习需求指的是学生为了掌握所需要掌握的知识内容所进行的一切准备活动。

2. 布朗的观点

学者布朗(Brown,2001)认为,学习需求在内容上可以分为以下三大类,他认为这种分类方式可以有效缩小需求分析的调查范围。

(1)形式需求与语言需求。

(2)语言内容的需求和学习过程的需求。

(3)主观需求和客观需求。

3. 伯顿和梅里尔的观点

伯顿(J.K.Burton)和梅里尔(Merrill)认为需求分析涉及如下六大层面。

(1)预期需求,即将来的需求。

(2)表达需求,即个体将感到的需求进行表达的需求。一般来说,这可以采用多种形式,可以是座谈,可以是面谈,还可以是观察等,便于对方提取信息,从而对表达需求予以确定。

(3)标准需求,即学习者个体与群体的现状与既定目标间存在的某些差距。

(4)感到的需求,即个体感受到的需求。

(5)相比需求,即通过对比找到个体与其他个体的差距,或者同类群体之间的差距。

(6)批判性实践的需求,即一般不会轻易发生,如果发生那么必然会导致某些严重结果的一种需求。

4. 布林德利的观点

布林德利(Brindley,1989)认为需求主要包含如下两大层面。

(1)主观需求,即学习者学习语言的情感、对语言学习的认知层面的需求,包含对语言学习的态度、是否持有自信心等。

(2)客观需求,即学习者性别、年龄、背景、婚姻状况、当前的语言水平、当前从事的职业等各方面的信息。

(四)需求分析理论对英语教学的启示

需求分析理论对英语教学的启示主要体现在以下几个方面。

1. 突出英语重难点

大学英语教学往往是在教学目标的指导下展开的,所以需要明确教学的重点与难点,如此才能有针对性的展开教学。可见,教学重难点是为整体教学目标提供服务的。

需求分析有助于确定教学中的重难点问题。通过实践,国内大学生对于听力学习、阅读学习以及口语学习都存在困难,因此在对教学目标进行规划时,可以将其视作重难点。而目标的多样性也决定了重难点也是多种多样的。

当我们把英语教学目标从认知向非认知扩展的时候,也需要对重点和难点的相应扩展,当我们把教学重心从认知向非认知转移的时候,也需要对重点和难点的转移。

2. 提升教学设计的效果

通过需求分析,可以对教学设计的必要性与可能性进行充分的论证,使教师与学生可以集中精力,对教与学中的重难点问题加以解决,从而不断提升教与学的质量和效率。具体来说,通过需求分析,教师可以对"差距"资料进行准确把握,基于此来设计教学目标,同时需求分析可以作为教学目标、教学策略等设定的依据。

因此,需求分析对于大学英语教学而言是十分重要的,甚至决定着大学英语教学的成败,需要教育者加以关注。

第三节 大学英语教学的基本原则

作为通用型语言,英语的作用不言而喻。但是在具体的大学英语教学中,存在着种种弊端,因此这就要求大学英语教学应该坚持一定的原则。大学英语教学原则是从大学英语教学的任务与目的出发,基于教学理论的指导,经过长期实践总结出来的教学经验。这些教学原则是教师对教材进行处理、选用科学的教学方法、提升自身教学质量的指南针。

一、思想性原则

英语教学要从学生的实际出发,根据学生身心发展的特点和学生的认知规律,紧贴学生生活选取教学材料、设计教学活动。教学材料和教学活动不仅要有利于学生学习语言知识,形成语言技能,还要有利于学生健康性格和健全心理的形成与发展。

思想性原则还要求教师要把文化意识渗透在开展爱国主义教育和增强世界意识之中,使学生了解外国文化的精华和中外文化的异同;还要有利于引导学生提高文化鉴别能力,树立民族自尊心、自信心和自豪感,促进学生形成正确的人生观和价值观。

二、可行性原则

英语教学中的教学设计是为课堂教学所做的系统规划,要真正成为现实,必须具备两个可行性条件:一是符合主客观条件,二是具有可操作性。

符合主客观条件是教师实施教学设计的重要条件,主观条件是指教师应考虑学生的年龄特点、已有知识基础及生活经验;教师只有遵循学生的认知规律,尊重学生身心发展的特点,立足学生的生活经验和学习基础,在综合分析的基础上进行教学设计,才能增加设计的针对性,更具有实效性。如果教学设计背离了学生的年龄特点,超出了学生认知能力范围和脱离了生活实际,是不可行的。

客观条件是指教师进行教学设计需要考虑教学设备、地区差异等因素。教师首先要了解学校所处的地域环境和教学条件、学生的学习能力等客观因素,了解学校能够提供什么样的教学设施。教学的环境和条件、学生的学习能力是教师进行教学设计的重要参考。如果教师不考虑教学客观条件,只凭自己主观设计,不考虑地域学生的差异,把目标拔得太高,教学设计也是无法落实的。

具有可操作性是教学设计应用价值的基本体现。教学设计的出发点是为指导教学实践准备,应能指导具体的教学实践,而不是理想化地设计作品。教师的教学设计要在教学实践中检验,去验证设计的理念是否正确,方法是否恰当,学习效果是否满意,这样才能体现教学设计指导教学的作用。

三、趣味性原则

英语教学目标是要培养学生综合运用语言的能力和学习英语的兴趣。英语教学不仅要符合学生的知识、认知和心理发展水平,还要充分考虑学生的兴趣、爱好、愿望等学习需求,紧密联系学生的实际生活,设计生动活泼、形式多样、趣味性强的学习活动,创设愉快的语言运用情境,引导学生积极参与,提高学生的学习兴趣,加强其学习动机。例如,根据不同学段学生的年龄特征,设计不同的任务型教学,创设不同的情境,采用不同形式的教学媒体,使课堂教学生动活泼。

四、系统性原则

英语教学的设计是一项系统工程,系统中的各要素相当于子系统,既相对独立,又相互依存、相互制约,组成一个有机的整体。教学设计各子系统的排列具有程序性的特点,即各子系统有序地成等级结构排列,而且前一子系统制约、影响着后一子系统,而后一子系统依存并制约着前一子系统。一个规范的教学一般由教材分析、学情分析开始,根据分析结果,确定教学目标。

从形式上看,教材分析、学情分析和教学目标是相对独立的,但又是相互依存的。学情制约着教学目标,教学目标的制订建立在学情分析的基础上,彼此之间存在着内在的逻辑关系,它们之间的逻辑性是保证前后各要素相互衔接的前提。在这种逻辑的基础上,一旦教学目标明确了,教学重点、教学难点就能够确定了。

重点、难点是教师选择教学方法的重要指标和依据,它在一定程度上决定了教师选择什么样的方法突出重点、突破难点,以实现教学目标。所以,教学设计的程序是无法随意改变的,教学设计中教师应遵循其程序的规定性及联系性,确保教学设计的系统性和科学性。

五、情境性原则

课堂教学环境对于教学活动的顺利展开有着很大的影响。大学生的注意力集中水平有限,大学英语教师更应该注意课堂教学环境的建设。一般来说,课堂教学环境分为人文环境、语言环境、自然环境。

(1)人文环境。人文环境主要通过师生之间的情感交流与互动氛围体现出来,它是一种隐形的环境。大学生缺乏人际交往经验,所以大学英语教师应该在营造人文环境方面起主导作用。教师要通过倡导师生之间的平等交流以及歌曲、游戏、表演等方式,来营造一种自由、开放的人文环境,打开学生的心灵,促进学生的英语学习。

(2)语言环境。根据认知发展心理学,大学生需要借助具体事物来辅助思维,不容易在纯粹语言叙述的情况下进行推理,他们只能对当时情境中的具体事物的性质与各个事物之间的关系进行思考,思维的对象仅限于现实所提供的范围,他们可以在具体事物的帮助下顺利解决某些问题。语言与认知的发展是相互促进的。个体语言能力是在个体与环境相互作用的过程中逐渐发展起来的。语言环境对于外语学习非常重要,而中国学生没有现成的语言环境,因此大学阶段的英语教学应该创设具体、直观的语言情境。为此,教师要充分利用与开发电视、录像、录音、幻灯等教学手段,设计真实的语言交流环境,使学生在运用语言的过程中学习与掌握语言。

(3)自然环境。课堂教学的自然环境主要指课堂中教学物品、工具的呈现方式。其一,要让教师与学生之间进行更加亲近地交流,教师应该设置开放的桌椅摆放方式,应该摒弃那种教师高高在上、学生默默倾听的桌椅摆放方式。其二,要求教室的布置应该取材于真实的生活场景,这不仅拉近了学生对课堂教学的距离,也使得学生更容易理解英语,也有助于创造英语语言交流的环境。

六、融合性原则

在英语教学中,文化主要包含母语文化与英语文化。所谓融合性原则,即教师在英语教学中要重视文化导入与渗透。学生对文化的了解,可以促进他们对语言知识的掌握。同时,学生掌握语言知识又可以促进他们对中西方文化的了解。因此,在英语教学中必须要对学生进行文化导入。具体来说,文化导入主要有如下几点方法。

(1)比较。有比较就有结果。只有在比较中,事物的特性才会表现得更加明显。经过了不同的历史轨迹,中西方国家在长时间的历史积淀中形成了不同文化。因此,在文化教育中,教师可以通过母语文化与英语文化的明显比较,让学生更加深刻地认识母语文化与英语文化。在跨文化交际中,学生也因此提高自身的文化敏感性,会更加重视文化对于交际的影响,从而减少甚至避免文化差异引起的交际冲突。例如,问别人的行程和年龄在中国是很正常的,但是在西方确是对隐私的侵犯。

(2)外教。外教不仅可以提升学生的英语学习兴趣,还能够促进学生跨文化交际能力的提高。外教作为异域文化的成员,比较能够引起一些学生的好奇心,这些学生在与外教接触和交流的过程中增强了对英语口语表达的信心,还能收获课堂上学不到的社会文化背景知识,能真正提高英语文化敏感度与英语交际能力。另外,学校可以定期利用外教组织英语角,这样就为学生创造了纯正地道的英语环境,有助于学生英语听力与口语能力的提高。

七、开放性原则

大学英语教学的一个重要特征就在于开放性,其体现为如下两个层面。

第一,教学资源的开放性。大学英语教学资源不仅来自教材,还源于大学生的课外生活。当然,教学资源都是经过筛选的,选择的依据就是师生之间的知识交流、情感传递。换句话说,教学主体在日常生活中进行生活体验,并不断总结经验教训,然后积极构建出相关知识,真正实现课堂教学知识在生活中的运用。

第二,教学主体的开放性。在大学英语教学中,教师与学生不断地重复信息传递与信息接收的过程,进行着持续的互动交流,教师与学生有着巨大的差异性,主要体现在生活阅历、知识水平、情感态度等层面。教师会无意识地将自己的知识水平、生活阅历、情感态度等带入实际教学活动中,同时学生根据自身发展特点有选择性地吸收。因此,伴随着课堂教学活动的是教师与学生之间的信息流动。

第三章　跨文化交际与大学英语教学的融合

当前,随着国际交往的日益频繁以及社会的不断进步,我国大学英语教学的目标也在逐渐改变,从最初的对学生语言能力的培养转向对学生交际能力的培养,再到今天对学生跨文化交际能力的培养,这就使跨文化交际成为大学英语教学的一项重要内容。但是,由于中西方文化存在明显的差异,导致跨文化教学中的教与学出现很多困难。因此,本章探讨跨文化交际与大学英语教学相融合,以推进大学英语教学的改革与进步。

第一节　大学英语跨文化交际教学的现状

语言与文化有着密切的关系,因此在大学英语教学中融入文化有着非常重要的意义。在早期的大学英语教学中,跨文化交际教学的目的在于让学生理解目的语文化,因此教师教授的也多为目的语文化知识及其相关背景。随着研究的深入,跨文化交际教学的内容也发生了改变,将文化态度、文化观念等内容也容纳进去,这时跨文化交际教学的目标也相应发生改变。

一、外在表现

(一)频繁的跨文化接触

随着人类社会不断进步与发展,人类的生活向着更加开放的方向发展,不同国家、不同民族可能因为生存的需要,或者是因为偶然,彼此

第三章　跨文化交际与大学英语教学的融合

之间不断交往,并且这种交往变得更加频繁。因此,跨文化交际产生。如果人与人之间交往是早期的交往形式,以民族化作为特征,那么国家之间交往就具有国际化或者地域化的特征,从而逐渐转向全球化。随着当今科技的迅猛发展,不同国家与民族之间的交往更加频繁与紧密,这也成了民族兴旺发达的一项重要内容。因此,这也促进了从文化视角研究教学的可能性。

(二)出现了"中国文化失语"现象

为满足国家"开放"和"引进"战略对外语人才的需求,各层次外语教育过度倚重语言的工具性学习。长期以来,社会上已经形成了过分重视分数高低、忽略对学生德育培养的倾向,忽略人文教育。大学英语教学内容中人文性教育内容较少,导致了英语教学中的人文教育失去了内容支撑。并且外语教学是以英语能力所代表的西方文化学习,中国文化相关内容长期处于被忽视状态。在应试教育目标的指挥棒下,教师的中国文化意识薄弱,将培养学生的英语应用能力看作唯一目标。另外,从人才培养角度来看,我国师范类高校英语专业学生缺乏中华文化的学习,对中国传统文化缺乏系统了解,这直接造成了英语教师中国文化修养的缺乏以及中国文化教学能力的低下。培养出色的国际化外语人才的前提,是教师首先要具备足够的中国文化素养。

(三)存在跨文化冲突

经济全球化导致各个国家在各个领域都发生着程度不同的交际,因此商品、技术、信息、人员等生产要素的跨国流动非常频繁。在这个国际化的时代里,世界以一个整体的形式出现。不同文化背景的人进行着频度更高、范围更广、层次更高的跨文化交流。人们逐渐意识到,跨文化交际不是简单的英汉互译,而是需要交际者深刻理解彼此的文化背景。在越来越多的、越来越深层的跨文化交往出现的同时,越来越严峻的跨文化交往形势也随之出现。

跨文化冲突是伴随着跨文化交际的产生而产生的,在跨文化交际中难以避免跨文化冲突。我们在认识到文化差异的同时,应该思考如何有效避免跨文化冲突。跨文化冲突包括非暴力性的摩擦性冲突和暴力性的对抗性冲突。摩擦是跨文化交际中的误解与分歧导致的不同文化间的争执。摩擦是普遍的、经常发生的。对抗是不同文化之间的暴力冲突,它可能进一步演变为军事化的暴力冲突,也就是战争。对抗是残酷的,总是伴随生命伤亡。当摩擦长期存在并不断加剧,就恶化为对抗,甚至暴力性的对抗冲突。跨文化交际中的摩擦常常以争执、辩论、批评、谩骂等为语言表现形式,以游行示威和请愿抗议为政治行为表现形式。跨文化交际中的摩擦在长时间的积淀中,就形成了跨文化冲突。

1.跨文化冲突的普遍性

其一,跨文化冲突普遍存在于世界各地。古今中外,跨文化冲突无处不在。历史悠久的中国,同时也有着跨文化冲突的悠久历史。中国文化的独特性,决定了中国文化和其他文化之间必然发生各种各样的跨文化冲突。近代以来,中国文化与欧洲文化一直处于征服与反征服的冲突状态。除此之外,中国与美国、日本、印度、菲律宾等国家之间也存在跨文化冲突。其中,中国和美国的跨文化冲突表现得最为突出。中国与美国之间的共同性不少,并且有着许多的利益牵连,两国之间的学习、商务往来也非常频繁,但是中国与美国的跨文化冲突的历史比较长。

其二,跨文化冲突普遍存在于各种文化层面。跨文化冲突可以发生在文化的各个层面,包括价值观、制度、生活方式等。

价值观是深层文化因素,是导致跨文化冲突的根本原因。因此,制度、生活方式等层面的跨文化冲突就是价值观层面的跨文化冲突在制度、生活方式层面的一种写照。所以,我们可以通过价值观层面的跨文化冲突来理解文化各个层面的跨文化冲突。

2.跨文化冲突的尖锐性

其一,激化程度不断加强。跨文化冲突如果长期存在,没有得到缓解,并且反复进行,就可能不断激化,演变为对抗。

其二,爆发性逐渐增强。跨文化冲突的导火索可能是很小的事件,但最后往往酝酿成大的灾难性事件,以对抗收场。当争吵使得矛盾到达爆发的临界点时,异常大规模的跨文化冲突就会爆发。

3.跨文化冲突的复杂性

文化本身就是一种复杂的现象,跨文化冲突就更应该是一种复杂的现象。有人认为,文化差异是导致跨文化冲突的根本原因。事实上,

第三章　跨文化交际与大学英语教学的融合

文化差异可能导致跨文化摩擦,但不一定会引起跨文化对抗。如果文化差异的双方尊重对方的存在价值,就不会产生跨文化冲突。可见,文化差异不一定导致跨文化冲突。导致跨文化冲突的根本原因是试图强制性地消除差异。当一方试图使对方与自己统一,从而消除对方时,冲突就出现了。如果文化差异的双方都想将彼此取而代之,跨文化冲突就表现得十分明显。我们要消除的是跨文化冲突,而不是文化差异。因此,我们绝不能抱有消除差异、同化对方的观念。

4.跨文化冲突的长期性

跨文化冲突是长期普遍存在的,并且跨文化冲突的影响也将长期存在。一些跨文化冲突消失了,另一些跨文化冲突又产生了,甚至原来已经消除的跨文化冲突又死灰复燃。即使一些跨文化冲突本身消失了,但是这些跨文化冲突造成的不良氛围将长期存在。跨文化冲突引起的仇恨情绪难以消除,任何一方的非理性言行都可能导致跨文化冲突的进一步激化,从而引起新的跨文化冲突。因此,我们应该弱化当前的跨文化冲突,避免当前的跨文化冲突成为新的跨文化冲突的催产素。

面对跨文化冲突的严峻形势,人们要从人类文化本身去寻求跨文化冲突的解决之道。人类要充分发挥人类文化的创造性,创造出消除跨文化冲突的新文化,以实现更加和谐、丰富的跨文化时代以及更加美好的人类生存形态。对此,联合国等组织大力提倡跨文化对话,联合国教科文组织就提出了"跨文化教育",并在很多区域组织了一些跨文化教育实践,以此实现文化和平的理想。对于从根本上消除跨文化冲突,跨文化教育有着无限的可能和巨大的潜力。为此,后文将详细探讨跨文化教育实施的原则和策略等问题。

二、内在表现

(一)教学具有明显的功利性

基于传统教育体制与理念,我国的大学英语教学呈现了明显的功利性特色,即考试考什么,教学内容就教授什么。这种传统在初中、高中表现得极其明显。在实际的教学中,教师过分关注语言知识的传授,很少将中国文化知识纳入其中展开教学。

受这一思想的影响,不管是教师还是学生,都将教学的目标看作通过考试,教师的教学主要是为了英语过级服务。当然不得不说,这有助于学生提升自身的应试技能,却让他们很难学习到文化背景知识。

(二)文化碰撞实战演练较少

中国学生都是在母语环境下学习英语的,这种学习效果显然不如在目的语环境中学习。也就是说,我国学生在学习英语时由于缺乏外语学习氛围与环境,很少与异域文化进行碰撞与接触,这就导致他们的实战操练机会很少。

例如,很多学生在学习西餐时都会学习"开胃菜"这个词,背诵了几遍就记住了"开胃菜"的单词与意义,但是对于其到底是什么,很多学生并不清楚。但是,如果学生是在目的语环境下,他们只要吃一次西餐,就很容易了解与把握。显然,外语文化环境的缺乏导致学生的英语学习事倍功半。

(三)大学英语教学中侧重语言学立场

所谓大学英语教学的语言学立场,即将外语作为一门语言知识来教授的教育策略。具体来说,大学英语教学的语言学立场主要教授给学生词汇、语法等语言知识与语言规则,忽视语言背后的其他内容的教授,外语教育中这种单一的语言学立场明显是具有局限性的。

1. 割裂了语言与文化的内在关联性

众所周知,语言与文化关系密切,语言是文化的载体,文化是语言的灵魂。语言教育肩负着使不同文化得以传递、保存、发展的重要责任,因此英语教学是一种文化传播的过程与手段。

语言与文化具有同构性。从语言的形式构成来说,任何语言都是由语音、词汇、语法等要素构成的;从原因的形成来说,任何原因都是对特定价值观念、思维方式等的反映,每一种语言都与某一特定的文化相互对应,而修辞的运用、语言结构的选择、语言意义的生成等都会受到文化特性、文化价值观的规范与制约。因此,就本质上而言,语言的发展与传播反映的是文化思维方式、文化价值观念等的变革。就教育层面来说,语言学习的过程就是文化理解、文化传播的过程,也是促进学生思维方式与价值观念建构的过程。如果学生的语言学习离开了文化学习,那么学生学到的仅仅是语言符号,只能导致语言学习的符号化。

也有人认为,文化学习是源自语言学习的。但是如果把文化的东西简单地视作形式化的语言符号,那么文化学习就走向纯粹的语言符号了。传统的外语教育只注重学生语言形式的学习与技能培养,人为地将语言教学与文化教学割裂开来。这样很多学生即便学到了语言知识,能够说一口流利的语言,但是也很容易出现语用错误。实际上,任何知识都是由三个部分组成的:符号表征、逻辑形式与意义,而逻辑形式与意义不仅在符号表征中呈现,还在语言知识特有的文化元素中呈现。如果将语言的符号知识与其隐含的文化元素割裂展开教学,便是割裂了语言知识与文化内涵之间的关系,这样的外语教育显然也会失去文化立场。

2. 不利于渗透国际理解教育

与母语相比,英语教学为学生打开了另外一扇窗户,其能够引导学生了解另外一个民族的语言文字以及背后的文化与价值观念等,进而提升学生的文化理解力。尤其在当前经济全球化背景下,英语教学需要确立一种开放的思维方式,引导学生逐渐形成国际理解力,但是英语教学这种单一的语言学立场显然并未认识到文化的重要作用,很难让学生认识多元的世界,形成一个开放的思维。

3. 不利于提升学生文化选择力、文化判断力、文化理解力

我国社会就文化背景的构成来说,虽然不像西方国家社会具有那么大的差异,但是内部也会存在一些文化传统。基于这样的现实,如何开展与文化模式相适应的教学呢?随着我国改革开放的推进,国际合作办学不断发展,很多城市开办了国际学校,招收不同国籍、不同种族、不同文化背景的学生,这必然对多元文化教育提出更高要求。教师如果对不同的文化模式不了解,就很难驾驭多元文化教育课题要求,很难提升学生的文化选择力、文化判断力、文化理解力。

第二节 加强大学英语跨文化交际教学的意义

当前,跨文化交际在大学英语教学中有着重要的作用,其不仅符合当代社会发展对教育的要求,也有助于实现大学英语教学的目标,同时

与中国的国情相符合,因此下面就重点探讨跨文化交际在大学英语教学中的意义。

一、符合经济发展的需要

改革开放以后,中国发生了翻天覆地的变化,从曾经贫穷落后的农业大国已经跃升为世界第二大经济体。即使如此,中国依然有着更高的目标,依然要不断提高自己在国际上的经济地位和市场竞争力。国际市场竞争力说到底还是人才的竞争力,大学作为为国家培养、输送人才的主要基地,也必须适应我国经济发展的需要。英语作为高等教育的一门基础学科,影响着学生的职业生涯和可持续发展。英语能力不仅体现在英语知识的掌握程度上,还体现在文化背景知识上。从这一点来讲,大学英语教学中的文化教学也是必不可少的。

二、迎合跨文化交际的需要

在当今大时代背景下,国与国之间的交往日益频繁,这就要求高校学生应该努力学习语言与文化知识,获取语言与文化技能。

当今世界是一个地球村,经济全球化使得跨文化交际呈现多样性,因此在跨文化交际教学中,教师除了让学生提升自身的语言能力,还应该提升自身的跨文化交际能力,应对交际中出现的各种变化。

另外,随着多元社会的推进,要求交际者应该具备一定的合作能力与意识,无论是生活在什么文化背景中,都应该为社会的进步努力,树立自己的文化意识,用积极的心态去认识世界。可见,跨文化交际教学将英语的价值充分地体现出来,学生对跨文化交际知识的学习也与社会的发展相符,是中西文化交流不断推进的必由之路。

三、符合大学英语课程的内在要求

英语文化和母语文化是两种文化体系,因此英语交际能力就是跨文化交际能力的一种体现。跨文化交际能力的提高,要求学生不仅要了解本族文化,也要精通他国文化,而且还要不断接受现实交际的验证。这就使得大学英语教学为了提高学生的跨文化交际能力,必须进行一定程度的文化教学。

第三节　跨文化交际视域下大学英语教学的目标与内容

英语文化教学要求教师不仅在教学中教授语言知识,还需要在教学中教授文化知识。英语文化教学的目的在于研究不同文化之间的异同点,培养学生对文化差异的敏感性,用于跨文化交际。因此,本节就来具体分析跨文化交际视域下大学英语教学的目标与内容。

一、跨文化交际视域下大学英语教学的目标

教学任务即教学目的,在跨文化交际背景下,大学英语教学的目的在于提升学生的跨文化交际能力。具体来说,主要体现在如下几点。

(一)帮助学生树立多元文化意识

对世界文化多样性的了解,有助于人们建立多元文化的意识与观念。不同文化产生的背景不同,是不能相互替代的。基于全球化的视角,各个文化群体之间的交流也日益频繁,因此需要对异质文化予以理解与尊重,避免在交际过程中出现冲突。

在大学英语文化教学中,教师应该努力培养学生积极理解不同文化,让他们对自身文化有清晰的了解,同时以正确的心态对待他国文化,应对世界的多元化。

(二)发展学生的批判性思维

在大学英语文化教学中,教师应该不断培养学生的批判性思维,让学生对本国文化加以反思,然后采用多元文化的有利条件,对文化背后的现象进行假设,确立自己的个人文化观念。

(三)为学生创造学习异质文化的机会

当中西方两种文化进行接触与了解时,不可避免地会遇到碰撞的情况,并且很多时候也会感到不适应。因此,在大学英语文化教学中,教师应该帮助学生避免这一点,让他们有更多机会了解异域文化,提升自身的文化适应力。

二、跨文化交际视域下大学英语教学的内容

语言是文化的一部分,因此在跨文化交际视域下,大学英语教学必然包含语言文化的教授,此外还存在一些非语言文化以及中西文化的对比,这些也是英语文化教学的重要组成部分。

(一)语言文化

要想能准确地进行跨文化交际,双方首先就需要弄清英汉语言文化的差异性,其主要表现在词汇、句子、语篇上。

1. 词汇层面

对于英汉语言来说,词汇是其组成的细胞,英汉两种语言中的词汇是非常丰富的。但是,这种丰富性也导致了英汉词汇在词义、搭配等层面的差异性。

(1)词汇意义

其一,完全对应。在英汉两种语言中,有些词在词义上是完全对应的,一般这类词包含名词、术语、特定译名等。例如,paper 指代"纸",steel 指代"钢"。

其二,部分对应。在英汉两种语言中,有些词呈部分对应,即有些英语词词义广泛,而汉语词词义狭窄,有些英语词词义狭窄,但汉语词词义广泛。例如,sister 既代表"姐姐",又代表"妹妹";red 既指代"红色",又可以指代"紧急、愤怒、极端危险"。

其三,无对应。受英汉文化差异的影响,英汉语中很多专门的词在对方语言中找不到对应词,就是所谓的"无对应",也可以被称为"词汇空缺"。例如,chocolate 即"巧克力",hot dog 即"热狗"。

其四,貌合神离对应。在英汉两种语言中,有些词表面看起来是对应的,其实不然,这种词语可以称为"假朋友"。例如,grammar school 为"升大学的学生设立中学",而不是"语法学校";talk horse "吹牛",而不是"谈马"。

（2）词汇搭配能力

词汇的搭配研究的是词与词之间的横向组合关系,即所谓的"同现关系"。一般来说,搭配是约定俗成的,但是英汉搭配规律存在着明显的规律,不能混用。例如:

as plentiful as blackberries 多如牛毛

红茶 black tea

另外,很多词具有很强的搭配能力,如英语中的 to do 可以构成很多词组。to do the bed 意思是"铺床", to do the window 意思是"擦窗户", to do one's teeth 意思是"刷牙", to do the dishes 意思是"洗碗碟"。通过上述 to do 组成的这些词语可以看出其搭配能力的广泛,可以用于"床""窗户""牙""碗碟"等,但是汉语中与之搭配的词语不同,用了"铺""擦""洗"等。

再如,汉语中的"看"也是如此。"看电影"即 see a film,"看电视"即 watch TV,"看地图"则为 study a map。

2. 句法层面

在英语中,句法起着十分重要的作用。了解中西方句法的不同特征,有助于更好地进行英汉互译。中西方句法的差异有很多,这里主要从语态、句子重心层面入手分析。

（1）语态

中西方思维模式的不同必然会影响着语态的选择。通过分析英汉语可知,英语善用被动语态,而汉语善用主动语言,英汉翻译中也呈现这一特点。语言是文化的载体,选择不同的语态代表着文化的不同。英语选用被动语态说明英语国家的人对客观事物是非常看重的,而汉语选择主动语态说明中国人对做事主体的作用是非常看重的。

（2）句子重心

在句子重心上,汉语句子则与之相反,即重心在后;英语句子一般重心在前。也就是说,汉语句子一般把重要信息、主要部分置于句尾,而次要信息、次要部分置于句首。英语句子一般将重要信息、主要部分置于主句之中,位于句首。

3. 语篇层面

对于英汉两种语言来说,语篇即语言的运用,是更为广泛的社会实践。在中西语言中,语言是词汇、句子等组合成的语言整体,是实际的语言运用单位。人们在日常交谈中,运用的一系列段落都属于语篇。同时,语篇功能、语篇意义等都是根据一定的组织脉络予以确定的。中西方语篇在组织脉络上存在着明显的差异,这些差异影响着人们的谋篇布局。

(1)逻辑连接

其一,隐含性与显明性。所谓隐含性,是指汉语语篇的逻辑关系不需要用衔接词来标示,但是通过分析上下文可以推断与理解。相反,所谓显明性,是指英语中的逻辑关系是依靠连接词等衔接手段来衔接的,语篇中往往会出现 but, and 等衔接词,这可以被称为"语篇标记"。汉语属于意合语言,英语属于形合语言,前者注重意念上的衔接,因此具有高度的隐含性;后者注重形式上的接应,逻辑关系具有高度的显明性。例如:

跑得了和尚,跑不了庙。

The monk may run away, but never his temple.

上述例子中,汉语原句并未使用任何连接词,但是很容易理解,是明显的转折关系。但是,在翻译时,译者为了符合英语的形合特点,添加了 but 一词,这样才能被英语读者理解。

其二,展开性与浓缩性。除了逻辑连接上的显明性,汉语中呈现展开性,即常使用短句,节节论述,这样便于将事情说清楚、说明白。英语在语义上具有浓缩性。显明性是连接词的表露,是一种语言活动形式的明示,但是浓缩性并未如此。英语具有独特的思维方式与语言特点,这也决定了表达方式的高度浓缩性,习惯将众多信息依靠多种手段来思考,如果将其按部就班地转化成中文,那么必然是不合理的。例如:

She said, with perfect truth, that "it must be delightful to have a brother," and easily got the pity of tender—hearted Amelia, for being alone in the world, an orphan without friends or kindred.

她说道,"有个哥哥该多好啊,"这话说得入情入理。她没爹没娘,又没有亲友,真是孤苦伶仃。软心肠的阿米莉亚听了,立刻觉得她很可怜。

上例中,with perfect truth 充当状语,翻译时,译者在逻辑关系上添加了"增强"的逻辑关系。英语介词与汉语介词不同,是相对活跃的词类,因此用 with 可以使感情更为强烈,在衔接上也更为紧密。相比之下,汉语则按照语句的次序进行平铺,这样才能让汉语读者理解和明白。

第三章　跨文化交际与大学英语教学的融合

其三,迂回性表述与直线性表述。英汉逻辑关系的差异还体现在表述的直线性与迂回性上。汉语侧重铺垫,先描述一系列背景与相关信息,最后总结陈述要点。英语侧重开门见山,将话语的重点置于开头,然后再逐层介绍。例如:

Electricity would be of very little service if we were obliged to depend on the momentary flow.

在我们需要依靠瞬时电流时,电就没有多大用处。

上例中的逻辑语义是一致的,都是"增强",但是在表述顺序上则相反。英语原句为主从复合句,重点信息在前,次要信息在后,在翻译成汉语后,次要信息优先介绍,而后引出重点信息,这样更符合汉语的表达。

(2)表达方式

其一,主题与主语。汉语属于主题显著语言,其凸显主题,结构上往往包含两个部分,一部分为话题,一部分为对话题的说明,不存在主语与谓语之间的一致性关系。英语属于主语显著的语言,其凸显主语,除了省略句,其他句子都有主语,并且主语与谓语呈现一致性关系。对于这种一致性关系,英语中往往采用特定的语法手段。例如:

The strong walls of the castle served as a good defense against the attackers.

那座城墙很坚固,在敌人的进攻中起到了很好的防御效果。

显然,英语原句有明确的主语,即 The strong walls of the castle,其与后面的谓语成分呈现一致关系。相比之下,翻译成汉语后,结构上也符合汉语的表达,前半句为话题,后半句对前半句进行说明。

其二,客观性与主观性。中国人注重主观性思维,因此汉语侧重人称,习惯采用有生命的事物或者人物作为主语,并以主观的口气来呈现。西方人注重客观性思维,因此英语侧重物称,往往采用将没有生命的事物或者不能主动发出动作的事物作为主语,并以客观的口气加以呈现。受这一差异的影响,汉语往往以主体作为根本,不在形式上有所拘泥,句子的语态也是隐含式的,而英语中的主被动呈现明显的界限,并且经常使用被动语态。例如:

These six kitchens are all needed when the plane is full of passengers.

这六个厨房在飞机载满乘客时都用得到。

显然,英语句子为被动式,而汉语句子呈现隐含式。

(二)非语言文化

对于非语言文化,一般来说主要包含如下几类。

1. 体态语

体态语又可以称为"身体语言",其由美国著名的心理学家伯得惠斯特尔(Birdwhistell)提出。在伯得惠斯特尔看来,他认为身体各部分的器官运动、自身的动作都可以将感情态度传达出去,这些身体机能所传达的意义往往是语言不能传达的。体态语包含身势、姿势等基本姿态,微笑、握手等基本礼节动作,眼神、面部动作等人体部分动作等。

所谓体态语,即传递交际信息的动作与表情。也可以理解为,除了正式的身体语言之外,人体任何一个部位都能传达情感的一种表现。由于人体可以做出很多复杂的动作与姿势,因此体态语的分类是非常复杂的。

体态语包括眼睛动作、面部笑容、手势、腿部姿势、身体姿势等。

(1)眼睛动作

眼睛是人类重要的器官,是表情达意的重要组成部分,如愤怒时往往"横眉立目",恋爱时往往"含情脉脉"等。在不同的情况下,眼睛也反映出一个人不同的心态。当一个人眼神闪烁时,他往往是犹豫不决的;当一个人白了别人一眼时,他往往是非常反感的;当一个人瞪着他人时,他往往是非常愤怒的等。

之所以眼睛会有这么多的功能,主要是因为瞳孔的存在。一些学者认为,瞳孔放大与收缩,不仅与光感有关,还与个体的心理活动有着密切的关系。当人们看到喜欢的东西或者感兴趣的事物时,他们的瞳孔一般会放大;当人们看到讨厌的东西或者不感兴趣的事物时,他们的瞳孔一般会缩小。瞳孔的改变会无意识地将人的心理变化反映出来,因此眼睛是人类思维的投影仪。

既然眼睛有这么大的功能,学会读懂眼语是非常重要的,同时要注意不要读错。例如,到他人家中做客,最好不要左顾右盼,这样会让人觉得心不在焉,甚至心术不正。

需要指出的是,受民族与文化的影响,人们用眼睛来表达意思的习惯并不完全一样。

（2）面部笑容

笑在人的一生中非常重要。当人不小心撞到他人时，笑一笑会表达一种歉意；当向他人表达祝贺时，笑一笑更显得真挚；当与他人第一次见面时，笑一笑会缩短彼此的距离。可见，笑是人类表情达意不可或缺的语言之一。

笑可以划分为多种，有大笑、狂笑、微笑、冷笑，也有轻蔑的笑、自嘲的笑、高兴的笑、阴险的笑等。当然，笑也分真假，真笑的表现一般有两点：一种是嘴唇迅速咧开，一种是在笑的间隔中会闭一下眼睛。当然，如果笑的时间过长，嘴巴开得缓慢，或者眼睛闭的时间较长，会让人觉得这样的笑容缺乏诚意，显得非常虚假和做作。当然，笑也有一些"信号"。

其一，突然中止的笑。如果笑容突然中止，往往有着警告和拒绝的意思。这种笑会让人觉得不安，会希望对方尽快结束话题。但是，如果一个人刚开始有笑意，之后突然板着脸，这说明他比较有心机，是那种难缠的人。

其二，爽朗的笑。这是一种真诚的笑，给人一种好心情的笑，一般会露出牙齿、发出声音，这种笑会让对方觉得你是一个很好相处的人，很容易信任与亲近你。

其三，见面开口笑。这种笑是人们日常常见的，指脸上挂着微笑，具有微笑的色彩，这种微笑具有礼节性，可以使人感到和蔼可亲。无论是见到长辈、小辈，还是上级、下属，这种笑都是最为恰当的笑。但是需要指出的一点是，在笑的过程中要更为谨慎，其不是一见面就哈哈大笑，这会让人感觉莫名其妙，它是一种谨慎的、收敛的笑。

其四，掩嘴而笑。这种笑是指用手帕、手等遮住嘴的笑。这种笑常见于女性，显得较为优雅，能够将女性的魅力彰显出来。

另外，由于文化背景的差异，不同国家的人对笑的礼仪也存在差异。在大多数国家，笑代表一种友好，但是在沙特阿拉伯的某一少数民族，笑是一种不友好的表现，甚至是侮辱的表现，往往会受到惩罚。

（3）手势

手是人体的重要部分，在表达情意的层面作用非凡。大约在人类创造了有声语言，手势也就诞生了。手是人们传递情感行之有效的工具之一。一般情况下，手势可以传达的意思有很多，高兴的时候可以手舞足蹈，紧张的时候可能手忙脚乱等。当一个人挥动手臂时，往往表达告别之意，当一个人挥动拳头时，往往表达威胁之意。而握手这样一个日常生活中普遍的动作,也能够将一个人的个性表达出来。第一种类型是大力士型,其在与他人握手时是非常用力的,这类人往往愿意用体力来标榜自己,性格比较鲁莽。第二种类型是保守型,这类人在与他人握手时往往手臂伸得不长,这类人性格较为保守,遇到事情时往往容易犹豫。第三种类型是懒散型,这类人与他人握手时,一般指头软弱无力,这类人的性格比较悲观懒散。第四种类型是敷衍型,这类人与他人握手是为了例行公事,仅仅将手指头伸给对方,给人一种不可信赖的感觉,这类人做事往往比较草率。还有一种是标准的握手方式,即与他人握手时应该把握好力度,自然坦诚,不流露出任何矫揉造作之嫌。

（4）腿部姿势

在舞会、晚会、客厅等场合,人们往往会有抖腿、别腿等腿部动作,这些动作虽然没有意义,但是它们在传达某种信息。因此,腿在人们的表情达意过程中有着非常重要的作用。对腿的动作的了解是人们了解内心的一种有效途径。当你坐着等待他人到来时,腿部往往会不自觉地抖动,以表达紧张和焦虑之情。当心中想拒绝别人或者心中存在不安情绪时,往往会交叉双腿。

2. 副语言

一般来说,副语言又可以称为"伴随语言""类语言",其最初是由语言学家特拉格(Trager)提出的。他在对文化与交际进行研究的过程中,搜集整理了一大批心理学与语言学的素材,并进行了归纳与综合,提出了一些适用于不同情境的语音修饰成分。在特拉格看来,这些修饰成分可以自成系统,伴随着正常交际的语言,因此被称为副语言。具体来说,其包含如下几点要素。

（1）音型(voice set),指的是发话人的语音物理特征与生理特征,这些特征使人们可以识别发话人的年龄、语气等。

（2）音质(voice quality),指的是发话人声音的背景特点,包含音域、音速、节奏等。例如,如果一个人说话吞吞吐吐,没有任何的音调改变,他说他喜欢某件东西其实意味着他并不喜欢。

（3）发声(vocalization),其包含哭声、笑声、伴随音、叹息声等。

上述三类是副语言的最初内涵,之后又产生了停顿、沉默与话轮转换等内容。

3. 客体语

所谓客体语，是指与人体相关的服装、相貌、气味等，这些东西在人际交往中也有着非常重要的作用。从交际角度而言，这些层面都可以表达非言语信息，都可以将一个人的特征或者文化特征彰显出来，因此非言语交际是一种非常重要的媒介手段。

（1）相貌

无论是西方文化还是中国文化，人们对于自己的相貌都非常看重。但是在各国文化中，相貌评判的标准也存在差异，有共性，也有个性。例如，汤加认为肥胖的人更美，缅甸人认为妇女脖子长更美，美国人认为苗条的女子更美，日本人认为娇小的人更美等。

（2）饰品

人们身上佩戴的饰品本身并没有什么意义，但是出现在不同的场合，就是一种媒介和象征。例如，戒指戴在食指上代表求婚，戴在中指上代表恋爱中，戴在无名指上代表已婚。这些作为一种约定俗成的代码，人们不可以弄错。

一般来说，佩戴耳环是妇女在交际场合的一种习惯。当然，少数的青年人也会佩戴耳环，以彰显时尚。

（三）中西文化差异

1. 中西方价值观差异

（1）"天人二分"与"天人合一"

在西方国家，人们大多认为世界是客观的，是与人对立的一个存在，即"主客二分"，人作为社会的主体，想要认识和了解世界，就需要站在对立面上对自然界进行认真的观察、分析、研究，如此才能从根本上了解和认识大自然，领悟大自然之美。

也就是说，西方人的文化审美强调对大自然进行模仿，认为文化就是对大自然的一种模仿。希腊是西方古代文化的发源地之一，这一地区最突出的文化艺术形式就是雕塑，其在很大程度上表现出了西方人的审美观念与标准。除了雕刻，西方人还十分喜欢叙事诗，二者作为艺术领域的典型代表，都反映了西方社会主客二分的审美标准，是一种写实风格的体现。西方人认为，人对大自然的审美一般包括两种心理过程：畏惧、征服，因此人们对审美判断的最终结果往往也局限于这两种心理过程中。

众所周知，"天人合一"精神是中国传统文化的精髓，延续了数千年，在这一精神思想的影响下，人们在审美观念上主要体现为与大自然相融，人与大自然是一体的。

在中国古代历史上，很多哲学家、思想家都提倡"天人合一"的思想观念，他们认为艺术的表现同样应该体现出人与自然的天性，顺其自然，不可人为强制。

儒家所提倡的美学观点是美学自身不仅需要具有合理性的特征，还需要合乎伦理，与社会习俗观念相一致，实现"真""善""美"的统一。此外，中国古代历史上所形成的审美理论还重视体物感兴，即强调主体的内心与外在事物相接触。

（2）个人主义与集体主义

西方绝大多数哲学倾向和流派都强调"主客二分"，把主体与客体对立起来。所以，西方人从一开始就用各种方法征服自然，强调个人奋斗的价值，对于个性、自由非常推崇，注重自我实现。但是如果对个人主义过分强调，可能也会影响整个社会的亲和力。

中国人从日月交替等现象中产生了"万物一体""天人合一"的意识。这种意识也体现在人与人之间的关系上，因此中国人群体意识强，强调集体价值高于个人利益，追求社会的和平统一。当遇到个人利益与集体利益发生冲突时，人们往往被要求与集体利益保持一致性。虽然这种情况在当代社会有所改变，但是中国人仍旧饱含着强烈的集体归属感。同时，中国人以谦逊为美，追求随遇而安、知足常乐。

（3）追求变化与追求稳定

西方人追求变化，认为"无物不变"，尤其对于美国这样一个多元移民的国家，人们为了满足基本的生存需要以及对物质的迫切需求，一直在求变、求创新。如果不进行创新，那么就不能满足他们已经取得的成就，也无法追求更美好的生活。因此，美国人往往不会受传统的限制，也不会受教育、家庭、个人能力等条件的限制，而是不停地在变换中探求个人的最大潜力，从而实现个人价值的最大化。

受儒家思想的影响，中国文化历来强调求稳求安，渴望祥和安宁。中国人习惯乐天知命，即习惯生活在祥和的环境中，知足常乐、相安无事，如果背井离乡，那么就会像游子一样，漂泊无依。现如今，人们对于

第三章 跨文化交际与大学英语教学的融合

安居的理念也是根深蒂固的,认为即使蜗居在一个特别小的房子,那也会让自己有满足感。

（4）避免冲突与直面冲突

在处理谈判关系时,西方人侧重将矛盾公开,然后投入大量时间、人力等对这些矛盾问题进行处理,从而实现预期的结果。在西方人眼中,谈判双方只有明白说出问题,然后彼此才能将问题具体化,在考虑自身利益的情况下对问题进行解决。西方人对于数据、事实是非常看重的,不会刻意回避冲突,而是直面冲突,公开阐述自己不同的意见。当然,西方人在处理问题上也不会过于呆板,有时候会妥协,目的是尽快将协议达成。

在中国人眼中,人际关系非常重要,因此他们在谈判中往往会尽量避免冲突,认为这些冲突可以运用其他方式解决,如合作、妥协、和解等。

如果在交际中发生冲突,中国人往往强调双方合作的益处,以抵消彼此的冲突以及冲突对彼此造成的不快。例如,在处理冲突时,中国人为了避免冲突,往往在争议问题的基础上提出自己新的见解,或者提出一些折中的方案,避免这些争议问题升级,显然这表现出较高的灵活性,从而使谈判双方保持良好的交际关系。中国人之所以对这种交际关系进行维持,主要是由于如下两点原因:一是在中国人眼中,即便双方发生冲突,只要彼此的关系存在,对方就有义务考虑另一方的需要;二是只要彼此的关系存在,即便暂时未达成协议,也能够为将来达成协议做准备。

（5）求真与求善

"天人二分"的西方哲学观必然引出西方文化对真理的追求。认识自然的目的在于探求真理,以便指导自己去改变自然、征服自然。无论是古希腊哲人赫拉克利特、柏拉图,还是亚里士多德,都主张认识的根本目标在于发现真理,智慧就在于认识真理,并把能认识真理视为人的最高追求。人们眼中的中世纪代表着愚昧、荒诞,虽然如此,那时候的人们仍然大肆宣扬着对真理的追求。

圣·奥古斯丁就认为,在真理面前,心灵和理性都要让步,人人都想要获得幸福,但是途径只有一条,那就是获得真理,并且认识了真理便认识了永恒。在中世纪,神学利用各种方法证明上帝的存在,这在一定意义上都是为了求得神学真理。但是,要发现真理还需要运用科学的手段,因此培根创造出了通过实验与理性来发现真理的科学方法。

同样,笛卡尔也强调,追求真理要运用正确的方法,至于什么是正确的方法,还要深入研究。

对于真、善、美的向往,是人类的共有特性。但是,西方文化是先求真,再求善,真优于善。例如,古希腊早期哲学只涉及真,而未涉及善。后来,道德问题在哲学中地位有所提高,但仍然是存在于真理的基础上。一直到近代,西方文化一直遵从这种真高于善、善基于真的格局,由此我们可以说西方文化为认识文化。

从一定意义上说,中国文化是一种伦理文化,因为在中国古代文化中,认识、求真往往与伦理、求善结合在一起,并且前者附属于后者。儒学的经典之作《论语》,就是以伦理为核心的,然后延伸到政治等方面。孔子甚至将"中庸"看成美德之至。孟子也是在其"性善"说基础上建立其"仁政"和"良知、良能"学说的。孟子认为,认识的先天能力(良知、良能)源于性善。"诚"的中心内容是善;"思诚"的中心内容是"明乎善"。唯有思诚、尽性,才能解除对良知、良能的遮蔽,获取充分的知识和智慧。显然,善高于真而衍生真。宋明理学作为儒学的新阶段,已吸收综合了道、佛的某些重要思想,但其基本构架仍是伦理思想统驭认识论,如"格物致知"的认识论就在伦理学的控制范围之内。理学的认识论完全被伦理学兼并了。

(6)询问私事与回避私事

相比之下,在西方社会中,尤其以美国为典型来说明,人们的一切行为都以个人作为中心,个人的利益不可侵犯,这是典型的个人本位主义。受这一思想的影响,美国十分重视个人的隐私,这体现在社会生活的各个方面,如人们在进行交谈时,一般会避开个人隐私话题,因为这对于他们是禁忌,包含年龄、收入等都属于隐私问题。在西方文化观念中,看到他人出门或者归来,从来不会问及去哪里或者从哪里回来;在看到他人买东西时,也不会问及东西的价格,因为这些问题都是对他人隐私的侵犯,即便你是长辈或者上司,也都不能询问。

从古至今,中国人喜欢聚居的生活,如"大杂居""四合院"等都是很好的表现,目的在于这样的居住有助于接触,但是也会干扰到个人的生活。同时,中国人骨子里就推崇团结友爱、相互关心,个人的事情就是一大家子的事情,甚至是集体的事情,因此人们习惯聚在一起去谈论自己或者他人的喜悦与不快,同时愿意去了解他人的喜悦与不快。在中国的文化习俗中,长辈或者上级询问晚辈或者下属的年龄、婚姻情况等,是处于关心的目的,而不是对他人隐私的窥探。通常,长辈与晚辈、上级与下属的关系比较亲密时才会问到这些问题,而且晚辈或者下属也不会觉得这是对个人隐私的侵犯,反而会觉得长辈或上级很亲切。

2. 中西方思维方式差异

(1)曲线思维与直线思维

西方人的思维呈现直线式,在表达思想时往往是直截了当,在一开始就点明主题,然后再依次叙述具体情节和背景。这种思维方式对语言也产生着重要的影响,即英语为前重心语言,在句子开头说明话语的主要信息,或者将重要信息和新信息放在句子前面,头短尾长。例如,"It is dangerous to drive through this area."该句子以 it is dangerous 开始,点明主题,突出了重点。

中国人的思维方式呈现曲线式,在表达思想和观点时常迂回前进,将做出的判断或者推论以总结的形式放在句子最末尾。这种思维方式在语言中的反映是,汉语先细节后结果,由假设到推论,由事实到结论,基本遵循"先旧后新,先轻后重"的原则。例如,同样是"It is dangerous to drive through this area."这句话,汉语表达则是"驾车经过这一地区,真是太危险了。"从该例既能感受到中国的曲线思维,又能了解中西思维的差异。

(2)分析性思维与整体性思维

西方倾向分析性思维,对事物进行分析时,既包括原因和结果分析,又包括对事物之间关系的分析。17 世纪以后,西方分析事物的角度主要是因果关系。恩格斯特别强调了认识自然界的条件和前提,他认为只有把自然界进行结构的分解,使其更加细化,然后对各种各样的解剖形态进行研究,才能深刻地认识自然界。西方人的分析性思维就从这里开始萌芽,这种思维方式将世界上的人与自然、主体与客体、精神与物质、思维与存在等事物放在相反的位置,以彰显二者之间的差异。

这种分析性思维包含两个层面:一是分开探析的思维,既把一个整体的事物分解为各个不同的要素,使这些要素相互独立,然后对各个不同的独立要素进行本质属性的探索,从而为解释整体事物及各个要素之间的因果关系提供依据。二是以完整而非孤立、变化而非静止、相对而非绝对的辩证观点去分析复杂的世界。马克思主义哲学大力提倡这种思维层次。

在最早的生成阶段,宇宙呈现出阴阳混而为一、天地未分的混沌状态,即太极。太极动而生阳,静而生阴,在动静交替中产生出阴、阳来。阴阳相互对立、相互转化。事物总是在阴阳交替变化的过程之中求得生存、发展。从哲学的角度来看,阴和阳之间的关系是从对立走向对立统一的。这就体现了中国传统哲学的整体性特点,它不注重对事物的分类,而是更加重视整体之间的联系。我国儒家和道家也认为人与自然、个体与社会就是一个大的整体,二者是不能被强行分开的,必须相互协调地发展。儒家所大力提倡的中庸思想就发源于阴阳互依互根的整体思维中。

基于整体性思想,中国人总是习惯于首先从大的宏观角度初步了解、判断事物,而不习惯于从微观角度来把握事物的属性,因而得出的结论既不确定又无法验证。由此中国人逐渐养成了对任何事物不下极端结论的态度,只是采取非常折中、含糊不清的表达方式,在表述意见时较少使用直接外显的逻辑关系表征词。总而言之,中国人善于发现事物的对立,并从对立中把握统一,从统一中把握对立,求得整体的动态平衡。

(3)创新思维与保守思维

西方人的创新思维较强,并且也具有鲜明的批判性,因此西方哲学在各个时期都有不同的理论体系,前仆后继。西方思维方式趋于多元化,注重多方向、多层次、多方法地寻求新的问题解决方案,重视追根穷源,具有发散性、开放性。西方人勇于打破常规。对西方人来讲,有变化,才有进步,才有未来,三者之间有着直接的关联。没有变化、进步,就没有未来。翻开西方历史,显而易见的是标新立异的成功。正是这种创新的价值取向,使西方人永远生活在生机勃勃的氛围中。

中国封建社会的一体化政治结构,决定了中国传统文化长期以来遵守"大一统"思想,要求个人和社会的信仰一致。这种"大一统"思想又通过儒家的"三纲五常""礼乐教化"来得到巩固。儒家倡导中庸之道,反对走极端,避免与众不同,主张适可而止。中国封建社会希望社会中所有的人,上至国君,下至百姓,都形成同样的价值取向和行为模式。在这种"大一统"文化的熏陶之下,中国人的思维方式相当保守,极端排斥异己,因而也具有很强的封闭性,缺乏怀疑、批判、开拓和创新的精神。但是,正是因为这种保守思想,中华文化才得以保存、延续和发展。

（4）逆向思维与顺向思维

不同民族的人们在观察事物或解决问题时,会采用不同的视角和思维方式。西方人习惯采用逆向思维,通常从反面描述来实现预期效果。这种思维在语言上有着充分的体现,如在说"油漆未干"时,英语表达是 wet paint,在说"少儿不宜"时,英语表达是 adult only。

相较于西方,中国人更倾向于顺向思维,就是按照字面陈述其思想内容。这在语言中的体现十分明显,如"成功者敢于独立思考,敢于运用自己的知识"这句话就是按顺序表达,而且其意思可以按照字面意思理解。而这句话英语表达时则是"Winners are not afraid to do their own thinking and to use their own knowledge."由此可以看出中西方思维方式的差异。

第四节 跨文化交际视域下大学英语教学的实施原则与策略

跨文化交际在大学英语教学中有着非常重要的作用。在跨文化交际视域下,大学英语教学可以使学生在语言学习中理解与接受异域文化,从而为顺利展开跨文化交际做准备。对于我国大学英语教学的对象而言,在英语学习的过程中,不可避免地会有文化的学习。这一过程有助于帮助学生开阔眼界,建立文化身份,形成自身的批判性思维。当然,在大学英语跨文化交际教学中,还需要遵循一定的原则和策略。

一、跨文化交际视域下大学英语教学的基本原则

实施任何一种教学,都有着特定的准则。在文化教学的实施过程中,教师要根据文化的属性来制定相应的原则。具体来说,英语教学中实施文化教学应该遵循如下几项原则。

（一）以理解为目标原则

文化理解指的是"学习者以客观、正确的态度看待、理解母语文化和目的语文化,并能以得体的行为方式与非本族语者进行跨文化交

际"。只有正确地理解自身以及他国文化,才能更好地进行跨文化交际。

因此,英语教学中强化文化性原则应当坚持以理解为目标的原则。在教学过程中,教师可以采取分析或解释目的语文化等手段,帮助学生了解两种文化的差异,以及差异的根源。此外,在教学评价时,教师需要考虑学生对目的语文化的共情能力,而非一味地关注学生对非本族文化的排斥或接受情况。

(二)文化包容性原则

黑格尔和马克思均指出,人类历史的发展必定导致世界历史的形成。大工业的发展以及对剩余价值最大化的追求,导致人类历史的发展跳出了地域限制。在文化全球化的大格局之下,引领潮流的世界性文化不再单单由某个国家或民族来创造,而是由更多主体来创造。因此,文化全球化是世界文化创造主体和世界文化元素的多元化。如今的时代已经远离了文化霸权,而是你中有我、我中有你,倡导文化包容。文化只有具备包容的品质,世界不同国家和民族的文化才能在共存中达到更多的一致,进而使得世界各个国家和民族联系得更加紧密。在人类文化发展史上,封闭的文化会被推到边缘的地带,并且阻碍世界历史的前进脚步;只有那些包容性的文化才能主导世界文化,推动着世界历史的发展。

包容性的文化比较能够接受其他文化中的先进成分,因此能够较好地发展,也比较容易被其他文化所接受,因此就能够从地域性文化向世界性文化转变,进而成为推动世界文化进步的强大力量。从根本上讲,一种文化之所以缺乏包容性,是因为文化创造主体的思想狭隘,并且这种封闭的文化也会影响生活在其中的人们的思维方式,使得他们也变得狭隘,缺乏开放精神,难以接受其他文化,从而导致世界在文化上的割裂。过于强调世界上的文化冲突,不利于世界文化的发展。只有包容性的文化,才有利于推动世界文化的车轮滚滚向前。

(三)文化的多维度互动原则

在英语教学中实施文化教学时,教师既要实现教师和学生之间的互动,还要实现语言和文化的互动,也要实现中西文化的互动。就教师和学生之间的互动而言,教师教学影响着学生的学习,而学生又反过来

第三章 跨文化交际与大学英语教学的融合

影响着教师的教学传播行为。跨文化教育应该紧贴时代的教育脉搏，改变以前的单向传递模式，在互动中求得发展和优化。至于语言和文化的互动，学生应该了解语言和文化的相互联系，用发展的、动态的眼光看待二者之间的关系。在这个全球化的时代，不同文化之间的互动表现得越来越突出，互动的频率有所提高，互动的范围有所扩大，互动的深度有所增加。跨文化交流本身就要求进行文化的双向交流，语言本身也是在交流中产生和发展的，因此跨文化外语教育过程应是一个互动的过程。

（四）整体文化、主流文化输入原则

依据语言教学的整体目标，单纯的语言教学已经慢慢向文化教学倾斜。在英语教学中实施文化教学时，教师应从宏观入手，帮助学生掌握文化学习的整体性。整体文化输入原则包括纵向和横向两个维度，从纵向来看，文化的形成是一个源远流长的过程，时间横跨古今，学生应该对文化的生成和发展脉络有一种清晰的把握；从横向来看，文化具有多样性，不同的文化具有不同的特色，所以文化的输入类型也应是兼而有之的。另外，为了提高学生在跨文化交际中的文化自信心，教师应该引导学生尊重母语文化，适度适时地宣扬母语文化中的精华部分。但是，教学内容应保持理性中立的态度。总之，教师不应该将教学孤立起来，应注重引导学生关注文化的整体性，即整体地输入古今中外文化。

从文化支配地位的角度来看，文化分为主流文化和非主流文化。主流文化是当前社会提倡的文化，是大多数人认可的文化。在英语教学中实施文化教学时，教师应该选择具有广泛代表性的主流地位文化来进行输入，从而使学生更能适应当下的社会生活。

二、跨文化交际视域下大学英语教学的实施策略

有理念，就有方法论。方法形成之后，也不是恒定的，会随着理念的变化而变化。既然大学英语文化教学的理念在广泛传播，那么它的实施方法就需要被探讨。概括而言，大学英语文化教学的实施方法主要有以下几种。

(一)文化导入与比较分析

1. 说明策略

在中国,学生一直浸润在母语环境中,周围的英语环境极其缺乏,甚至是空白的,因此学生对很多文化背景知识可能是不太了解的。当学习材料中的文化背景知识影响到学生对学习材料的理解时,教师可以对有影响的文化背景知识做一些说明介绍。教师的说明介绍最好安排在讲解学习材料之前的一段时间进行,以便为学生理解学习材料做铺垫。要将说明介绍的工作做好,教师需要提前在课外时间做好准备工作,搜集一些与教学内容相关的典型文化知识,并通过自己的消化理解将其恰当地应用到课堂之中。

通常情况下,教学材料中的作者、内容和事件发生的时代可能都蕴含着一定的文化内涵,学生必须广泛学习这些背景知识,否则就难以准确理解所学材料。例如,当学生读到《21世纪大学英语》第一册第十单元 *Cloning: Good Science of Bad Idea* 中的 "Faster than you can say Frankenstein, these accomplishments, triggered a worldwide debate(不等你说出弗兰克斯坦,这些成果就已经引发了世界范围的大辩论)" 这句话时,可能不明白如何解释 Frankenstein,因此也不明白整句话的意义。在这种情况下,教师需要介绍以下三点与理解该材料有关的背景知识。

(1)英国女作家 Mary.W.Shelley 写了一部科幻小说,并以自己的名字为这部科幻小说命名,而这部小说描写了一位发明怪物并被它消灭的年轻医学研究者,名字叫作 "Frankenstein"。

(2)在英语中,有个成语为 "before you call say Jack Robinson(开口讲话之前)","Faster than you can say Frankenstein" 就是根据这个成语创造出来的。

(3)文章中的人物是在一定的社会背景下出现的,当时克隆技术大肆蔓延,作者极度担心克隆技术会对人类社会造成重创,这一担心又得到了世界上已经掀起的大辩论的证明,因此读者就将克隆技术与小说情节相联系起来。

2. 比较分析策略

有比较,就有结果。只有在比较中,事物的特性才会表现得更加明显。经过了不同的历史轨迹,中国和西方国家在长时间的历史积淀中形成了不同的文化。因此,在大学英语文化教学中,教师可以通过母语文化和英语文化的明显比较,来让学生更加深刻地认识母语文化和英语文化。在跨文化交际中,学生也因此就提高了文化敏感性,会更加重视文化对于交际的影响,从而减少甚至避免文化差异引起的交际冲突。打个简单的比方,问别人的行程和年龄在中国是很正常的,但是在西方人眼里是对隐私的侵犯。

在外研社出版的《大学英语》第三册第四课 *Darken Your Graying Hair, and Hide Your Fright* 中,主人公这么介绍了自己:"I have a wife, three daughters, a mortgaged home and a 1972 'Beetles' for which I paid cash." 中国学生乍一看,主人公开着德国大众"甲壳虫"汽车,这在中国国情下不是很多人能够担负起的,因此就会认为这位主人公过得比较富裕。但是,读者要从站在西方背景的角度去审视这个问题,西方国家的汽车就如同中国的自行车一样普遍,"甲壳虫"汽车空间小又省油,是中、低收入家庭的首选车型。了解了这一点后,中国学生才发现自己的认识偏差,原来主人公的介绍是表示家庭成员较多,生活比较紧张。

(二)发挥外教的作用

客观条件优越的学校可以适当地聘请一些外籍教师授课。外教的到来对大学英语文化教学具有以下几个作用。

1. 外教对学生的影响

外教不仅可以提升学生的英语学习兴趣,还能真正促进学生跨文化交际能力的提高。外教作为异域文化中的成员,比较能够引起一批学生的好奇心,这些学生在与外教接触和交流的过程中增强了对英语口语表达的信心,还能收获课堂上学不到的社会文化背景知识,能真正提高英语文化敏感度和英语交际能力。另外,学校可以定期利用外教组织英语角,这样就为学生创造了纯正地道的英语环境和文化环境,有利于英语听力和口语能力的提高,从而使得跨文化交际能力也有一定的进步。

2. 外教对于教师的影响

在中国的大环境下,很多中国英语老师虽然出身于英语专业,集各种英语等级考试证书于一身,但是由于口语的练习机会很少,英语口语表达能力依然比较欠缺。而外教来到学校以后,这些中国英语教师因为教学工作的关系,就获得了许多与外教直接交流的机会,外教可以帮助他们纠正语音上的错误,就使得中国老师锻炼了英语口语表达能力。另外,外教是在另外一种不同的文化氛围中成长和学习的,其教学模式可能更加有趣、生动,中国的英语老师就可以汲取他们的教学模式中的优势,也有利于提高教学水平。

当中国教师的跨文化交际能力和英语教学水平提升以后,直接的受益者就是学生。中国教师的跨文化交际能力提升了,就能在和学生的交际中更有效地提升学生的跨文化交际能力。中国教师的英语教学水平提升了,在实施大学英语文化教学中就能取得更好的效果。

如果外教的学校教学工作让他们获得了良好的感受,外教往往会把国外教育行业的朋友或者机构等介绍给学校,这样学校就可以通过夏令营、冬令营的形式和国外的教育行业进行互访、学习和交流,从而提高学生的跨文化交际能力。

(三)师生之间进行互动

教师要努力尝试通过和学生的互动来实施大学英语文化教学。教学的本质决定了教学不应该是单向行为,而是双向行为。因此,大学英语文化教学应该真正回归到教学的本质上来。互动法的完美落实,需要教师做好一些功课。首先,教师要培养学生正确的文化心态,使学生平等看待一切文化。其次,教师要营造平等、自由和开放的互动氛围,鼓励倾听和表达,使得学生尽情发挥,畅所欲言。在互动过程中,教师和学生扮演不同文化中的角色,使学生理解外来文化。

(四)设置多种文化形式

以多种形式实施大学英语文化教学,就相当于一碟开胃菜,形式可以多样化。例如,在教材中设立文化专栏,在课外组织参观文化展览,举办英语文化主题讲座或组织文化表演等。教师也可以将优秀的但是传播度不高的英语书籍介绍给学生,并以书中的文化知识为主题开展讨论、戏剧表演、知识竞赛等活动。这些活动都需要在教师的指导和监督下进行,以便活动真正实现大学英语文化教学的目的。以戏剧表演为例进行说明,微型剧包括3~5幕,每一幕包含一两个文化事件,学生在参与戏剧的过程中,可能会导致一些文化误读的现象,通过反思、调查之后,就能找出文化误读的根本原因,从而学习了文化知识。

第四章 跨文化交际视域下大学英语词汇与语法教学的理论与方法实践

在英语语言系统中,词汇与语法不仅是其重要组成部分,也是英语教学中的两项重要内容。也就是说,在大学英语教学中,词汇教学与语法教学必不可少。随着经济和文化全球化的发展,跨文化交际在其中扮演着重要角色,而这种发展恰好也对大学英语教学提出了更高的要求,即大学英语教学应该努力培养学生的跨文化交际能力,以便于他们更好地用英语这门语言展开交际。当然,大学英语词汇教学与语法教学也应该注意这一点,应该不断更新自己的教学理念,将语言教学与文化教学融合起来。本章就来具体探讨跨文化交际视域下大学英语词汇与语法教学的理论与方法实践。

第一节 跨文化交际视域下大学英语词汇教学的理论与方法实践

人们要想熟练地应用英语这门语言,首先就需要掌握大量的词汇。但是仅仅扩大词汇量是不够的,还要了解词汇的基本含义和其深层文化,这样才能算是掌握了词汇,才能运用词汇进行跨文化交际,也才能算是达到了学习目标。

一、大学英语词汇教学简述

（一）什么是词汇

词汇是构成语言整体的重要细胞,是语言系统赖以存在的支柱,"如果把语言结构比作语言的骨架,那么是词汇为语言提供了重要的器

第四章　跨文化交际视域下大学英语词汇与语法教学的理论与方法实践

官和血肉"。① 可见,词汇对于语言以及语言学习非常重要。那么什么是词汇呢？关于这一问题,不同的学者有着不同的解释,可谓见仁见智,以下就对一些有代表性的观点进行分析。

路易斯(Lewis)对词汇进行了解释,他将词汇称为"词块"(lexical chunk),并把词块分为四种类型:单词(words)和短语(poly words);搭配(collocations);惯用话语(idioms);句子框架和引语(sentence frames and heads)。②

库克与博尔斯(Cook, S. & Burns, A., 2008)认为,语法涉及的内容非常广泛,如传统语法、规定语法、语用能力、交际能力、结构语法等都属于语法的范畴。③

厄(Ur, P., 2009)认为,语法被认为是在一种语言中,为了能够形成更长的意义单位,对词或者词组加以组合的手段和方法。④

陆国强指出,词是语音、意义和语法特点三者相统一的整体,是语句的基本单位,而词的总和构成了词汇。

总体而言,词汇是包含词和词组在内的集合概念,能够执行一个给定的句法功能,是基本的言语单位。

关于什么是英语词汇教学,王笃勤认为,英语词汇教学是一项包含教学的进程和活动的策划在内,将词汇讲解作为教学内容,以学生充分认知和熟悉应用词汇为目标的教学活动。

简单来讲,词汇教学涵盖的范围十分广泛,而且是教学中最基础、最重要,也是最困难的环节。

(二)大学英语词汇教学中存在的问题

1.教师教学中的问题

(1)教学方法单一,脱离英语语境

词汇的掌握对英语语言学习的重要性是不言而喻的,但词汇的记

---

① Harmer, J. *The Practice of English Language* Teaching[M]. London: Longman, 1990:158.
② Lewis, M. *Second Language Vocabulary Acquisition*[M]. Cambridge: Cambridge University Press, 1997: 255.
③ Cook, S. & Burns, A. Integrating Grammar in Adult TESOL Classroom[J]. *Applied Linguistics*, 2008, (3): 15.
④ Ur, P. *Grammar Practice Activities: A Practical Guide for Teachers*[M]. Beijing: Foreign Language Teaching and Research Press, 2009: 4.

忆和掌握的过程又是枯燥和困难的,这就需要教师来缓解这种枯燥,需要教师创新教学方法来创设教学情境,营造教学氛围,激发学生学习的积极性和动力。但是就目前大学英语词汇教学的现状来看,教师并没有将心思花在教学方法的创新上,而是依然采用陈旧的教学方式,即教师领读单词,讲解词汇用法,学生记忆单词。基于这种课堂教学模式,学生的主体地位被忽视,学生只能被动地学习和记忆,积极性根本无法调动起来,甚至还会产生抵触情绪。此外,教师在教学中对词汇的整体性认识不足,没能将词汇放到具体的句子或情境中,最终导致学生对一词多义理解不深,限制了学生综合能力的提升。

实际上,任何一种语言都产生于实际应用,要想掌握地道的语言,必须浸润在相应的语境中。我国的英语教育倾向仍十分明显,很多学生学习英语是为了通过考试,教师也将通过考试作为教学的目标,这样一来,就将英语语境的创设与英语教学割裂开来,只追求语言的外在表达方式,而不深入探究其内在的文化与逻辑,从而使得学生用汉语思维去理解应用。例如,"玫瑰"(rose)这一词语在英汉文化中都象征着爱情和美好,除此之外,在中国常用"带刺的玫瑰"形容那些性格刚烈的女子,而英语中常用 under the rose 表示要保守秘密。英语中 rose 的这一文化含义源自英国旧俗,如果在教学中不对此进行说明,学生很难理解和掌握其含义。但实际上,很多教师只从词汇处着手,而未创设语境,这样很难让学生充分体会英语这门语言的魅力,也难以让学生更好地投入学习。对此,教师在教学中应创设符合英语文化背景的语境,从而为学生营造一个英语交流环境,培养学生的英语思维,锻炼学生的词汇运用能力。

(2)教学效果不佳

词汇的学习和掌握要借助记忆来完成,但记忆是一个漫长的过程,如果学生不能在课后及时进行复习和巩固,记住的单词往往会在短时间内忘记。在海量的词汇面前,学生常常会表现出畏惧感,由于缺乏高效的学习方式,加之教学方法陈旧,使得学生的学习热情不高。而且教师也未能为学生提供应用的机会,这样学生通过死记硬背方式记住的词汇很快就忘记,进而导致教学效果低下,学生的交际能力也受到限制。

(3)忽视跨文化意识培养

很多英语词语意义深刻,蕴含着丰富的文化信息,这些词语称为"文化负载词"。经调查显示,很多学生对这些文化负载词完全不了解。

第四章　跨文化交际视域下大学英语词汇与语法教学的理论与方法实践

而这种情况在很大程度上体现了教师在词汇教学中忽视了文化负载词部分,未有意识地运用跨文化意识来培养学生的词汇能力。具体而言,教师存在的问题体现在以下几个方面。

首先,对文化教学不够重视。这具体体现为以下几点:教师在备课环节的教学目标没有文化意识目标;教师消极地跟随应试教育的脚步;学校很少组织与英语相关的活动。

其次,教师自身的文化素养不够。大学英语教师虽然具备了扎实的英语专业知识,但英语文化素养有所欠缺。作为学生的榜样,如果教师的文化素养不高,自然也就无法提高学生的文化素养。

最后,文化教学方法不当。教师文化教学的方法比较单一,基本上是讲授法、多媒体展示法等,大部分教师只是在课堂教学中偶尔提到一些特殊词的文化背景,而很少有意识地渗透文化知识。这种教学方式就造成学生只了解词汇的表面意义,而不理解词汇的深层文化内涵。

事实上,跨文化意识和词汇教学是相辅相成的,教师在词汇教学中融入文化知识,能够提升学生的词汇能力和跨文化意识,而词汇量的增加又能进一步帮助学生更好地理解西方文化,培养自身的跨文化意识。

2. 学生学习中的问题

(1) 重知识记忆,轻思维锻炼

在词汇学习过程中,很多学生仅仅依靠死记硬背来记忆单词,这种方法并未将思维的锻炼融入进去,学生也很快忘记。实际上,每一个单词都有应用的语境,只有在具体的语境中,才能保证准确性,因此学生在对词汇加以理解时需要从具体的语境出发,这样才能实现学生词汇学习的效果。

而忽视英语思维的培养是在长久的汉语语境中熏陶下产生的惯性思维,很多学生都习惯运用汉语的语言逻辑去理解、解释和使用英语,由于英语和汉语二者背后的文化与逻辑存在差异和冲突,因此必然会影响学生对英语的有效运用。实际上,无论是英语还是其他语言,只有深入了解语言的内在逻辑,才能做到自如运用。英语思维的培养不是仅仅记忆单词或背诵句子就能做到的,还需要学生充分理解英汉语言背后的文化历史,这样才能做到真正掌握英语这门语言。

(2) 语义内涵的理解程度差

我国学生是在汉语环境下学习英语的,所以在理解英语词汇的语义内涵时,会不同程度地受到汉语文化的影响,而英汉词汇之间的语义不对等现象会对学生的词汇理解带来困难。具体而言,一方面,学生在本民族文化传统的影响下会形成思维定式,在理解英语词汇时会出现文化语义的偏差;另一方面,中西文化观念冲突会让学生思维混乱,对英语感到束手无策。如果教师忽视词汇文化背景知识的输入,学生在理解英语词汇时就会出现偏差,甚至会在使用中产生误用问题。

(3)缺乏探究意识

一般来说,在大学阶段,学生应该主动地去学习词汇,但是在实际的英语词汇学习中,很多学生仍旧从教师那里获取,不寻找其他的获取渠道,这样的学习就是被动的学习,长此以往,词汇掌握的量也是不充分的。同时,学生不会去主动探究词汇,也无法得知词汇文化的背景知识,这样的词汇学习学生也会逐渐缺乏兴趣和积极性。

二、大学英语词汇教学中的文化因素

语言是文化的载体,文化影响着语言,二者密切相关。不同民族的文化有着区别于其他民族文化的特色,而这种差异也会在语言中表现出来,并对语言起着重要的影响作用。就英汉民族而言,二者有着不同的历史文化、生活环境等,由此产生的文化差异都对词汇产生一定的影响。了解英汉文化差异以及对英语词汇教学产生的影响,可使教师和学生充分了解文化因素的重要性,进而有意识地进行文化教学和文化学习。

(一)词汇空缺层面的影响

不同民族的语言和文化不尽相同,反映在词汇层面就会形成不同的个性,即一个民族的词汇可能在另外一个民族是不存在的,这些词汇的概念与意义对于其他民族是非常陌生的,这就是所谓的"词汇空缺"。在英汉语言中常会见到词汇空缺现象。例如,英语中有 strong point 和 weak point 的说法,但汉语中只有"弱点"而没有"强点"的说法。再如,汉语中"长处"和"短处"的说法,但英语中只有 shortcoming 而没有 longcoming 的说法。

之所以产生词汇空缺,主要受如下几点的影响。

(1)地理环境差异。不同民族的人身处在不同的地理环境中,所以

第四章　跨文化交际视域下大学英语词汇与语法教学的理论与方法实践

该民族语言中描述地理环境的词汇在其他民族中可能会不存在，也就是存在词汇空缺。例如，"泰山"在汉语中有着独特的文化内涵，其喻指德高望重的人和强大的实力，如"有眼不识泰山"。无论是泰山这一物体还是其文化内涵，都是汉语文化所特有的，其他文化中并不存在，如果按照字面意思直接译为 have eyes but fail to see Taishan Mountain，就会丢失其文化信息，读者也会产生疑惑，不明所以。而英语中的 take French leave（不辞而别）和 Spanish athlete（吹牛，胡说八道的人）也是其他民族所不具有的，也不能按照字面意思直接翻译，否则会令读者不知所云。

（2）价值观念差异。价值观念深刻地反映着文化，因文化背景的不同，所以不同民族的人有着不同的价值观念，这在思维方式、语言表达等方面有着显著的体现。受中国传统观念和文化的影响，中国人崇尚礼仪，讲究谦让，在与人交际时常会采用很多谦辞，如"寒舍""鄙人"等。受个人主义价值观的影响，西方人追求自由，讲究平等，在与人交际时常会直接表达，而且富有逻辑，汉语中的一些谦虚表达在英语中并没有相对应的形式。

（3）社会风俗差异。英汉民族有着各自独特的社会风俗，反映在语言上，也会导致这方面的词汇空缺。例如，中国的传统节日，如"除夕""清明""中秋"等在西方国家并没有，与之相对应的一些节日风俗，如"守岁""扫墓""吃月饼"等在西方国家更是没有，这些富有中国特色的习俗在英语中根本没有相对应的表达形式。而西方文化中万圣节的 trick or treat、感恩节的 turkey 等，在汉语中也没有相应的表达。可见，社会风俗差异也会导致词汇空缺现象的产生。

（二）文化缺位与文化错位层面的影响

1. 文化缺位

"文化缺位"这一概念首先是由苏联著名的翻译理论家索罗金等人提出的。所谓"文化缺位"，即在不同民族之间所有事物、所有观念存在的空缺情况。人们在接受新的文化信息的时候，往往会将已有的旧文化认知激活，从而构建对新文化信息的理解与把握。不同的民族，他们的文化认知也必然存在差异，正是这种差异的存在，导致文化缺位的产生。文化缺位具有如下特点。

（1）不理解性

文化缺位的第一大特点就是不理解性。例如，在英语语言中，曲折现象是非常常见的现象，名词数、格、时态等也都是有着深层的意义。这很难被汉语民族理解。

（2）不习惯性

文化缺位的第二大特点就是不习惯性，即两种语言在语法、词汇层面表现的差异。同时，两种语言在引发联想、对事物的区分上也存在明显的不同，因此将这种现象又称为"异域性"。其在对事物的认知与表达层面体现得尤为明显。

例如，英语中 aunt 一词是大家熟知的，很多人也知道其既可以代表"阿姨"，也可以代表"舅妈""伯母"等。但是，在汉语中，由于中国人等级划分非常鲜明，因此很容易让外国人不理解、不习惯。

（3）陌生性

文化缺位的第三大特点是陌生性，即两种语言在修辞、表达、搭配等层面产生的联想与情感不同。例如：

一丈青大娘大骂人，就像雨打芭蕉，长短句，四六体，鼓点似的骂一天，一气呵成，也不倒嗓子。

上例采用了比喻的修辞，这种通过用喻体来代替本体的说法，可以给整个语言增添色彩。但是，对于西方民族来说，这种现象并不常见，因此会是陌生的、新奇的。

（4）误读性

不同文化在摩擦与接触中，文化之间出现误读的情况是非常常见的。也就是说，对于一种文化中的现象，另一种文化中的人会采用自身的思维对其进行解读，那么很容易出现不确定情况或误读情况。

例如，在澳大利亚，袋鼠是一种常见的动物。18 世纪，探险家们刚见到这一动物，就询问当地居民它的名字，当地居民告诉探险家是"Kangaroo"因此，在探险家脑中，这一词就自然而然地形成了，含义就是"袋鼠"。实际上，其本意是"我不知道"。但是，久而久之，这个名字也就这样固定下来，人们也就不会探究其真伪了。

2. 文化错位

所谓文化错位，即人们对同一文化事物、同一文化现象产生的内涵解读与认知联想上的错位。文化错位现象常常在不同的文化圈内发生。

第四章 跨文化交际视域下大学英语词汇与语法教学的理论与方法实践

一般来说,一个文化圈的人只对本圈的事物有一定的认知,而对其他文化圈的事物不了解或者缺乏认知,这样导致在跨文化交际的过程中,人们习惯用本圈的认知对其他文化圈的事物加以判断,从而产生文化错位。

同一文化事物、同一文化现象在不同的文化圈里会有不同的指称形式,也可能会产生不同的联想。即便处于同一种原因中,虽然读音相同、词语文字相近,其内涵意义也可能存在某些差异。这就是文化错位的表现。下面具体来分析文化错位的几种类型。

(1)指称错位

每一个民族,其对事物的分类标准都有各自的特征,都习惯用自己熟悉的事物对其他事物进行指称。

指称错位即在不同的文化环境下,同一事物、同一现象在语言上的指称概念存在错位性差异。当然,造成这一错位性差异的因素有很多,如历史差异、地域差异等。这些差异导致有些词汇的表面意义相同,但是实质含义不同,或者指称含义相同,但是表达形式不同,或者表达形式相同,但指称含义不同。

(2)情感错位

所谓情感错位,即在不同的文化背景下,人们对同一事物、同一现象所赋予的情感会存在错位现象。不同民族,其情感倾向可能是不同的,这就有可能造成情感错位。一般来说,情感错位包含如下两点。

①宏观情感错位。基于哲学的背景,中西方国家对同样事物的情感倾向会存在明显差异,这就导致价值判断的差异性。中国人往往比较注重共性,比较内敛;相比之下,西方人注重个性,比较直接。因此,在跨文化交际的过程中,会出现宏观情感的错位。例如:

无论是在英语中,还是在汉语中,表达感谢的言语行为是十分常见的,但是所使用的的频次与场合却存在明显差异。西方人不仅对同事、上司、陌生人的帮助表达深深的感谢,对那些关系亲密的朋友、亲属也会表达谢意。例如,丈夫给妻子冲一杯咖啡,妻子会表达感谢;儿子给爸爸拿一份报纸,爸爸也会表达感谢等。与之相比,由于中国人的传统观念,下属为上司办事是应尽的义务,因此没必要说感谢,而且家庭成员之间不需要表达感谢,因为在中国人看来,亲属之间表达感谢会让人觉得很见外。另外,对他人给予的夸奖或者关心,西方人都会表达感谢。例如,西方人觉得别人关心自己时,往往会说"Have a good flight?" "Not at all bad,thank you."用这样的话语表达对对方的感谢。同时,西方人在公共场合发言之后,一定要听到听众的道谢之声,这样才能让发言者感受到听众在认真地听他说的话。因此,"Thank you！"在英语中使用频率颇高,甚至高于汉语中的"谢谢"。中国人在表达感谢时主要是感谢人,而西方人除了要感谢人,还要感谢物品,甚至会感谢时间。因此,西方人常用"Thank you for your time."等这样的表达。

受传统文化的影响,拒绝在英汉言语交际行为中也非常常见。拒绝主要是围绕请求、邀请等展开的。汉语拒绝言语行为的因素主要是社会地位,地位较低者在拒绝地位较高者的建议或者请求时,往往会感到遗憾和道歉,但是地位较高者拒绝地位较低者时往往不需要道歉。受平等人际关系取向的影响,西方人对社会地位较高的人并不会向中国人那样敏感,他们反而会十分关心地位是否平等,不同社会地位的人在拒绝建议与请求时,都会表达遗憾和道歉。如果关系较为明朗,亲朋之间,美国人倾向于使用"no"等格外直接的方式；如果关系不够明朗,即较为熟悉的同事与同学之间,人们倾向于间接地拒绝,具体如下。

表示遗憾：I am sorry...

陈述拒绝原因：I have a headache.

对请求者移情：Don't worry about it.

表示自己的态度语："I'd like to but..."

哲理性的表态：One can't be too careful?

原则的表示：I never do business with friends.

表示未来可能接受请求的愿望或可能性：If you had asked me earlier...

此外,寒暄非常常见,如果一个人善于寒暄,那么他就更容易打开交际,如果一个人不善于寒暄,那么就会让对方感到冷场,交谈很难进行下去。虽然寒暄语并不会传递什么有价值的信息,但是在交际中也是非常重要的。交际双方注意的并不是寒暄语的语义,而是其所传达的情感。中国人在寒暄时往往会说"到哪去？""你吃了吗？"这些话语仅仅是为了客套,问答的双方都不会将其视作有意义的话题。但是,西方人听到这类的话会认为你要请他吃饭或者其他什么目的。西方人见面时往往会说"Hi""Hello""Good morning"等,但是不会询问与他人隐私相关的事情。此外,中国人在寒暄时往往会问一些与钱财、年龄等相关的话题,对方也不会介意,但是如果西方听到这样的问题,会

第四章 跨文化交际视域下大学英语词汇与语法教学的理论与方法实践

认为你侵犯了他人的隐私。西方人在寒暄时往往会谈及天气等与个人无关的话题。另外，中国人在见面时往往会根据具体的情况说"买菜呀！""打球呢！"这样的话来打招呼，西方人很难理解这些描述，认为这些话没有任何意义。中国人还往往以称呼来与对方进行寒暄，如"张老师""李总"这样的称呼，是对老师、上司的寒暄。

②微观情感错位。微观情感错位是人们对具体事物的情感倾向的错位。例如：由于中西方文化在很多层面存在差异性，这导致英汉两种语言也各具特色，表达形式纷繁复杂。其中，颜色词所蕴含的象征意义就是中西文化差异的一种明显的表现。中国人对于红色是非常偏好的，认为红色代表着喜庆、吉祥如意，但是忌讳白色，因为在中国人眼中，白色代表的是贫困，有丧葬的意思。相较于中国人对于颜色的偏好，西方的不同国家，有着不同的偏好。埃及人对于明显的色调是非常推崇的，认为白底或黑底上面的绿色、橙色、红色等是很搭配的颜色，但是他们对紫色、黄色特别厌恶，认为这些颜色代表着死亡或者丧葬。摩洛哥人喜欢黄色与粉红色，这是吉祥的颜色，厌恶白色，认为白色代表着丧葬与贫穷。法国人、比利时人认为蓝色不吉利，因此厌恶蓝色。意大利人对于艳丽的颜色是非常喜欢的，认为紫色代表着消极。

数字是中西方文化中重要的一部分。人们的日常生活几乎离不开数字，因此中西方产生了很多与数字相关的语言。但是，中西方对数字的理解与信仰存在明显差异。例如，在中国人眼中，"四"与"死"谐音，因此中国人对于"四"这个数字是极度厌恶的。人们在选择门牌号、车牌号时，也避开这个数字。在西方人眼中，four 是非常受人们欢迎的，其与 three 一样，被认为是方形的代表，因此是非常全面和稳固的。在西方人看来，人们生活的世界都离不开 four 这个数字，因此也诞生了很多与 four 相关的语言。

再如，在汉语中，数字"五"有着特别重要的意义。在中国古代，有"五行"之说，即"金、木、水、火、土"这五大元素。在这五行之中，五大元素相克相存。同时，"五"在数字一到九中居于中间，是奇数，也是阳数。五行相克是中华民族的辩证思维的体现，呈现的也是汉民族的价值观，具有深远的哲学意义。英语中与 five 相关的习语并不多见，因为西方人认为 five 这个数字很不吉祥。并且，英语中 five 的构词能力与其他数字而言是较少的。又如，在中国人眼中，"七"是比较忌讳的，如人死后的第七天被称为"头七"，七七四十九天会还魂，家属需要告慰亡魂。

正是有着这样的寓意,因此中国人避讳送礼送七件,而往往选择八件。在办喜事时,人们也不会选择有"七"的数字,宴席也不会用七道菜等。农历七月初七是中国人熟知的日子,但是在这样的日子中,人们是不会选择办喜事的,这源自于牛郎与织女的典故。因为每年这一天,牛郎与织女相会,人们相信如果这一天下雨,那么必定是二人的眼泪,表达一种伤心之情。另外,与"七"相关的很多习语也都包含贬义的颜色。在西方文化中,seven是一个十分吉利的数字,含有圆满、幸运的意思。这是因为,上帝用七天创造了世界,圣母玛利亚有七件高兴的事情。因此,西方文化中的善事、美德等都与seven有着紧密的联系,诞生了很多与seven有关的习语。

由于受文化传统、文化内容等诸多因素的影响,英汉两种语言赋予了动物词汇一定的文化内涵,并形成了各自特定的动物文化。动物文化体现了不同民族对道德、精神、生活等层面的内容,是对不同民族心理文化与社会文化背景特征的反映。例如,中国人眼中的"龙"是一个图腾的形象。在中国的古代传说中,龙能够降雨,能够上天入地,集合了多种动物的本领。中国人赋予龙吉祥的象征,并认为是"龙的传人"而感到非常自豪。在中国几千年的历史中,龙的地位一直非常高大,并作为封建皇权的一种象征,如"真龙天子""龙袍""龙脉"就是典型的代表。中华民族推崇龙的英勇不屈的精神,也正是基于这一精神,中华民族力图将其发扬光大,形成一种不屈不挠的精神观念,构成中华民族的一种道德规范。

相比之下,英语中的dragon与龙的文化内涵存在明显的差异,这是最为典型的例子。在西方的神话传说中,dragon是一种巨大蜥蜴、长有翅膀、身上有鳞、具有长蛇尾、能够喷火的动物,是邪恶的代表。甚至,dragon被西方人认为是凶残的,应该被消灭,这在很多的古代神话人物事迹中可以体现出来,很多英雄都会去剿灭这种怪物,最后以怪物被杀作为结局。现实中,有很多与dragon相关的包含贬义的说法。再如,中国人眼中的狗有时候是令人讨厌的动物,很多与狗相关的语言都是用来骂人的,如"狗仗人势""狗急跳墙"。相比之下,在英语民族,dog的地位是非常高的,它们不仅用于打猎、看家,还往往是为了陪伴。有的人没有儿女,往往用dog来替代,他们的dog往往有很多特权与优待,有吃有穿,还有音乐家为其专门谱的"狗曲",生病时还往往请兽医来诊治,还会请专科医生、心理学家来疏导与治疗。如果主人外出,它们还

第四章　跨文化交际视域下大学英语词汇与语法教学的理论与方法实践

可以享受假期待遇。又如,在中国文化中,猫一般是精灵、可爱的代表。中国人对猫是非常喜欢的,因为猫可以和主人作伴、可以消遣,还能够抓老鼠,非常实用。相比之下,在西方文化中,cat 代表着魔鬼的化身,在中世纪,是巫婆的守护神,尤其是黑色的 cat,更让西方人躲避,非常厌恶。因此,英语中常使用 cat 一词代表包藏祸心的人。

大自然的绿色象征着生命,人类与植物有着密切的关系,依靠这些植物,人们才得以延续与发展。千百年来,人们将植物作为物质基础,并运用植物来表达情感与思想。因此,植物就逐渐具有了深刻的审美价值与文化意蕴。概括来说,人们对各种植物的态度、看法及各类植物所蕴含的意义反映的是该植物文化的基本内容。由于受文化背景、自然条件的影响和制约,各民族有着不尽相同的植物文化。例如,汉语中的水仙花是"花草四雅"之一,在我国已经有 1 000 多年的培育历史了,水仙花在诗词中被认为是"凌波仙子",代表的是轻盈漫步的仙子,因此有了"高雅、脱俗"的含义。英语中的 daffodil 代表的是一种自我欣赏、傲慢、自尊自大。在希腊神话中,那喀索斯(Narcissus)是一位美少年,但是他只爱惜他自己,对他人不关心,回声女神厄科向他表达爱意,他直接拒绝了她,之后厄科逐渐憔悴,躯体消失,只留下山林中的回声。爱神阿佛洛狄特为了惩罚那喀索斯,让他迷恋上自己的倒影,最后憔悴而死,死后化成了水仙花。因此,daffodil 有了与 narcissus 同样的寓意。

再如,在汉语中,海棠是娇艳动人、风姿绰约的代表,其中有的红中有白,有的白中泛红,如同少女的脸颊。因此,海棠花的第一个寓意就是"美貌"。例如,唐朝何希尧的《海棠》中有"著雨胭脂点点消,半开时节最妖娆"。诗人将半开海棠的娇娆展现在读者面前,其如同一位娇羞的少女,在春雨中那样的楚楚动人。英语中的 crab apple 与我国的海棠品种不同。英语中的 crab apple 只有山楂子树,口味比较酸涩,人们常用其来比喻"孤僻的人、性格不随和的人"。例如,《造谣学校》中有这样一句"...with his odious uncle, Crabtree"(带着他那讨人厌的叔叔)。

三、跨文化交际视域下大学英语词汇教学的原则

大学英语词汇教学的开展应遵循一定的原则,这样可以使教学更

加有效地进行,可以更好地培养学生词汇能力与跨文化交际能力。具体而言,大学英语词汇教学应遵循以下几项原则。

(一)联系文化原则

语言与文化密切相关,很多词汇都蕴含着丰富的文化,而且词汇学习的最终目的也是进行跨文化交际,因此联系文化原则也应是大学英语词汇教学遵循的一个重要原则。遵循联系文化原则是指,在大学英语词汇教学过程中,词义的讲解、结构的分析都应与文化相联系。充分理解语言文化,有助于加深对词汇的理解,全面掌握词汇的演变规律,有效地运用词汇。

(二)词汇运用原则

学习词汇并非为了单纯记忆词汇,而是为了在交际过程中有效运用词汇,因此在大学英语词汇教学中,教师应遵循词汇运用原则。这一原则是指教学中教师不仅要讲授词汇知识,还要引导学生对词汇加以运用。具体而言,教师在教学中要设计符合学生学习特点的教学活动,让学生积极参与教学互动,进而锻炼词汇运用能力。

(三)新潮性原则

在科技迅速发展的大数据时代,大学生有着开放的思想、新潮的想法,而且无论是学习还是生活,都与信息异常密切。对此,大学英语词汇教学应顺应社会的发展趋势和学生的需求,与时俱进,具有新潮性。教师除了教授教材中的词语,还可以适时传授一些热门新词,如 selfie(自拍)、bestie(闺蜜)等,这样学生就会切实感受到语言的鲜活性和发展性,学习词汇的积极性和兴趣也会随之提高。

(四)循序渐进原则

任何教学都应循序渐进地进行,也就是遵循循序渐进原则,大学英语词汇教学也不例外。具体而言,在大学词汇教学中遵循这一原则是指教学中在数量和质量平衡的基础上对所教内容逐层加深。基于循序渐进原则,大学英语词汇教学不能仅仅重视学生对词汇数量的掌握,也

第四章　跨文化交际视域下大学英语词汇与语法教学的理论与方法实践

应重视学生对词汇质量的把握,要做到在增加学生词汇数量的基础上,提升学生对词汇使用的熟练程度。

逐层加深是指大学英语词汇教学应由浅入深、层层递进地进行,因为课堂教学中不可能一次性教授词汇的所有语义,学生也不可能一次性掌握全部知识。总体而言,在大学英语词汇教学中,教师要避免急于求成,应由浅入深地推进教学,让学生一步步加深对单词意义的了解和对单词用法的掌握,进而提升学生的学习效率和英语词汇水平。

（五）情景性原则

词汇教学不应孤立进行,其应做到词不离句、句不离段,设置情景,借助情景教授词汇。学生善于模仿、记忆力好、听觉敏感,所以教师应抓住学生的这些特征,为其创设真实的语言情景。教师应根据教材的内容,努力为学生创设良好的语言环境,让学生在较为真实的语言情景中,积极开展练习活动,坚持听、说、做相结合的原则。在情景中教授英语单词,一方面有利于学生对词义的理解,加强记忆;另一方面,方便学生将所学单词应用于交际活动中。

（六）回顾拓展原则

遗忘是伴随着记忆而行的,在学生的词汇学习中,不可避免地会产生遗忘问题,每天如果不加以复习和巩固,将很难掌握词汇,对此大学英语词汇教学应遵循回顾拓展原则。这一原则是指在教学中将新旧词汇结合起来,利用已经教授过的词汇来教授新的词汇,以便让学生对旧的词汇加以巩固,同时有效拓展和掌握新的词汇。

（七）对比性原则

大学英语词汇中的大量词汇均有与其意义对应的词,通过对比、对照等方式将学生容易混淆的词以及内容上联系密切的成对的概念找出来,加强单词的识记。根据神经系统的对称规律,当两种性质不同的语言材料同时出现时,会促进大脑皮层的互相诱导,强化"记忆痕迹",活跃思维活动。

四、跨文化交际视域下大学英语词汇教学的方法

目前,英语词汇教学存在着诸多问题,教学现状并不佳。对此,为了切实提高英语词汇教学的效果,提升学生的词汇水平,培养学生的跨文化意识,就需要在遵循基本教学原则的基础上,对教学方法进行优化,即选用新颖、有效的方法开展教学。

(一)讲授文化知识法

在词汇教学中,教师可以采用教授法开展文化教学,即教师直接向学生展示文化承载词的分类及内涵等,同时通过图像声音结合的方式列举生动的例子加以说明,直观地培养学生对文化的兴趣。只有熟悉了英语文化,才能让学生透彻地了解英语词汇。学习语言时不能只单纯地学习语音、词汇和语法,还要接触和探索这种语言背后的文化,在语言和文化的双重作用下,才能真正掌握英语这门语言。采用直接讲授法讲授文化,既省事又有效率。而且这些文化不受时空的限制,方便学生查找和自学。

例如"山羊"(goat),在汉语环境中,"山羊"一般扮演的是老实巴交的角色,由"替罪羊"这一词就可以了解到;在英语环境中,goat 则表示"好色之徒""色鬼"。这类词语还有很多,如 landlord(褒义)/"地主"(贬义)、capitalism(褒义)/"资本主义"(贬义)、poor peasant(贬义)/"贫农"(褒义)等,这些词语代表了人们不同的态度。在词汇学习过程中,要深入了解和尊重中西方文化,这样才能更好地将词汇运用于交际。

再如,根据当下流行的垃圾分类,教师可以让学生翻译这四类垃圾:干垃圾、湿垃圾、有害垃圾、可回收垃圾。大部分学生都会将"垃圾"一词翻译为 garbage,实际上正确的翻译应是 waste。由这两个词就可以看出中西方文化差异。在英语中,garbage 主要指"事物"或者"纸张",waste 主要是指人"不再需要的物质",可以看出 waste 的范围更广,其意思是"废物"。当翻译"干垃圾"和"湿垃圾"时,学生又会翻译得五花八门,实际上"干垃圾"是 residual waste,"湿垃圾"是 household food waste。所以,学生有必要深入了解中西方文化的异同,这样才能学好词汇,才会形成英语思维,进而形成跨文化交际能力。

第四章　跨文化交际视域下大学英语词汇与语法教学的理论与方法实践

（二）创设文化情境法

语言只有在语境中才能焕发生机与活力，单独去看某个词语很难在其中发现个中韵味，但是一经组合和运用，语言便有了生命力。因此，教师应创设信息丰富的环境，为学生提供真实的语言环境和大量的语言输入，使学生在逼真的语境中学习英语，给学生提供学习和运用词汇的机会。教师可以设计一些活动，如组织学生观看电影，然后指导学生进行角色扮演，让学生经历真实的跨文化交际情景，培养学生的跨文化交际能力。

除组织跨文化交际活动外，教师还可以组织一些课外活动，让学生切实感受英语文化，扩大学生的词汇文化资源，培养学生的跨文化交际能力。例如，《疯狂动物城》这部动画片深受学生的喜爱，但大部分学生并没有注意这部影片的名字 Zootopia，也没有对其进行探究，觉得这是电影中虚构的一个地方。如果学生知道乌托邦的英文是 Utopia，可能会理解这个复合词 Zootopia 是由 zoo（动物）和 Utopia（乌托邦）结合而来。实际上，很多学生连汉语文化中的"乌托邦"都不了解，更不用说英语文化了。其实，"乌托邦"就是理想国，Zootopia 就是动物理想国，动物之间没有相互杀戮的地方。如果学生在观看电影前能对其中的文化进行探索，或者教师稍微引导，那么观影的效果就会更好，而且在欣赏影片的同时就能掌握文化知识。

（三）词汇知识扩充法

词汇学习不能仅依靠教师的课堂讲授，还要依靠学生的课外自主学习，对此教师应有效引导学生充分利用课外时间来自主扩充词汇量，丰富词汇文化知识。

1. 推荐阅读

教师可以向学生推荐一些课外读本，如《英语学习文化背景》《英美概况》等，让学生利用课余时间进行阅读。通过阅读英语名著，学生不仅能充分了解西方文化背景知识，扩大文化视野，还能积累丰富的词汇，了解词汇的运用背景以及词汇的文化含义，更能培养学生良好的自主学习习惯，促使学生终身学习。可见，阅读英语书籍对学生的词汇学习而言是非常有意义的。这不仅能培养学生的自主学习能力，还能丰富学生的文化知识,扩充学生的词汇量。

2. 观看英语电影

现在的大学生对于英语电影有着浓厚的兴趣,对此教师可以借助英语电影来提高学生的词汇能力。具体而言,教师可以选取一些蕴含浓厚的英美文化,并且语言地道、通俗的电影让学生观看。这样学生可以在欣赏影片的过程中,切实感受英美文化,提高文化素质和词汇能力,同时提升学习英语词汇的兴趣。

(四)信息技术辅助法

1. 使学生在语境中掌握词汇具体用法

在词汇学习中,将其放在具体语境中,往往能起到事半功倍的效果。在英语语料库中,有大量和语境相关的实例,具体的实例主要是通过数据的方式呈现在学生面前。在语境中,学生的注意力能够被有效吸引,使学习的词汇知识得到强化,同时能对相关使用规律进行总结。在语料库中,学生能了解使用频率较高的一些词汇,加强对词汇具体结构的了解,深化对语言现象的认识,实现对出现频率较高的单词的巩固与理解。

就 outline 这个单词来讲,在教材中只是标注其主要意思是"概要、轮廓、外形"的意思,而在实际教学中,教师可以在语料库中进行检索。通过检索的方式不仅能够了解具体的用法,还能了解相应的使用频率。进而学生认识到这个词不仅能够当作名词使用,也能当作动词使用。在实际教学中,教师可以用演示的方式实施,进而使学生了解主要使用方式,使学生在学习中的自主学习能力得到加强。

2. 对近义词以及同义词进行检索

由于英语是一门非母语学科,因此学生在学习近义词的过程中存在较大难度。语料库在高校英语词汇教学中的使用,能够使学生在检索过程中获得相应的参考,然后在此基础上进行细致大量的分析,如 destroy 和 damage 是两个近义词,那么在实际教学中,就可以在检索栏中将这两个单词输入进去,然后学生会在实际阅读中进行具体分析。同时在学习完这两个词之后,也可以将自己在日常生活中遇到的近义词、同义词进行搜索,通过这种方式的使用,方便了学生在学习中进行

第四章　跨文化交际视域下大学英语词汇与语法教学的理论与方法实践

自主对比，使学生的自主学习意识和自主学习能力都能得到增强。

3. 在检索过程中了解不同词汇搭配

词汇搭配的概念提出已久，并且随着社会的不断发展，受重视程度越来越高，词语搭配考查了相应的语法结构以及框架。有相关学者认为词的搭配、语义选择、语义韵以及类连接之间存在紧密联系，它们实现了对词汇组合以及词义的表达，而比较普遍的则是动词与名词之间的搭配。

例如，想要了解 trend 这个词时，可以在语料库中进行检索，如 short term trend, development trend, trend up 等，除了这些搭配用法之外，实际上 trend 还有很多用法。这种学习方式的使用，能够使学生在学习中对词汇搭配内容有更深入的认识与了解，同时在实际学习中也可以将查找的内容和自己已知内容进行对比，找出二者之间的差异，进而在实际学习中更有针对性。

4. 进行词汇的复习与巩固

英语语料库在英语词汇教学中的使用，除了能够为学生构建情境，了解近义词、同义词的相关知识，认识词汇搭配，教师也可以利用这种方式，帮助学生进行词汇的巩固。在巩固过程中，练习的方式可以是填空题、选择题，也可以是匹配题。而在实际教学时，教师可以将检索出来的内容进行隐藏，然后让学生根据上下文进行猜测与分析，并且在教师挡住的部分填入适当的内容，而在选择语料库时，教师需要以不同的学习内容为依据进行选择。

同时在语料库中，学生可以实现对学习词汇内容的拓展，英语语料库中有大量的内容，能够成为学生在学习中的素材，学生可以根据自己的实际学习能力和情况进行选择，学习的范围不仅局限在教材中，进而使学生学习到的知识能够有更强的实用性，实现对英语词汇的有效巩固。这种方式的使用在一定程度上响应国家号召，加强了对互联网技术的使用，促进对学生学习能力的培养，使学生在实际学习中能逐渐形成良好的学习习惯，实现英语综合学习水平的提升。

五、跨文化交际视域下大学英语词汇教学案例分析

教学目标：

让学生掌握表示交通工具的词汇。在此过程中为了激发学生的兴趣，可以通过情景教学和游戏教学相结合的方式，使学生有意无意地将所学的知识运用出来，从而达到脱口而出的目的。

参与形式：

配对练习结合小组活动（Pair work & group work）。

教学过程：

Step 1 Warming up

（1）Enjoy an English song *Ten Little Indians*.

（2）Sing the song together.

Step 2 Presentation

（1）通过谈论外出活动来引出不同交通工具的单词。

T: Where did you go on vacation?

S1: I went to Shanghai.

T: How did you get there?

（2）通过 What kind of transport is it? 这一猜词游戏，进一步学习交通工具。这里可以设置小组比赛。

S1: It goes in the water.

Ss: A ferry.（教师板书）

S2: It is like a bike but goes much faster.

Ss: A motorbike.（教师板书）

S3: It is like a train but goes under the ground.

Ss: A subway.（教师板书）

S4: It takes you about two hours to go to Beijing from Hangzhou by it.

Ss: A plane.（教师板书）

（3）老师领读，学生跟读黑板上所有的单词，一遍升调，一遍降调。

Step 3 Guessing game

Show the pictures of films or singing stars, and guess how they go to work.

T: How does Liu Yifei/Yang Liwei/Yao Ming...go to work?

S1: Liu Yifei takes the car to work.

S2: Liu Yifei goes to work by car.

T: How did Yang Liwei go to the space?

Ss: He took a spaceship to the space.

Step 4 Practice

利用所给信息,两人一组,进行对话练习。

Miss Li walk 7:00-7:15

Tom's father drive 7:40-8:10

Tom's mother take a taxi 8:00-8:30

Tom ride a bike 7:10-7:30

Tom's sister by bus 7:15-7:30

建议使用句型:

A: How does... go to work/school?

B: He/She takes...to work/school.

A: How long does it take?

B: It takes...

Step 5 Extension

(1) Group work.

Make a survey: How are your classmates going to spend summer vacation?

(2) Make a report.

分析:上述案例在教学设计上具有层次性,从热身(歌曲)—导入(猜词游戏)—操练(游戏)—半机械操练—有意义交际(对话),让学生多形式地参与语言交流。由于课堂气氛比较和谐、融洽,学生的学习兴致也比较浓厚,在这些前提下,充分地发挥了他们的想象力,词汇记忆的效果也就大大加强了。

第二节　跨文化交际视域下大学英语语法教学的理论与方法实践

在语言中,语法是其构架,是语言中词、短语等进行排列组合的方式,其对于语言学习有着十分重要的作用。要想对一门语言予以掌握,就必须弄清楚其排列的规律,因此大学英语教学中也离不开语法教学。但需要注意的是,随着社会的不断发展以及文化的巨大影响,大学英语语法教学也应该将文化融入其中,让学生能够使用语法知识来展开恰当的跨文化交际。本节就来具体分析跨文化交际视域下大学英语语法教学的理论与方法实践。

一、大学英语语法教学简述

(一)什么是语法

对于语法的内涵,不同的学者有不同的界定。

弗里曼(Larsen-Freeman,D.,2005)认为,"语法包含语形、语义、语用三个层面,三者关系紧密,如果任一层面发生改变,其他层面也会随之发生改变。"[1]

许国璋教授(1995)指出,"语法制约着句子中的词汇、词汇关系。一种语言中的语法是对该语言中规则、规约制度的反映。基于这些规则、规约制度的指导,词汇才能组成合适的句子。"

从上述定义中可知,人们对语法的界定更接近语言的本质。语法本身涉及静态与动态两种形式。就广义来说,人们的听、说、读、写、译五项技能需要语法手段的参与与描写。

---

[1] Larsen-Freeman, D. *Teaching Language: From Grammar to Grammaring*[M]. Beijing: Foreign Language Teaching and Research Press, 2005: 49-58.

第四章　跨文化交际视域下大学英语词汇与语法教学的理论与方法实践

（二）大学英语语法教学中存在的问题

1. 教师教学中的问题

（1）语法教学弃而不教或边缘化

大学英语教学一直都在不断变革，教学内容随之不断改变，而随着2004年教育《大学英语课程教学要求》的颁布，大学英语语法教学内容退出了大学英语教材，大学英语语法教学也从大学英语教学中退出，最终导致大学英语语法弃而不教或边缘化。这具体体现在两个方面：首先教材中没有了语法内容，教师便失去了教授语法的依据和大纲，学生也将无法系统地获取语法知识；其次课时安排不合理，大学英语教学中多是精读课与泛读课，没有相应的语法课，即使教师讲解语法知识，也是零星的和碎片化的。实际上，语法对于英语语言的学习是至关重要的，语法贯穿于英语学习的始终，对英语综合能力的提升起着重要作用，所以教师不应忽视语法教学，而应积极开展语法教学，丰富学生的语法知识，提高学生的语法能力，为学生的英语综合应用能力打好基础。

（2）教学方式单一

英语语法知识繁多，学习起来十分枯燥，因此很多学生都对语法学习缺乏兴趣。想要改善这种现状，就需要教师创新教学方法，增添语法教学的乐趣，激发学生学习的积极性。但是，当前的大学英语语法教学现状并不乐观，教师依旧采用陈旧的方式展开，占据课堂的主体，这样学生处于被动的学习，不仅与教育理念不符，也不利于学生学习，很难发挥学生的主观能动性。

2. 学生学习中的问题

（1）语法意识薄弱

大学生在中学阶段已经进行了很长时间的语法学习，普遍感到枯燥乏味，因此他们认为到了大学阶段就没有必要重点学习语法了。实际上，尽管到大学阶段，语法依然是英语学习的重要内容，因为不掌握丰富和准确的语法，是不可能准确、流利地进行交际的。

（2）缺乏有效的学习方法

大多数学生语法学习的效率非常低，其中一部分学生是因为掌握的学习方法不正确，从而使得语法知识的掌握较为松散，不能成为一个系统。在语法学习中,学生往往比较被动,通常是遇到新的问题之后才会学习语法知识,而当他们学习完一篇文章之后,又把语法学习抛之脑后,这样的学习是很难提升学生的语法能力的。

二、大学英语语法教学中的文化因素

语言与文化密切相关,文化差异在语言中有着集中的体现,一方面体现在词汇上,另一方面则体现在语法上。因此,文化差异对大学英语语法教学有着显著的影响,了解这种影响,对明确大学英语语法教学的目标、改善大学英语语法教学的现状具有重要意义。

(一)思维模式层面的影响

不同的民族,其思维模式也不相同,这种差异在语言中会有所体现。英汉民族的思维方式在语法上体现为英汉语法差异,具体表现是英语是形合语言,汉语是意合语言。

形合又称"显性",是指借助语言形式,主要包括词汇手段和形态手段,实现词语或句子的连接。意合又称"隐性",是指不借助语言形式,而借助词语或句子所含意义的逻辑联系来实现语篇内部的连接。形合注重语言形式上的对应,意合注重行为意义上的连贯。形合和意合是使用于各种语言的连接手段,但因语言的性质不同,所选用的方式也就不同。英语属于形合语言,其有着丰富的形态变化,语法规则众多,力求用内涵比较丰富的语法范畴来概括一定的语法意义,对句法形式要求严格。

英语句子多使用外显的组合手段,因此句子中的语法关系清晰有序。但汉语句子多用隐形的手段,语法关系并不那么清晰,而是十分模糊,如"知己知彼,百战不殆;不知己而知彼,一胜一负;不知己不知彼,每战必殆。"这句古汉语就体现了汉语意合的特点。汉语属于语义型语言,受传统哲学和美学思想的影响,形成了注重隐含关系、内在关系、模糊关系的语言结构特点。所以,汉语主要靠词序和语义关系来表现句法关系,并不刻意强求语法形式的完整,只求达意即可。

具体而言,受思维模式的影响,英汉语法之间的差异体现在以下几个方面。

第一,汉语句子注重达意,英语句子注重形式上的联系。例如,"已

第四章 跨文化交际视域下大学英语词汇与语法教学的理论与方法实践

经晚了,我们回去吧。"这句话用英语表达是"Let's go home, as it is late."为符合英语的表达习惯,添加了相应的连接词。

第二,英语主要借助词形的变化来组句,汉语则主要借助词序和词在句中的作用及句子的意思来组句。

第三,英语倒装句多,汉语相对较少。为了表示强调,英语句子常将主动词放在主语前面,或者是没有助动词的情况下,在主语前面加do,does或did,形成倒装句。汉语表示强调就相对简单,有时将宾语提前,一般是不改变词序并增加某些具有强调意义的词。

总体来讲,思维模式的差异反映了汉文化的综合整体与英文化的分析细节的思维方式的不同。在具体的大学英语语法教学中,教师引导学生充分了解文化差异对语法的影响,同时向学生输入相关的文化因素,使学生切实了解英汉语法的异同,进而提高学生的语法能力。

(二)语序因素层面的影响

语序指的就是词在短语或者句子中线性的排列顺序。语法语序就是表现语法关系的语序。例如,汉英都有并列式的合成词,尽管并列式都是由同等成分构成的,但是仍然存在较大差别。英语叙述说明事物时,习惯于从小到大,从特殊到一般,从个体到整体,先低级再高级;汉语的顺序则是从大到小,从一般到特殊,从整体到个体。此外,英汉语言中出现多个定语和多个状语时,定语和状语的排列顺序也是有差别的,这些实际上都源于文化的差异。因此,在大学英语语法教学中,教师应注重培养学生的文化素养,进而促进学生语法能力的提升。

三、跨文化交际视域下大学英语语法教学的原则

(一)综合性原则

综合性原则是指大学英语语法教学要采取恰当的教学方式,具体体现在以下几个方面。

1.归纳教学和演绎教学相结合

这两种教学方式各有所长,教师在语法教学中要根据具体的内容,将二者有机结合,以归纳为主,演绎为辅。

2. 隐性教学与显性教学相结合

隐性语法教学在教学中避免直接谈论所学的语法规则，主要通过情景让学生体验语言，通过对语言的交际性运用归纳出语法规则。显性语法教学侧重在教学中直接谈论语法规则，语法教学目的直接、明显。根据学生的生理、心理特点，教师应尽可能避免机械、反复的语法识记和操练，应注重让学生在一个有意义的情景中感知、理解所教语法项目；然后为学生创设生动有趣的情景，让学生在交际活动中模仿、操练、巩固语法知识；最后，在学生理解并会运用的基础上，教师帮助学生总结归纳语法规则。语法教学应以隐性教学为主，适当采用显性教学，这样能激发学生学习语法兴趣，帮助学生增强语法意识，培养语言使用能力。

3. 寓语法教学于听、说、读、写教学之中

学生的听、说、读、写四大基本技能的培养离不开语法，语法是为这些技能服务的。所以教师要把语法教学贯穿在听、说、读、写教学之中，使语法真正服务于交际。

（二）实践性原则

传统的大学英语语法教学只重视知识传授，不重视技能培养，忽视语法的交际功能。《大学英语教学指南》注重学生能力的培养。教师要明确英语语法教学只是培养语言实践能力的桥梁，其目的是更好地培养学生听、说、读、写语言实践能力，进而达到用英语进行交际。因此，语法教学必须突出其实践性原则。

行为主义学习理论认为，外语学习基本上是一个形成习惯的过程。其他流派也从不同角度提出了练习在培养言语能力中的作用。大学英语语法主要出现在单词、句型、文章中，教师在语法教学中必须以多种方式对语言知识进行实践练习，根据具体情况适当点拨，让学生在精读多练的基础上，熟练掌握语法知识，形成语感，从而建立一套新的语言习惯。

（三）交际性原则

在大学英语语法教学中，教师应遵循交际性原则，即恰当地运用多媒体设计课堂教学，创设合理的语言交际环境，使语言交际环境符合实际环境，从而帮助学生更好地掌握语法知识，提升交际能力。提高学生

第四章 跨文化交际视域下大学英语词汇与语法教学的理论与方法实践

成绩并不是语法教学的最终目的,语法知识的使用才是语法教学的本质,所以语法教学应结合实际生活,培养学生的语法思维,提升学生的听、说、读、写能力,提高学生的语言交际能力。

（四）文化关联原则

语法作为语言的内部规律,与文化有着密切的联系,即蕴含和反映着丰富的文化信息。对此,在大学英语语法教学中,教师应重视文化因素对学生语法学习的影响,并有意识地进行文化教学,创设英语语言环境,从而丰富学生的文化知识,切实提高学生的语法能力和语言交际能力。

四、跨文化交际视域下大学英语语法教学的方法实践

（一）文化对比法

文化对于语法教学影响深远,因此教师可以采用文化对比的方法展开教学,让学生不断对英汉语法的差异有所熟悉,培养他们的跨文化交际意识与能力。

众所周知,我国学生是在母语环境下来学习英语的,因此不知不觉地会形成母语思维方式,这对于英语学习而言是非常不利的,甚至在组织语言时也掺加了汉语的成分。基于这样的情境,英语教师就需要从学生的学习规律出发展开对比教学,使学生不断认识到英汉语法的差异,这样便能在发挥汉语学习正迁移的前提下,使学生掌握具体的英语语法知识。

（二）创设文化语境法

在大学英语语法教学中,教师可采用情境教学法开展教学,情境教学法有着包含语法规则和知识的真实环境,可以充分调动学生不同的感觉器官,激发学生学习的兴趣,可以让学生在接近真实的情境中切实参与到学习中,使学生系统地掌握语法知识。语法教学通过情境化实现了认知与情感的联合,颠覆了过去只讲述语法规则的陈旧方法,学生有了使用语言的空间。而且通过情境化教学,课堂氛围更加活跃,师生关系更加和谐,学生的语法能力和交际能力会得到显著提升。具体而言,情境教学的途径包含以下几个。

1. 融入音乐，创设情境

青少年通常对音乐有着强烈的兴趣，因此在语法教学中，教师可将音乐与语法教学相融合，营造轻松愉悦的气氛，在聆听中学，在欢唱中学。例如，在讲授现在进行时这一语法时，教师可以让学生先欣赏歌曲，并让学生持有该曲的歌词，然后找出歌词中含有现在进行时的句子。这样既能激发学生的学习兴趣，分散学习的难点，又能使学生在不知不觉中学到知识。

2. 角色扮演，感受情境

在大学英语语法课堂教学中，教师还可以组织学生进行角色扮演，让学生身临其境地学习语法知识。学生可以通过自己扮演的角色，体验相应情境下人物的言行举止、思想情感，深化所学知识，提高学生的人文素养。

3. 运用媒体，展示情境

在语法课堂教学中，有些教学情境因条件的限制无法创设，但随着多媒体技术的发展及其在教学中的运用，这一缺陷被弥补了。多媒体教学素材丰富多样，包含图像、图形、文本、动画以及声音等，将对话的时空体现得生动和形象，图像和文字都得到了充分体现，课堂范围不再沉闷死板，学生的感官得到了调动，加深了学生的印象，提高了学生参与课堂教学的积极性，教学和学习效率也得到了显著的提升。

4. 设计游戏，领悟情境

设置符合学生心理和生理特征的语法教学游戏，可以激发学生的学习积极性，让学生积极参与其中。而且生动活泼的游戏可以调动学生的多种感官，使学生原本觉得困难的语法结构也变得简单许多，从而使学生在潜移默化中掌握语法知识。

（三）翻转课堂语法教学法

翻转课堂是随着信息技术的发展而产生的一种新型教学模式，将该教学模式运用于大学英语语法教学，可有效调动学生学习语法的兴趣，促进学生自主学习能力的提升，提高学生的独立思考能力，进而培养学生的语法能力。翻转课堂这种教学模式不再以教师为中心，而是

第四章 跨文化交际视域下大学英语词汇与语法教学的理论与方法实践

以学生为中心,教师只是起到辅助作用,学生是教学环节的重点,师生之间处于互动的状态。翻转课堂语法教学模式流程如图4-1所示。

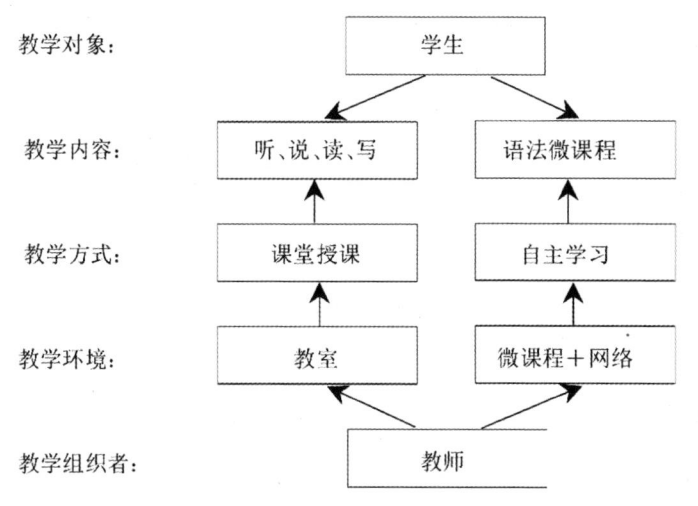

图 4-1 翻转课堂语法教学模式的流程

(资料来源:张晨晟,2019)

1. 提升微课制作水平,借鉴网络教育资源

相较于传统的语法教学模式,翻转课堂最大的特点在于以视频微课代替了"黑板+粉笔"的教学方式。但对于已经习惯了传统教学模式的英语教师来说,很难在短时间内适应视频微课这种新教学模式,因此教师首先要熟练掌握微课的制作技术,灵活运用各种制作软件;其次要重视视频微课内容的整合与加工,在内容选择上要结合课本语法知识,并借鉴网络上优质的教育资源制作短小精致、内容丰富的数字化课程资源。

2. 拓宽师生互动渠道,确保语法教学效果

制作视频微课是翻转课堂语法教学的前提,后期的检查、实施和监督是更加重要的部分,因此师生之间应保持多维互动。首先,教师要指导学生观看视频微课,并对学生的学习内容和时间进行计划,把握学生学习的进度;其次,教师要利用社交软件建立QQ群和微信群等,加强与学生线上线下的互动,对学生在自主学习中遇到的问题进行解答,促进师生和生生之间的讨论,实现英语语法知识的消化和吸收。

3. 关注语法难点,提升教师答疑解惑的能力

基于翻转课堂,教师将制作好的视频微课上传到网络平台,学生自

行下载,并在固定时间内完成自主学习,而对于遇到的语法知识难点,除了课堂学习小组讨论外,更多由教师在课堂上统一解答或个别辅导。对此,英语教师应不断充实自身的语法知识储备,提升自己的语法能力,从而更好地解答学生的疑难问题。

4. 开展差异化教学辅导,促进学生自主学习

在翻转课堂教学模式下,教师要更新教学理念,改变传统的教学模式,主动融入和参与学生学习的各个环节,成为学生学习的指导者和监督者。由于不同学生之间存在着巨大差异,有着不同的基础水平和认知结构,因此教师需要采用不同的辅导方式来对不同层次的学生加以辅导,特别是对那些自律性不强的学生,更要采取有效方式来加以辅导,监督他们进行自主学习。

5. 重视教学评价,建立激励机制

翻转课堂语法教学重在学生的自主学习,为了掌握学生自主学习的频率以及参与程度,确保翻转课堂教学的效果,对学生进行考核评价就显得十分必要,而且这种考核要贯穿于课堂教学的全过程,并且评价形式要多样化,包括学生自我评价、小组评价、教师评价等多种考核评价形式。这种全方位的考核评价机制有利于教师掌握学生对语法教学的参与度和配合度,便于教师了解学生对语法知识的掌握程度,而且对学生有着正向的激励作用。

总体而言,在文化全球化时代背景下,英语词汇和语法教学应紧跟社会和教学改革发展的趋势,结合文化开展教学,即在教授词汇和语法知识的同时,融入英语文化知识,进而培养学生的文化素养,提高学生的综合能力以及运用词汇和语法知识进行跨文化交际的能力。与此同时,教师要持有客观的态度,不能一味地导入英语文化,还应传授汉语文化知识,从而树立学生的文化自信,使学生运用所学知识传播中国文化。

五、跨文化交际视域下大学英语语法教学案例分析

教学目的:通过谈论学生身边的老师和家人的外貌和性格特征这个话题,引导学生在交际中有目的地学习和运用形容词比较级。

参与形式:小组

教学任务:学习形容词比较级的不同形式及用法

教学流程：

（1）导入。如下：

① Show students a picture of two men and enjoy the comparison.

Two gentlemen meet in a lane,

One is short, and the other is tall,

One is heavy, and the other is thin,

One has a hat, and the other has a bag,

Bow most politely, bow once again.

② Talk about the two men in the picture in pairs.

A: What can you see in the picture?

B: I can see two men.

A: Do they look the same?

B: No, they don't.

A: So the two men are very different. We know everyone in the world is different and special.Can you describe them?

③ Ask some students to show their description about the two men in class.

（2）谈论和学习。如下：

① Show two photos and say:

I have two photos here. One is the photo of me when I was five years old and the other is that of my son when he was five. Can you tell the difference between us?

② Help students to use different adjectives to describe something about the two persons in the photos.

③ Teach more new adjectives.

（3）谈论并分享。如下：

① Talk about the photos

T: Is that your father?

S1: Yes, it is.

T: Is the man next to him your uncle ?

S1: Yes, it is.

T: They are tall. But your father is taller than your uncle.

T: Who is calmer, your father or your uncle?

② Give more examples to practice this conversation. Try to use adjectives in the four different forms in the comparative. (-er, -ner, -ier, more+adjectives)

（4）练习。如下：

① Ask and answer in pairs：

A：Is that your cousin?

B：No, it isn't. It's my friend. My cousin is heavier than my friend. My friend is more athletic than my cousin.

② Ask some pairs to act out their conversation.

（5）拓展。如下：

① Ask the students to describe their ideal teacher in groups.

T：What do you think a popular teacher should be like?

② The students work in groups. Make sure every student gives his or her opinion.

③ Each group chooses one student to make a report.

（6）巩固。如下：

Fill in the blanks：

① Who is（鲁莽的）, Ruth or Rose?

② Li Ping was the_____（镇定的）of the two when the teacher asked them the questions.

③ He is very f_____. He usually makes us laugh.

④ I like staying at home, but my sister is more o_____ She likes playing with her friends.

⑤ He is more a_____than me. He is really good at sports.

（7）家庭作业。如下：

Write a short paragraph about your family members using the comparative degrees of adjectives.

分析：本案例从一个有趣的 chant 导入，从一开始就紧紧抓住了学生的兴趣点。由于本课设计的话题贴近学生生活，谈论的都是学生比较熟悉的老师和自己的家人，因而学生学习的主动性都比较强。另外，本课结合语境来设计各项活动，综合训练了学生的听、说与写的能力，避免了纯语法教学，达到了学以致用的目的。

第五章 跨文化交际视域下大学英语听说技能教学的理论与方法实践

随着社会的发展,英语听力和口语在社会交际中的作用越来越明显,社会需要具备英语听力能力和口语表达能力的人来与其他国家和民族进行交流和沟通。在实际的听说交际过程中,必然会涉及各种文化因素,如果不了解语言所承载的文化信息,将很难理解其意思,也难以表达自己的思想,交际也就无法顺利进行。对此,英语教学应顺应教学改革的发展趋势和社会的要求,在英语听说教学中恰当地融入文化知识,从而培养学生的文化素养,促进学生听说能力和跨文化交际能力的提升。

第一节 跨文化交际视域下大学英语听力教学的理论与方法实践

一、大学英语听力教学概述

(一)英语听力

1. 什么是"听"

在学者罗宾(Rubin,1995)看来,"听是一个包含主观能动性的过程,它涉及听者信号的主动选择,然后对信息进行编码加工,从而确定正在发生的事情以及发话人想要表达的意图。"[1]

---

[1] Rubin, J. An Overview to "A Guide for the Teaching of Second Language Listening" [A]. *A Guide for the Teaching of Second Language Listening*[C]. D. Mendelsohn & J. Rubin. San Diego, CA: Dominie Press, 1995: 7.

理查兹和施密特(Richards & Schmidt,2002)对"听力理解"进行了专门的探讨,他们认为,"听力理解涉及的对象是第一语言和第二语言,所要做的事情就是弄懂这两种语言。但是,对这两种语言的理解是有本质区别的。其中,对第二语言的听力理解比较关注语言的结构层面、语境、话题本身以及听者本身的预期。"[1]

"听"不是单一的,是连续不断的一种处理过程,包含以下部分。

(1)如何将语音进行划分。

(2)如何对语调形成一种认识。

(3)如何对句法进行详细的解读。

(4)如何把握语境。

大多数时候,上述过程是在人们的无意识中悄悄进行的。

此外,两位学者还就"听"和"读"的联系与区别进行了阐释,并认为与"读"相比,"听"的作用更加显著,具体包含以下几点。

(1)让人感受到一种韵律的美。

(2)让人产生一种追逐速度的急切心理。

(3)对信息的加工和反馈都在最短的时间内完成。

(4)耗时较短,通常不会重复进行。

"听"与"读"都是一种对信息的输入,但是在大学英语听力教学中教师绝对不能将"听"看作阅读的声音版,而应该认真研究"听"的本质属性,并据此去组织教学,从而帮助学生获得一定的听力技能。

2. 什么是"听力理解"

"听力理解"呈现出以下几种特征。

(1)时效性

时效性是指听力理解要求听者在一定的时间内高效地对声音信息进行加工。要做到这一点,听者需要认识到时间的紧迫性并且能够快速地判断。声音信息输入的流线型特点也同样要求听力理解具有时效性。听力理解是否具备时效性,往往成为衡量一个人听力能力的关键指标之一。

(2)过滤性

过滤性是指听者在听力理解的过程中能够准确地筛选出有用的信

---

[1] Richards, J. C. & R. Schmidt. *Longman Dictionary of Language Teaching and Applied Linguistics*[M]. London, UK: Longman, 2002: 313.

息,而剔除那些无用的甚至是干扰的信息。简单来讲,过滤性就是"抓关键信息"。

显然,听者不需要原原本本地将听力内容在头脑中放映一遍,但是必须能够把握住听力内容的中心思想。因为听力理解的内容是一连串连续性的语言符号,人们必须从整体上把握内容,而不是孤立地关注某一个音素。想要把握听力内容的中心思想,不偏离听力内容的大方向,就必须先获取发话人的"主题",然后围绕这一主题探索事件的时间、地点、过程以及发话人的思想情感等边缘要素,主题和边缘要素存在着一种内在的连贯性。

（3）即时性

即时性是指听力理解无法提前安排和计划,都是随时进行、随时结束的。这就使得我们不可能提前对听力理解进行演练,从而导致了听力理解的不可预知性,这正是它的难点所在。

（4）推测性

推测性是指听力理解是通过推理进行的。其实说到底,只要是含有理解的行为,就少不了推理的存在。说得具体一点,推理就是依靠自己的主观能动性不断验证先前假设的认知过程。

在一次完整的推理中,有两个环节是必不可少的。首先是预测将要发生的事情,其次是对结果进行推断。当然,这两个环节有其存在的前提,也就是我们不能做无缘无故的预测,那是妄想,而是要根据已有的知识经验来推测未知的事物。并且已有的知识经验和未知的事物之间是有着内在关联的,听者需要通过这些显性或者隐性的关联来寻找发话人的信息,从而推测出发话人的意图。

（5）情境性

情境性是指听力理解发生在特定的时间、场合之下,时间、场合就构成了听力理解的情境。随着时间和场合中任何一方面的改变,情境就会改变,这就引起了不同听力情境的发生。听者之所以要关注听力理解的情境,是因为这些情境中包含着很多重要细节,它们决定了听者对话语意义的理解,同时也为即将产生的话语提供理解的线索。

（6）共振性

"共振性"这一概念应该是从物理学中移植过来的,表示一种瞬间感应性。听力理解具有共振性,是指听力理解在对应原则的基础上发生的,有着自己独特的经验和惯性。

具体来讲,在听力理解中,一些新信息不断地刺激大脑,从而激活大脑中的已有知识,新知识和已有知识之间的交流就是共振。那就意味着,你拥有的知识总量和你的感知能力的高低是成正比的,和你的共振效率也是呈正相关的。听力理解的共振性和信息加工理论中的"编码—解码"程序具有很大的关系。

(二)英语听力教学中的听力训练

1. 听力训练的形式和方法

(1)听—画:学生边听英语,边画出相应的图画。

(2)听—视:学生边看黑板上的图画,边听教师讲。有条件的地方可利用投影仪、幻灯片或录像机进行视听训练。

(3)听—答:教师对听的内容进行提问,要求学生口头回答。

(4)听—做:教师根据所听的内容发出指令,要求学生做出相应的行动或表情,如"Show me how David felt when he met Jane at the airport."教师使用课堂用语时向学生发出的指令也应属于此类,如"Come to the front."

(5)听—猜:学生在听前根据教师的"导听问题"(guiding questions)提示,并结合已学的知识对所听的内容进行预测(predict)。

(6)句子段落理解:教师放录音或口述句子、段落。学生一边听,一边看教师示范表演:各句意思以指出或举起相应的图画或做相应的动作来表示;教师用手势画出单词重音、语调符号和节奏,让学生模仿。

(7)短文理解:学生先听录音,然后根据短文的内容,进行形式多样的练习帮助听力理解,如听录音回答问题,听录音做听力理解选择题,听录音判断正误,听做书面完形填充练习,复述短文大意,做书面听力理解练习题等。

(8)课文听力训练:教新课文之前,先让学生合上书本,听两遍课文录音,或听教师朗读课文;讲课文时,教师一边口述课文,一边提出生词,利用图片、简笔画、幻灯或做动作向学生示意,帮助学生达到初步理解的目的;学生根据课文内容进行问答,如就课文中生词或词组提问、就课文逐句提问、就课文几句话或一段话提问等。

第五章　跨文化交际视域下大学英语听说技能教学的理论与方法实践

2.听力训练的原则和要求

（1）熟练掌握英语课堂用语，尽可能用英语组织教学。

（2）充分利用音像手段（如录音机）和软件资料进行大量的听力训练。

（3）遵循循序渐进的原则，听力训练时听音材料难度应该由浅入深，生词量小，语速由慢到快，长度由短到长。

（4）尽量将听与说、读、写等活动结合起来进行训练。

（5）结合语音语调的训练，特别是朗读技巧（单词重音、句子重音、连读、辅音连缀、停顿和语调）来训练听力。

（6）听前让学生明确目的和任务。

（7）把培养听力技巧（辨音、抓关键词、听大意、听音做笔记等）作为教学的主要目标。

（8）布置适量课外听力训练。

二、大学英语听力教学中的文化因素

大学生在中学甚至小学时期已经学习了多年英语，对语音、词汇、语法和句型等都有了一定程度的掌握，因此很多学生甚至教师都认为，掌握了这些内容足以提高听力水平，其实不然。英汉民族文化存在较大的差异，这给语言交流造成了很大的困难，对听力的有效进行以及大学英语听力教学的开展都造成了一定的影响。因此，要想切实提高英语听力能力，并能够运用这一技能进行跨文化交际，就要加深对西方文化的了解和认识，从深层次上提高英语听力能力。

（一）词语文化内涵差异层面

在听力学习过程中，很多学生都反映有的听力材料看上去并不复杂，也没有生词，语言结构也不复杂，但在听的过程中总觉得晦涩难懂，无法理解其内涵。这种情况主要是由于对词语的深层文化内涵不理解造成的。例如：

Wendy：What do you think of Vicky?

Chad：She is a cat.

Question：Does Chad like Vicky?

对于学生而言,上述对话没有任何陌生单词,理解起来并不难,但是在回答的过程中往往会答错,这主要源于中西方文化的差异。在中国,猫是可爱温顺、讨人喜爱的动物,但在西方国家,猫有着另外一层文化含义,指"心存险恶的女人"。上述对话中的"She is a cat."实际上是说 Vicky 是一个狠毒、心怀叵测的女人。由此可见,很多理解障碍并不是语言本身引起的,而是对西方文化的不了解引起的。因此,在大学英语听力教学中,教师应注意教授学生一些相关的文化知识,培养学生的文化素养,从而切实提升学生的听力能力。

(二)社交差异层面

学生学习英语听力是用来社交的,如果不了解中西方社交差异,将会对其交际过程产生不利的影响。中西方社交差异在多个方面都有体现,其中在俚语的表达方面尤其突出。英语的俚语相当于我们的歇后语,蕴含着发人深思的内涵。例如,fill someone in 的真正含义是"告诉某人,让他了解一些状况"。由于我国大学生对英国的社交文化不了解,很容易逐词逐句地理解这一短语,将其理解为"把某人填进去",这必然会对听力产生影响。

除了上述两个方面,英汉的思维模式差异、历史背景差异、地理环境差异等都对听力有着重要的影响,在具体的教学中,教师应尽量全面地丰富学生的文化知识,提高学生的文化素养,为学生听力能力的提升排除文化障碍。

三、跨文化交际视域下大学英语听力教学的原则

(一)激发兴趣原则

听力能力的提高需要一个过程,不能一蹴而就,而且需要不断地练习和努力,很多学生由于自己听力能力不佳,加上进步缓慢,因此对听力学习缺乏兴趣。可见,兴趣对于英语听力学习至关重要,对此教师在开展大学英语听力教学时要有意识地激发学生的兴趣,也就是遵循激发兴趣原则。具体而言,教师在进行听力教学之前,首先要充分了解学生的兴趣所在,即了解学生对哪些听力活动和听力内容感兴趣,然后以此为依据来调整教学内容和教学方法,激发学生的听力兴趣,调动学生

的积极性,进而提高学生的听力水平。

(二)情境性原则

听力是交际的重要方式,学生只有在自然、真实的环境中,才能与环境产生相应的互动,获得真实的语言体验。很多教师往往都有这样的感受,即教师竭尽全力鼓励学生参与课堂活动,但学生依然对听力学习缺乏积极性,课堂教学沉闷。实际上,良好的课堂氛围需要师生共同营造,教师应该与学生积极沟通,充分发挥自己的主导作用和学生的主体作用,应在活跃、自然、民主的课堂环境中创建英语语言情境,进而培养学生的听力能力。

(三)综合原则

英语包含四项基本技能,即听、说、读、写,这几项技能之间并不是相互独立的,而是密切联系、相互促进。所以,教师要想切实提高学生的听力水平,就要重视听力与其他技能之间的关系,将输入技能训练和输出技能训练相结合,培养学生的综合英语能力。

(四)注重情感原则

在教学中,教师除了要注重学生学习本身外,还要重视学生的情感体验。具体而言,教师要为学生创造一个轻松、愉快的课堂环境。例如,教师在听的过程中可以穿插一些幽默小故事、笑话、英文小诗、英文卡通或英文歌曲等,也可以根据实际情况改变听的形式或更换听的内容等,努力消除学生因焦虑、害怕等产生的心理障碍,创造和谐的学习氛围,使学生获得良好的学习体验,进而提升学生的听力水平。

(五)强化文化背景知识原则

语言与文化密切相关,很多英语词汇、短语、句子等都蕴含着丰富的文化信息,如果不了解语言背后的文化信息,将很难理解其内在含义,更无法有效进行交流。可以说,很多听力材料背后都蕴含一定的文化知识,学生如果没有掌握必要的文化背景知识,即使听懂了个别甚至全部语句,也不一定能完全理解材料所隐含的深层文化含义,进而影响对材料的准确理解。因此,在大学英语听力教学中,教师必须重视强化学生的英美文化背景知识,提高学生对文化知识的敏感度。

四、跨文化交际视域下大学英语听力教学的方法

(一)技能教学法

听力的有效进行是需要一定的技巧的,因此在大学英语听力教学中,教师应向学生介绍几种常用的听力技巧。

1. 听前预测

在进行听力之前,进行一定的预测是很有必要的。在教学中,教师可以指导学生在正式听听力材料之前,先浏览一下听力问题,据此预测听力测试的范围,如地点、时间、人名等,这样可使听力更具针对性。

2. 抓听要点

在听的过程中,要学会抓听要点。也就是抓听交际双方言语活动中的主要内容、主要问题、主题句和关键字等,对于一些无关紧要的内容则可以不用重点去听。

3. 猜测词义

听力过程中不可能听明白每一个词,而且有时难免会遇到陌生的单词,此时如果停下来思考这个词的意思,就会影响对整个听力材料的理解。这时可以继续听,通过上下文来猜测词义,这样既不会中断思路,也能流畅地理解听力材料内容。

4. 边听边记

听力具有速度快和不可逆转性的特点,听者在有限的时间内不可能听懂和记住所有的内容,此时就需要借助笔记来辅助听力活动,也就是边听边记录。听力笔记不需要十分工整,听者自己能看明白就行。

(二)文化导入法

1. 通过词汇导入

在大学英语听力教学中通过词汇向学生导入文化知识,不仅可以

第五章 跨文化交际视域下大学英语听说技能教学的理论与方法实践

提高学生的文化意识和素养,还能丰富学生的词汇量,为听力能力的提高奠定基础。例如,"狗"这一动物在中国文化中多具有贬义色彩,从"狗腿子""狗拿耗子"等表达中就能看出,而在西方文化中,dog 深受人们的喜爱,被人们当作好朋友。在听力教学中,有意识地扩大学生的词汇量,丰富学生的词汇文化知识,将对学生听力能力的提升大有裨益。

2. 通过网络多媒体导入

现代信息技术的发展促使网络开始普及,而且在各个领域发挥巨大作用。在信息化时代,教师可以充分利用网络技术向学生输入文化知识。

(三)电影辅助法

英语电影能够营造真实、生动的听力环境,而且能够帮助学生更好地了解西方文化,从中体会中西方文化差异,进而提高跨文化交际能力。因此,将英语电影运用于大学英语听力教学,可有效激发学生的学习兴趣,提高教学的效率和学生的听力水平。具体而言,可采用以下步骤开展教学。

1. 观赏影片前

在观赏影片之前,教师和学生需要做一些准备工作。这些准备工作是指,在选定影片之后,教师要为学生布置好与电影主题相关的作业,鼓励学生在课下通过网络搜集一些与电影背景相关的信息,通过此方式加深学生对影片的了解。在临近观看前,教师要对影片的相关内容进行介绍,并提出拓展学生思维的问题,如影片中有哪些俚语以及主角爱好等,这样能够引导学生带着问题和好奇心去观看影片。在准备工作完成之后,学生在了解影片的基础上,边观看影片边解决问题,以期达到更好的学习效果。

2. 观赏影片中

在观看影片的过程中,教师可选择和运用影片中某个经典片段的放映来指导学生进行精听。精听要求学生听清每一个词、短语和句子,清楚每一个情节。通过精听,教师可以更好地引导学生学习影片中的语言。在精听的同时,教师还可以采取泛听的方法,让学生了解影片的故事梗概。此外,在播放影片的过程中,教师可以根据学生的英语水平和影片中的相关内容适时暂停影片,提醒学生影片中的一些关键对话,辅助讲解一些俗语、委婉语、禁忌语等,同时分析其中所涉及的中西方文化差异,帮助学生掌握语言精华,培养跨文化意识。

3. 观赏影片后

在影片结束之后,教师可以有针对性地进行扩展活动,即选择影片中的经典情节,组织学生进行角色扮演,从而巩固学生的听力水平,锻炼学生的表达能力,提高学生发音的准确性,培养学生的语感,同时树立学生的信心,促使学生合作学习。另外,教师可以鼓励学生谈论影片的主题及意义,引导学生撰写影评,这样可以巩固学生通过影片所学的词汇、语法等知识的运用,进而提高学生的写作水平。

总体来说,英语电影语言丰富,情节生动,深受学生的喜爱,将其运用于大学英语听力教学,将能够为学生营造一个真实的语言环境,锻炼学生的听力能力。但需要注意的是,采用电影辅助法开展大学英语听力教学,在选材上要多加留意,要选择那些语音纯正、用词规范、内容健康的经典影片,这样才能让学生学到地道的英语表达,提高学生的听力水平。

(四)游戏教学法

大学生"说不出,听不懂"的问题依然是大学英语听力教学中的重要问题,而基于信息技术的发展,游戏教学法成了听力教学的突破口。游戏教学法寓教于乐,能有效激发学生参与听力教学的积极性,促使学生实现知识能力的自我构建。

1. 设计学习目标

具体而言,学习目标的设计涉及以下三个问题。
(1)交互式游戏教学环境的构建问题。
(2)学生参与交互式游戏教学的积极性和主动性问题。
(3)交互式游戏教学的效果问题。

2. 分析教学对象

在开展游戏教学时,还要对教学对象,即学生进行分析,了解学生的学习需求、学生感兴趣的内容等,进而因材施教,确保教学效果。

第五章　跨文化交际视域下大学英语听说技能教学的理论与方法实践

3. 游戏教学的设计和应用

《王者荣耀》这款游戏深受大学生的喜爱，对此教师可以依据这款游戏来开展大学英语听力教学。具体而言，教师可根据游戏中玩家协作和竞争的模式，设计角色扮演的游戏教学程序。

五、跨文化交际视域下大学英语听力教学案例分析

教学任务：

本案例的教学任务是要让学生听有关英国历史、地理、文化、运动、旅游等情况的材料，了解相关信息。

参与形式：

本案例采取两人小组成对联系的方式组织和开展教学活动，结合视、听、说、写等要素，使学生在独立学习和与同伴的搭档练习中激发听力学习的兴趣，提升听力教与学的效果。

教学流程：

1. 热身

听力教学正式开始之前，首先在课堂上组织热身活动。本环节包括以下两个步骤。

（1）主题视频导入

Jacques Rogge announced: "The games of the 30th Olympiad in 2012 will be held in the city of London."

（2）自由交谈

视频观看结束后，教师可组织学生进行自由交谈，交谈的内容需和视频主题相关。例如：

Why was Great Britain able to beat out four other world class cities?

Have you ever been to the UK?

What's the full name of the UK?

Can you give us some information about the UK in geography, literature, politics, sports, sightseeing and so on?

2. 观看视频

由于视频的动态画面对学生的吸引力较大，因此，本环节中教师可

让学生一边观看视频一边进行听力练习。在此过程中,学生会抱有极大的兴趣去听材料,遇到不太明白的地方,还能够结合画面内容进行猜测,辅助听解,使得学生熟悉听到的内容,潜移默化中提升听力水平。此环节中,教师可做如下要求。

Watch a video about the UK in geography, literature, politics, sports, sightseeing and so on. And write down some key information while watching and listening as much as possible.

3. 成对练习

本环节要求学生两人一组,根据所听到的材料,交流各自对英国的了解。例如:

How many countries does the UK consist of? What are they?
Which is the longest river in England?
What are the provinces called in England?
Who rules the UK: the Prime Minister or the Queen?
Does South Ireland belong to Britain?

4. 分享

本环节可通过让学生输出语言来增加学生对听力材料的理解。例如:

Give a talk and share with the whole class.
Write a short paragraph introducing the UK.

5. 家庭作业

本环节可通过布置家庭作业帮助学生巩固课堂知识、培养学生兴趣、提升学习效果。例如:

Do some more research on the geography or history of the United Kingdom.

分析:本案例在教学方法上采用"视听说写"相结合的方式,使学生的视觉、表达辅助听解,让学生的视觉形象思维与逻辑思维相互作用,从而帮助学生快速、深刻理解听力材料;在活动参与形式上,本案例采用两人小组合作学习的形式,学生在没有压力的情况下自由输出语言,对增进理解起到了极大的促进作用;在教学手段上,本案例充分利用了现代多媒体技术,大大提升了教学效果。

第二节 跨文化交际视域下大学英语口语教学的理论与方法实践

一、大学英语口语教学概述

口语作为一种日常交流与沟通的重要工具,在英语教学领域是非常重要的。口语这一技能并不单纯具体,其与其他技能往往具有交叉、重叠的关系。在英语教学过程中,口语教学很难与其他技能区分开来。简言之,英语教师在进行口语教学的过程中,往往也会涉及其他教学技能的掌握。

对于学习英语口语的学生而言,他们想要使用英语进行口语表达,首先就需要掌握一些英语的基础知识,如英语的节奏感、语音、语调、元音、辅音等,同时还需要掌握一些会话的技巧,如在交际过程中如何礼貌地打断他人、如何有礼貌地回复他人等。可见,英语口语能力的提升并不是一件容易的事情。个体想要掌握一门语言,不仅要学会发音,而且还需要把握这门语言的其他方面的知识内容,如这门语言背后的社会习俗、文化背景、交际方式、社会礼仪等。可见,语言交际看似简单,其实相对复杂,是上述所有内容的一种综合体现。

人们对口语能力这一概念的理解往往不同,不同的理解通常会带来不同的教学效果。英语作为一门语言,是随着社会的发展而发展的,其学习理念同样也会逐渐变化。在以前,人们认为英语教学的理念就是发展学生的语言能力,让学生掌握基本的语音、词汇、语法、句法,学生只要对这些知识有了充分的掌握,就会自觉学会运用,流利地使用这门语言进行沟通与交流。然而,现实情况往往与人们想当然的局面大相径庭,而这种理念引导下的教学结果的弊端也越来越大。

20 世纪七八十年代,西方国家涌现出大量的移民,在美国、新西兰、加拿大等国家都是如此,在这一现状的影响下,语言学领域的研究者以及作为一线工作者的教师对语言学习的传统模式有了很大的意见,他们的理念开始发生转变。这些人认为,学生只掌握语言的语音、词汇、语法等知识并不能真正学会英语,更不意味着可以流利地开口讲英语,甚至不能利用自己所学的这门语言在社会上谋生。

随后,学者以及教师开始将英语语言能力看作交际能力的一个组成部分。有的学者认为,交际能力是语言学习者与他人利用语言这门工具所进行的信息互动,进而生成一种有意义的能力,这种能力区别于做语法、词汇知识选择题的能力。然而,学习者如果想要获取更加高级的交际能力,就必须对所使用语言的社会环境、文化环境有一定的了解。社会语言能力往往指的是使用语言的人在不同的场合与环境中运用语言的能力,这一能力涉及的层面如下所示。

(1)语域,即正式语言或非正式语言的使用。

(2)用词是否恰当。

(3)语体变换与礼貌策略等。

二、大学英语口语教学中的文化因素

文化差异对口语交际有着重要的影响,对英语口语教学的影响也是显而易见的,因此教师在开展英语口语教学时要让学生了解文化差异所产生的影响,从而培养学生的文化差异意识。

(一)词汇内涵差异层面

词汇是人们撰写文章、口语表达思想的基础,要想准确地传递信息和情感,首先要掌握大量的词汇,并且要了解词汇的含义,包括基本含义和内在文化含义。如在汉语文化中,"马"(horse)被人们视为朋友,属于积极进取、奋发图强、吃苦耐劳、勇往直前的正能量代表,如"马到成功""龙马精神"等都表达了这一象征意义。但在英语文化中,horse常用来做普通的喻体而已,和马毫无关系,如 white horse(泡沫翻腾的浪峰), horse of another color(完全不同的另一回事)等。

(二)语用规则差异层面

语言交际有一定的规则,即语用规则。如果不了解英汉语用规则,就会对交际造成影响。例如,在寒暄方面,中国人见面习惯说"吃过了吗"表示关心。这样的表达并不在于"吃饭"本身,而是一种招呼用语,有着类似于"你好"的问候语义,相当于英语中的 hello。但是在西方国家,如果听到"Have you eaten yet？"时,会理解为对方想请他吃饭,然

第五章　跨文化交际视域下大学英语听说技能教学的理论与方法实践

后会做出回应:"Thank you, it is very kind of you."对此,在英语口语教学中,教师应向学生介绍英汉语中的语用规则以及英汉语用规则的差异,以免学生在交际实践中出现误解而影响交际。

(三)地理环境和气候条件差异层面

地理位置不同,其气候条件也不同,这会对文化产生一定的影响,进而在语言中有所体现。例如,英国是个岛国,多面环海,处于温带海洋性气候带,气候四季温暖。受地理环境和气候条件的影响,英国降雨频繁,随时都有可能下雨,因此人们常随身带伞。基于这一背景,在日常生活中就不宜跟英国人开关于天气的玩笑,否则会引起交际失败或者冲突。

三、跨文化交际视域下大学英语口语教学的原则

在英语口语教学中进行文化渗透,教师应遵循科学的教学原则,以有效提高学生的口语水平,提升教学的效率。具体而言,可遵循以下几项原则。

(一)先听后说原则

在英语语言技能中,听和说是相辅相成的,听是说的基础,俗话说"耳熟能详",只有认真听、反复听、坚持听,才能最终说一口流利的英语。因此,英语口语教学应当坚持先听后说原则,即教师首先应注意加强学生听的能力,其次才是说的能力。只有坚持先听后说原则,才能帮助学生掌握正确的发音,为训练口语能力打下良好基础。

(二)循序渐进原则

口语能力的提升需要一个很长的过程,不可能一蹴而就,因此在英语口语教学中,教师应遵循循序渐进原则,即由易到难、由理论到实践,层层深入,逐步提升学生的口语能力。我国的大学生来自全国各地,不仅英语水平参差不齐,发音也会受方言的影响,因此教师在口语教学的过程中首先应该解决学生语音、发音层面上的问题与困难,纠正他们的错误发音,让学生根据从简单到复杂的程序,从语音、语调、句子、语段

等逐步进行锻炼。另外,教师在安排与设计教学步骤时也要遵循科学原则,充分把握难易程度。如果教学目标定得太高,学生学习起来会有压力,如果目标定得太低,学生学习起来会缺乏挑战性和乐趣,因此教学目标设计要适度,要符合学生的实际水平。

（三）内外兼顾原则

所谓内外兼顾原则,是指考虑问题时要顾及内、外两个方面。在这一原则的指导下,教师在英语口语教学的过程中不仅要重视课堂教学,而且还需要引导学生合理利用课外活动来练习口语。事实上,学生的口语学习应该以课堂教学为主,并且将课外活动中的口语学习作为课堂学习的一种补充,二者相互促进、相互配合。在课堂教学练习的基础上,学生开展相应的课外活动,可以将课堂上所学习的知识在课外活动中进行充分实践,从而达到复习、巩固知识的目的。此外,学生在课外活动中还可以运用课堂上所学习的理论知识,将知识内容转化为技能。与课堂活动相比较而言,课外活动的氛围比较轻松,学生的心情也会十分愉悦,在这种放松的心情下来练习口语将会取得令人意想不到的效果。在课程结束之后,教师为学生安排作业与练习之前,可以将学生分组,让学生以小组为单位来完成作业,通过相互讨论小组任务,可以帮助学生提升自身的口语能力,同时也可适度加强学生的团结协作能力。

四、跨文化交际视域下大学英语口语教学的方法

在英语口语教学中进行文化渗透需要采用科学的教学方法,将目光投向文化教学,实现口语教学与文化教学的融合,从而丰富学生的文化知识,扩大学生的文化视野,进而提高学生的口语表达能力和跨文化交际能力。具体而言,教师可采用以下方法开展教学。

（一）文化对比法

英汉文化差异对口语交际有着很大的影响,因此在英语口语教学中,教师应加入中国文化元素与西方文化元素的对比,呈现中西方文化之间的差异。以饮食文化为例,西方人宴请客人时多考虑客人的口味、爱好,菜肴通常经济实惠。中国人为了表示热情好客,在请客时通常准

第五章　跨文化交际视域下大学英语听说技能教学的理论与方法实践

备多道菜肴,而且讲究菜色搭配。引导学生进行文化对比,不仅能提高学生的文化适应性,也能减少汉语思维的负面影响,进而提高学生的跨文化交际能力。

(二)课外教学法

英语课程的课堂时间十分有限,学生仅仅依靠课堂上的学习时间往往很难满足自身学习任务的要求,所以教师应该引导学生自动利用身边一切可以利用的时间和环境来练习口语。在课外,学生学习的知识可以作为课堂教学内容的补充,如果教师能够利用丰富的第二课堂,即课外活动,那么学生自身的口语能力提升的速度也是显而易见的。例如,教师可以组织学生进行英语演讲、英语作文比赛、英语短剧表演等,让学生将自己的表演录成视频,在多媒体教室播放,学生通过观看视频来提出自己的建议与评价,这可以在短时间内提升学生的英语口语能力。此外,有条件的学校还可以邀请一些外籍教师为学生进行课外讲座,或者创办英语学习期刊,设立英语广播站等,让学生在丰富自己课余生活的同时也能体会到英语口语的乐趣,从而更加热爱英语口语学习。

(三)美剧辅助法

大学校园中,美剧十分流行,深受学生的喜爱。实际上,美剧并不仅是一种消遣方式,还是帮助学生认识西方文化、提高口语表达能力和交际能力的重要途径。对此,教师可以通过美剧来开展口语教学,以改善口语教学环境,激发学生的学习兴趣,锻炼学生的口语表达能力。

1. 选择合适的美剧

美剧通常语言地道、故事情节生动富有吸引力,是一种有利于激发学生兴趣的学习资料。美剧类型丰富、题材各异,不同类型的美剧对学生的口语能力所发挥的作用也不相同,因此在运用美剧开展口语教学时,教师要对美剧进行筛选,选择有利于发展学生口语水平的美剧。此外,教师还要提醒学生不要只沉浸在对美剧的欣赏中而忽视对美剧中语言知识和文化背景的学习,鼓励学生带着学习动机来观赏美剧。

2. 开展层次性的反复训练

在运用美剧进行口语教学时,教师应遵循循序渐进原则,开展反复性的练习,逐步提升学生的口语能力。例如,在首次观看的时候,教师要引导学生将精力放在剧情上;在第二次观看时,教师可以引导学生对剧中的表达和语法等进行推敲;第三次观看时,教师可引导学生重点对人物说话的语气以及台词所隐含的内容进行挖掘和分析。分层逐步开展,可以有效加深理解和记忆,对提高学生的口语能力十分有利。

3. 关闭字幕自主理解

在看美剧时,很多学生习惯看字幕,脱离字幕将无法正常观看影片,实际上这样观看美剧对提高口语表达能力并不利。在观看美剧时,学生应对台词形成自己的理解,在不偏离剧情中心思想的情况下抛开字幕自主理解,可以有效锻炼英语交际思维。

4. 勇于开口模仿

学生要想通过美剧切实提高口语交际能力,就要在听懂台词、了解剧情的基础上开口说,即对剧中人物的台词进行模仿。只有不断地开口练习,才能培养英语语感,增加知识储备,进而提高口语交际能力。

总体而言,采用美剧来辅助英语口语教学能有效提升学生的听说能力,还能提升学生的写作能力,进而培养学生的跨文化交际能力。

(四)创境教学法

口语学习的目的是进行实际交际,所以学生只有在真实的情境中开口说英语,才能使自己的口语能力得到锻炼。对此,教师可以采用情境教学法开展口语教学,即创设真实的情境,让学生在真实的环境下学习口语。具体而言,教师可以通过角色表演和配音两种活动来创设情境,锻炼学生的口语能力。

1. 角色表演

教师可以根据教学内容让学生进行角色扮演,将主动权交给学生,让学生自主分工、自行排练,然后进行表演。这种方式深受学生喜爱,不仅能缓解机械、沉闷的教学环境,还能激发学生说的兴趣,让学生在真实的社会场景中进行社交活动,锻炼口语能力。当学生表演结束后,

第五章　跨文化交际视域下大学英语听说技能教学的理论与方法实践

教师不要急于评价学生,应先给学生一些建议,然后再进行点评和总结。

2. 配音

配音是一种有效锻炼学生口语能力的方式,教师可以充分利用配音活动来提高学生的口语水平。具体而言,教师可以选取一部英文电影的片段,先让学生听一遍原声对白,同时向学生讲解其中的一些难点,然后让学生再听两遍并记住台词,最后将电影调至无声,让学生进行配音。这种方式可有效激发学生开口说的积极性,而且能让学生在欣赏影片的同时锻炼口语能力。

五、跨文化交际视域下大学英语口语教学案例分析

教学任务:

本案例采用任务型口语教学法,坚持以学生为中心,以学生完成任务为目标,以小组合作学习为主要学习形式,组织学生讨论"现在的生活是否比几十年前更好"这一话题,充分调动学生口语表达的积极性。

教学目标:

本案例通过呈现任务—实施任务—评价任务这三个教学环节,将生活中的问题引入课堂。学生在对实际问题的思考、分析中提升了分析和解决问题的能力,同时也巩固了有关形容词与副词比较级的表达。

参与形式:

本案例以五人小组为教学活动的主要参与形式,让学生在小组互助中积极思考、主动参与、合作交流,在实践中锻炼英语口语表达能力。

教学流程:

1. 呈现任务

呈现任务环节主要包括以下几个步骤。

(1)教学正式开始之前,教师可要求学生在展示预习过程中,通过向家长咨询或是通过网络等资源查找到的有关过去生活状况的信息。例如:

They are poor.

They can't go to school.

There isn't enough food to eat so they are often hungry...

(2)教师可利用多媒体,向学生展示一组现代生活的图片,并要求

学生用英语表达对现代生活的看法。

在学生进行讨论、发表观点之前,教师可预先介绍将会用到的词汇与句子。例如:illness, prevent, medicine, suppose, live longer, walk less, much faster, know more about, take less exercise, be better at preventing illness, don't have to work as hard 等,为学生的课堂讨论做准备。

(3)教师介绍所谈话题背景,并引出要讨论的核心话题——现在的生活是否比几十年前更好。此话题的讨论内容应包含以下几个方面。

work:We work harder than before.
transport:Faster but more dangerous.
medicine:We know more about medicine today.
personal health:People are healthier today and live longer.

2. 实施与汇报

实施与汇报环节主要包括以下两项任务。
(1)分组讨论
教学可将学生分为5人小组,每组由正反两方构成,双方分别举例说明不同的观点,最后,学生在组内汇报讨论结果。
(2)对话练习
根据前面的讨论,每组学生可组织编写出一个辩论式对话,尽可能多地使用教师之前给出的短语、句型以及比较级,并派两到三组同学进行对话表演,汇报成果。

3. 评价任务

学生完成任务后,教师应对任务的完成情况予以及时反馈。反馈的内容应包含以下几个方面。
(1)对学生的观点进行总结、评价;对不同组的表现进行评价;指出各组表现的优点和不足;指出学生在完成任务中经常犯的错误,并予以纠正。
(2)引导学生珍惜现在的幸福生活,好好学习。
(3)教师可布置短文写作,写作主题应和本话题有关,并要求学生尽量使用比较级句型完成。

分析:本案例以"现在的生活是否比几十年前更好"为话题,通过小组合作的形式组织口语练习活动,为学生留出了极大的语言使用空

第五章 跨文化交际视域下大学英语听说技能教学的理论与方法实践

间和自由,在刺激学生表达欲望的同时,还通过互相帮助提高了学习的效率。学生在完成任务、展示讨论成果中获得了满足感和成就感。而话题中的对比主题也提升了学生分析、对比、辩论的能力,提高了学生用英语分析和解决问题的综合能力。

第六章 跨文化交际视域下大学英语读写技能教学的理论与方法实践

除了听力、口语教学,阅读、写作也是英语技能教学的重要组成部分。阅读与写作是书面语言中重要的输入与输出方式,在语言与文化交流中有着非常重要的作用。因此,阅读、写作不仅是语言的重要技能,还是交际的重要形式。随着经济全球化与文化全球化的进步与发展,社会需要更多高素质的应用型英语人才,这样便于人们展开交流与沟通,这就对英语阅读、写作教学提出了更高的要求,即要求它们应该实现跨文化转型,在提高学生语言能力的基础上,提高学生的跨文化能力。本章承接上一章,对跨文化交际视域下大学英语读写技能教学的理论与方法实践展开研究。

第一节 跨文化交际视域下大学英语阅读教学的理论与方法实践

阅读是学生学习英语时必须要掌握的一项技能,也是对学生英语水平进行衡量的一项重要指标。通过阅读,学生可以获得丰富的信息,拥有丰富的体验,感受语言带给自己的文化魅力。但是,阅读并不是简单地接收信息的过程,还是一种复杂的交际与思维活动,其不仅受到语言能力的影响,还会受到文化因素的影响。因此,在阅读教学中,只有重视对文化内容的教授,并将跨文化内容融入英语阅读实践中,这样才能真正地提升学生的阅读理解与应用能力。

第六章　跨文化交际视域下大学英语读写技能教学的理论与方法实践

一、大学英语阅读教学概述

在语言学习过程中,阅读能力一直都发挥着重要的作用,因此很多国家都十分重视阅读。例如,美国做过"美国阅读动员报告",英国启动了"阅读是基础"运动,两国还投入了大量人力和财力来推动国民阅读能力的培养。在中国教育教学中,阅读能力也深受重视。关于阅读的定义,不同的学者发表了不同的看法。

纳托尔(Christine Nuttall,2002)对阅读的理解总结为以下三组词。
(1)解码,破译,识别。
(2)发声,说话,读。
(3)理解,反应,意义。[①]

"解码,破译,识别"这组词重点关注阅读理解的第一步,也是十分关键的一步,读者能否迅速识别词汇,对于读者而言有着重要的影响。"发声,说话,读"是对"朗读"这种基本阅读技能的诠释,这属于阅读的初级阶段。朗读是将书面语言有声化,在各种感官的共同作用下加快对阅读内容的理解,这有助于语感的培养。通常,随着阶段的提升,读的要求会从有声变为无声。"理解,反应,意义"强调阅读过程中意义的理解与交流。在这一过程中,读者不再是被动接收阅读材料中的信息,而是带着一定的目的,积极地运用阅读技巧去理解阅读材料的主要信息。

Aebersold(2003)认为,读者和阅读文本是构成阅读的两个物质实体,而真正的阅读是二者之间的互动。

王笃勤(2003)指出,阅读是一项复杂的认知活动,是读者提取文本中的信息并与大脑中已有的知识结合,从而建构意义的过程。读者理解阅读文本的过程中主要涉及三种信息加工活动,分别是对句子层面、段落或命题层面、整体语篇结构的分析活动。

由上述定义可以看出,很多学者都认为阅读涉及读者和阅读文本,并且认为阅读是这二者之间的交流互动。简单而言,阅读就是读者积极运用已经掌握的语言知识和背景知识等对语言材料进行处理,同时获取信息的过程。

[①] 孟银连.高中英语阅读教学中文化知识教学调查研究[D].重庆:重庆师范大学,2018:10.

(一)英语阅读教学中语言处理的问题

文本是语言的载体,任何阅读文本的内容、思想都是通过语言表现出来的(梁美珍等,2013)。但是只有把语言与内容、思维进行有机的结合,才能充分领略它独有的魅力。因为从某种意义上,在一个文本中,其内容即意义是灯,语言是灯罩,而思维是影子(葛炳芳,2013)。阅读教学中的语言处理,应该是综合视野下的语言处理,是学生在理解文本内容和提升思维能力的过程中进行的有目的的、体验式的、语境化的语言学习。①

目前,一线教师已经开始有了在阅读教学中进行语言处理的意识,已经开始认同英语阅读教学的课堂不是只有文本信息的提取,还应有思维的培养和语言的处理。但问题是:什么样的语言需要在阅读教学过程中进行处理?什么时候处理?怎么处理?很多教师对此还不是很清楚,所以在实际操作中出现了这样或那样的问题。

1. 缺乏"赏析"意识

根据认知发展的规律,学生首先是感知语言,了解其应用范本,然后才是模仿应用(王笃勤,2012)。感知语言、理解其应用范本是输入,模仿与应用是输出。只有充分有效地输入才能保证最后高质量地输出。在阅读教学的语言处理过程中,学生需要在信息的提取中感知语言,在文本的评价中赏析语言,在思维的提升中运用语言。其中,教师有意识地引导学生欣赏分析文本的核心语言,体验发现语言在"表情达意结构"中的"精、准、美",有利于学生内化目标语言,是后续有效输出的必要准备。

但是很多英语阅读课堂难觅语言赏析的踪迹,课堂的基本模式常常是"信息提取和整合加一个'装模作样'的语言运用和输出"。在很多阅读课堂中,尽管教师没有为学生提供足够的有针对性的语言上的输入,但课堂的最后一个环节往往总有一个"高大上"的口头甚至笔头的语言输出活动。试想,没有输入,何来输出?比如,一位教师的主要教学步骤如下:

(1) According to the picture and the title, predict what will be

---

① 王秋红等. 英语阅读教学中的语言处理:理解与赏析[M]. 杭州:浙江大学出版社, 2015.

talked about in the passage.

（2）Go through the passage and find out what the story mainly tells us.

（3）Read the passage again and answer the following question: What do the two restaurants have in common?

（4）Predict the end of the story.

（5）Further thinking: What would happen if they didn't change their menus? Can you offer them advice?

（6）On the basis of your discussion, write a letter to Yong Hui or Wang Peng to share your opinion with them.

显然，本堂课中，在最后的输出活动之前，教师只为学生做了话题或信息上的铺垫，几乎没有什么语言上的输入，所以最后的输出只是为了输出而输出。实际上，有输入才有输出，输出是建立在对语言充分的感知和赏析的基础上的，所以没有了对语言的感知、赏析和内化，语言的输出活动只是"假输出"。这样的输出只是为了让一节阅读课看起来似乎"完整而又得体"，而并非是学生模仿应用目标语言的平台，效果可想而知。

"也许是我们走了太久，却忘记了为什么要出发。"英语是一门语言课程，英语阅读教学承载着语言目标。但语言学习只是阅读教学中的一个重要组成部分，除此之外，还有内容目标，思维目标。正如葛炳芳（2015）所说的那样："英语阅读教学，应当为内容而读，为思维而教，为语言而学。"

2. 缺乏"语境"意识

虽然目前很多教师开始认同在英语阅读教学中需要进行必要的语言处理，但在实际的课堂教学中，一些教师还是很难摆脱长期习惯了的"两张皮"的做法，即一堂专门的信息处理课，一堂专门的语言处理课。更有甚者，一些教师奉行"三张皮"的做法。这样的教师往往把单元第一课时设计成单元词汇学习课。课上教师根据教材词汇表（包括阅读文本中的部分词汇）进行单纯的词汇教学。在语境完全缺失的情况下，教师带领学生熟悉单词的读音、用法，并提供一些词组和例句。他们的第二课时就是信息处理的阅读课，之后就是专门处理阅读文本中语言点的第三课时。这样的语言学习，课堂容量大，学生课后的记忆负担重，但效果却不尽如人意,因为这样的教学安排人为地使语言学习脱离了语境,语言处理的过程只有教师枯燥的讲解,没有环环相扣的文本理解作支撑,没有令人愉悦的语言赏析,没有"小试牛刀"的输出和运用语言所带来的那份成就感。

3. 缺乏"目标"意识

在现实的课堂中,教师对阅读教学中目标语言往往缺少全面正确的理解,导致了阅读教学中语言处理的片面化、狭隘化。一些教师经常把阅读教学中语言处理等同于"语言点"的处理,把词汇等同于单词,而忽略词块(词组和习惯用语)的教学。其实,除了词汇,文本的语体、篇章结构、语篇的衔接与连贯手段以及修辞方式等都是阅读教学中语言处理的重要内容。课堂教学中的目标就像为夜航中的船只指明方向的灯塔,决定课堂的最终走向。课堂教学需要有教学目标的指引,同样阅读教学中的语言处理,也需要有具体的语言目标。只有这样,阅读教学中的语言处理才能做到"精""准",才能取得良好的效果。

然而,一些教师在制定课堂的教学目标时,往往忽略对语言目标的定位。英语教材由于题材广泛,体裁多样,阅读文本语言丰富,各具特色。但是阅读教学的课堂时间是有限的,假如课前没有全面的文本解读,没有充分的语篇优势分析,没有精确的目标语言定位,那么在阅读教学中难免就会"脚踩西瓜皮,滑到哪儿算哪儿",或者是"眉毛胡子一把抓",什么都抓不好。这样既会出现把阅读课上成语言处理课的危险,也会出现语言处理重点不突出、学生找不到方向的现象。

(二)英语阅读教学中语言处理的艺术

学生学习内化语言的过程就像人们消化吸收食物的过程。囫囵吞枣式的进食,虽然也能给人维持生命的养料,但会造成消化不良,甚或厌食。阅读教学也存在着这样的问题,填鸭式流于表面的教学,让学生缺失学习的体验与享受。阅读的过程应该让学生充分理解文本的内容,品味语言的"色香味",让阅读成为一种享受,学生才能更好地吸收文本中的"营养"。

阅读是思维的过程。Anderson 等(2001)对 Bloom 的认知分类进行调整,确立了认知加工的 6 个维度"记忆、理解、应用、分析、评价和创造",在此过程中的思维层次和要求由低级走向高级。美国心理学家

第六章 跨文化交际视域下大学英语读写技能教学的理论与方法实践

加涅的学习分类理论中蕴含着一个重要观点,即学习具有层次性(邵平儿,2007),阅读教学也应遵循认知发展的规律,拾级而上,从认知理解走向评价创造。朱绍禹把阅读教学分为复述性阅读、解释性阅读、评价性阅读、创造性阅读(丛翔,2004)。因此阅读教学中的语言处理,要求教师在对文本充分解读的基础上,挖掘出文本的优势语言,定位好目标语言,然后依托文本,从信息提取中感知、理解的层面走向文本评价中欣赏、分析的层面,慢下脚步,在字里行间带领学生体验、品味语言,在思维的提升中让语言的工具性和人文性达到和谐统一,为我所用。[1]

1. 在提取信息中感知语言

语言作为工具,承载着思想,传递着信息。语言从用途上来理解,是用来交际的工具。教授一种语言,学习者必须以某种有意义的方式来经历语言(张德禄等,2005)。所谓"有意义",即指语境,指语言所指向的信息。语言的学习应遵循在语境中、在信息的获取中感知语言。脱离语境、孤立地学习词汇句式等,仅仅是一种单调的记忆练习。很难使学生真正理解和掌握。俗语有云:"字不离词,词不离句,句不离篇。"作为教师应借助文本提供的语境或自行设计的与话题相关的语境,教师应帮助学生提取大脑中已有的背景知识,提取文本中的信息。在阅读教学中,这是学生理解文本内容的过程,也是学生体验感知目标语言的过程。

(1)在提取背景知识中感知语言

在阅读课前的热身导入阶段,教师可根据本单元的主题和课文内容,用英语释义讲解、推进话题讨论等,让学生在真实的语境中感知目标词汇的含义。例如,描写了 Nelson Mandela,课文的引入可以采取 guessing game 的形式,以逐句竞猜伟人的方式,引出文本主题人物曼德拉。

人物竞猜游戏能有效激发学生的兴趣,并能快速引出主题人物。而在人物竞猜游戏的设计中,通过创设一个个小情境,对人物(孙中山、白求恩、甘地、曼德拉)进行描述,教师有意识地输入文本的目标语言:attack, fee, violence, equal, lawyer, guidance, legal, president,使学生能结合自己的知识储备,在对人物信息的提取中感知理解部分目标

---

[1] 王秋红等.英语阅读教学中的语言处理:理解与赏析[M].杭州:浙江大学出版社,2015.

词汇的大意,并为后续文本阅读扫清部分语言上的障碍。跟进的问题有助于学生提取关于描述伟大人物的品质的词,也为学习和提炼人物描写这一语言目标打下基础。

(2)在挖掘文本信息中感知语言

在文本阅读环节,教师可以引导学生借助对上下文信息的挖掘,推敲前后句子的逻辑关系,加深对部分目标词汇的意义及用法的理解。如在 A Master of Nonverbal Humor 一文中对于"not that"一词的理解,借助上下文信息,可以更生动透彻地理解该词的意思与作用。

Read paragraph 1:

Q1:What does the first paragraph talk about?
What role did Charlie Chaplin play?

Q2:Usually what kind of people can make others happy and content with their lives? According to the first paragraph, what's your impression of Charlie's life?

Q1 的设计主要是让学生抓住文本中的两个动词"brightened"和"made people laugh",提取信息,了解卓别林在艰难岁月中给人们以欢乐和慰藉。Q2 引导学生关注到本段内容往往会让人产生这样的印象:似乎卓别林是一个幽默快乐、生活上一帆风顺的人。

Read paragraph 2:

Q3:What's the second paragraph about?

学生通过阅读,能够比较容易地提取出本段的大意:卓别林的苦难童年。

Q4:How does the author connect the information of the first two paragraphs?

该问题旨在让学生关注此段首句"Not that Charlie's own life was easy!"

Q5:What's the function of the sentence? Is this sentence the same as "Charlie's own life was not easy"?

这样学生就会发现此句是用来承上启下的过渡句。那么他们在信息的提取中就可以自然而然地得出"not that"此处意为"I am not suggesting...; don't mistake me",它的作用就是为了提防读者产生错误印象而进行修正和说明。

第六章　跨文化交际视域下大学英语读写技能教学的理论与方法实践

2. 在评价文本中赏析语言

在感知语言的基础上，把赏析引入英语阅读教学，可以纠正学生原有的英语课文"枯燥无味"的错误认识，有助于学生体验语言的美感和精要，培养阅读兴趣，促进学生语言知识的习得和语言技能的发展，提升学生的语言素养和人文素养。

赏析，顾名思义，即欣赏分析，这是一种相对高级的思维活动，需要结合已有认知，对事物做出判断评价，去感受美的事物。鲁子问教授认为，作为课文的文章首先是一个独立语篇，具有自身的语义功能、语用目的和语境。因此，每一篇课文都有自己独特的语篇优势，即自身较为突出的地方，如语言优势、结构优势等（林秀华，2012）。教师应抓住这些精彩之处，带领学生去领略语篇文字的美好。

同样，在英语阅读教学中赏析语言，应建立在文本浅层信息的理解上，蕴含在对文本的评价中：提炼文本的内容观点、评价语篇的结构逻辑、分析文本的语言特色、挖掘语言的文化内涵等。刘洵、付山亮（2010）提出英语教学不仅要指导学生清楚作者表达了什么内容，而且更应该指导学生明白作者是通过哪些语言手段增强表达效果的（胡莹芳，2014），以及为什么这样表达。

现今的阅读教学大多只停留在内容层面的表层信息的获取上，而不关注语言形式和对文本内在的深层含义的挖掘。教师要从只问"是什么"转向多问"怎么样"和"为什么"。评价文本，挖掘内在的深意，正是从理解走向赏析，从"知其然"跨越到"知其所以然"，体会作者的意图，走入文本的深层。教师要侧重通过问题的设置，引导学生关注作者在语言使用上的技巧，学习遣词造句、布局谋篇、表情达意的方式方法，赏析用词之精妙，句式之丰富，衔接之巧妙，谋篇之用心，修辞之雅韵，立意之高深。赏析语言可以通过比较、分析、归纳语言形式，以朗读、推理、联想等方式推进。评价文本，走入深处，这是赏析的精髓所在。

3. 在提升思维中运用语言

葛炳芳（2013）提出："阅读起点不仅仅是语言感知，同样重要的是话题知识；阅读过程不仅仅是信息处理，同样重要的是体验感受；阅读终点不仅仅是语言运用，同样重要的是思维能力。"因此读后的环节，教师不仅要关注语言的操练，还要兼顾思维的发展，设计相应的输出活动，提升"语言创新思维，包括逻辑性思维、创造性思维、批判性思维"

（黄远振等，2014）。英语阅读教学实践中，多数教师把词句英汉互译、复述课文等当成是运用语言的常规手段，然而，研究发现，这些练习对于学习促进的功效是比较低的（王初明，2013），更谈不上思维能力的提升。例如，让学生写一篇题为 The Story of an Eyewitness 的短文。要求学生自主选择描述的内容，但必须尝试使用文本的语言，如修辞手法（重复、排比、夸张、对比等）。

这样的输出活动，从生活实际中来，让学生能有情感可发，有内容可选，有语言可仿，真正激发学生运用语言的欲望，达到刘勰所说的"情以物迁，辞以情发"。同时内容与角度的自主选取也极大地锻炼了学生的思维，因为文章构思的过程包含着一个复杂的思维过程：确定什么样的主题，选择什么样的内容，模仿什么样的语言，按照什么样的顺序来组织语篇等。英语哲学家怀特海曾说："通往智慧的唯一道路是在知识面前享有自由"（程红兵，2015）。因为这份自主，学生能在思维的提升中更好地内化输出语言。下面是学生习作：

The Story of an Eyewitness

Never before in history had Yuyao been faced with such a challenging disaster. After typhoon Fitow swept across the region, nearly all the downtown areas were flooded. All the roads and drains were flooded, so people had to feel the way cautiously like the blind. All cars, except those deliberately parked on the bridge, were flooded, floating in the floodwater as if deserted. Supermarkets and shops were flooded. with goods submerged in the waist-deep water. Small houses and apartments on the first floor were flooded too, leaving people homeless and helpless. All these made the worst several days of Yuyao.

Cold and merciless as the flood was, flames of friendship between ordinary people burned. In Yuyao High School, for instance, scenes moved me to tears. A lot of short boys and girls were carried on the tall boys' backs to dormitories in the rain and floodwater. A lot of "boats" made of mineral water barrels were paddled all around the campus to offer help. A lot of foods and pure water were transported from different places to boys' and girls' dormitories to meet their daily needs. Actually, more places than this witnessed such moving scenes. Never in all Yuyao's history were her people so kind and united as on those terrible days.

学生的习作较好地模仿了文本的框架结构,首段写灾,末段赞人,前后对比。习作的语言也借鉴了首句和末句,借鉴了文本中的"never"的倒装句,语气强烈,首尾对比呼应。首段中五个含"flooded"的句子采用重复的修辞,选取了道路、车辆、商店、住宅这些内容,凸显水灾下一切都被淹没的惨烈景象。次段首句,仍旧模仿了文本中"as"引导的让步状语从句,承上启下。但该段中对于友谊的描绘不是通过全景描写,而是以校园内的场景为例,这与文本有些微差异。三个"a lot of..."的句子运用了排比句式,结构工整,极富整齐美和韵律美,表现了灾难之下,人们勇敢面对、自救互助的场景。总的来说,全文较好地模仿了文本的结构、语言,但在内容的选取上则发挥了学生的自主性和创造性,根据自己的亲身经历,抒发真实情感,达到了预设的语言学习目标。

二、大学英语阅读教学中的文化因素

阅读过程常会涉及文化问题,如果不具备一定的文化知识,不了解英汉文化的差异,将很难有效进行阅读。可见,文化差异对英语阅读有着重要的影响,以下就对此进行具体说明。

(一)历史文化层面

每一个国家和民族在漫长的演变和发展中形成了有着民族特色的历史文化,蕴含着丰富的文化底蕴。在阅读英语文章时,学生时常会因为不了解相关的历史文化而产生阅读障碍。

例如,meet one's Waterloo 这一成语中来自著名历史事件滑铁卢战役。Waterloo(滑铁卢)是比利时中部的城镇,1815 年拿破仑在这个地方大败,从此一蹶不振。Waterloo 这个小镇也因此次著名战役而出名。从字面意思上来看,meet one's Waterloo 是"遭遇滑铁卢战役之类的事",可以进一步引申为"惨败"。

对此,在大学英语阅读教学中,教师应丰富学生的历史文化知识,扩大学生的知识面,为学生阅读能力的提升奠定基础。

(二)思维模式层面

不同的民族有着不同的思维模式,这种思维模式在语言中有着显著的体现,即表现为英汉语篇有着显著的差异。英语语篇属于演绎型语篇,往往开门见山,在文章的一开头就表明作者态度,随后再进行验证说明。汉语语篇属于归纳型语篇,往往是先摆事实、讲理由,最后得出结论,而且作者的主题思想隐蔽,需要学生边阅读边体会。这就使得学生养成了精读的阅读习惯,在面对英语文章时不善于运用略读等技巧,进而影响阅读效率。

对此,教师在阅读教学中应引导学生了解英汉思维的差异以及这种差异对语篇阅读的影响,培养学生的英语思维,锻炼学生运用英语思维理解文章的能力。

(三)社会文化层面

由群众创造的具有民族特征的并对社会群体发挥作用的文化现象就是社会文化。社会文化的不同也对学生的英语阅读造成了一定的影响。例如,bread and butter 这一短语,bread 的意思是"面包",butter 的意思是"黄油",在西方,面包和黄油都是很日常的食物,是人们日常生活中不可缺少的,因此 bread and butter 在英语中就常用来引申为"生计,主要收入来源"。如果学生不了解这一文化背景,在阅读中就会影响正确理解。

三、跨文化交际视域下大学英语阅读教学的原则

(一)重视一般词汇教学原则

对于英语阅读而言,词汇是必不可少的组成部分,也是顺利进行阅读的基础。作为一名英语教师,应该理解词汇在阅读理解中所扮演的角色。学生理解基础词汇,有助于他们在阅读上下文时猜测出一些低频词汇的含义。根据研究显示,那些经常阅读学术性文章的学生对术语应付的能力要明显强于应付一般词汇的能力。因此,学生如何积累一般的词汇是教师需要关注的问题。

在词汇积累教学中,单词网络图是比较好的方式。在英语阅读课堂上,教师可以给出一个核心概念词,然后让学生根据该词进行扩展,从而建构其他与之相关的词汇。需要指出的是,高频词教学在词汇积累中是非常重要的,其有必要渗透在英语听、说、读、写、译教学之中,并

第六章 跨文化交际视域下大学英语读写技能教学的理论与方法实践

在细节层面给予高频词过多的关注,这样才能便于学生顺利完成阅读,并根据这些高频词顺利猜测陌生词的意义。

(二)速度与流畅度结合原则

英语阅读教学存在一个严重的困难就是,虽然学生具备了阅读的能力,但是很难进行流畅的阅读。也就是说,教师将更多的关注点放在学生阅读的准确性上,而忽视了学生阅读的流畅性。这就要求教师在阅读教学中应该找寻一个平衡点,不仅帮助学生提高阅读的速度,还要保证学生阅读的流畅性,这是阅读教学培养速度的最终目的。一般来说,学生阅读的过程不应该被词汇识别干扰,而是应该花费更多的时间研读内容及语言背后的文化。要想提升阅读的速度,一个好的办法就是反复进行阅读。学生通过反复的阅读,可实现速度与理解的结合。

(三)激活背景知识原则

文化语境知识即所谓的背景知识,是读者在对某一语篇理解的过程中所具备的态度、价值观、对行为方式的期待、达到共同目标的方式等外部世界知识。在英语阅读教学中,背景知识是重要的组成部分,尤其是对母语为汉语的人来说,阅读那些源自汉语文化背景的著作要容易一些,但是阅读那些不同文化背景下的相关著作必然会遇到困境。要想对以英语文化为背景的语篇有着深刻的理解,必然需要具备相关的文化语境图式,这样才能实现语篇与学生文化背景图式的吻合。读者的背景知识会对学生的阅读理解产生影响。其中,背景知识包含学生在阅读语篇过程中所应该具备的全部经历,包括教育经历、生活经历、母语知识、语法知识等。如果教师通过设定目标、预测、讲解一些背景知识,读者的阅读能力就能够大幅度的提高。如果学生对所阅读的话题并不清楚,教师就需要建构语境来辅助学生的学习。

具体来说,教师在进行备课时要精心准备教材,弄清弄透英语阅读教学中存在的文化语境空白,对材料进行精心的选择,或者为学生提供某些线索,让学生通过一定的手段和方式处理语篇中涉及的文化背景知识。当然,由于课堂时间是非常有限的,学生不可能解决所有不熟悉文化背景知识的内容,这时候就需要教师充当建构新文化语境的工具。教师需要了解学生在自主学习中遇到的问题,帮助学生顺利理解所学的知识与材料。

(四)把握阅读教学关键原则

受中国应试教育的影响,阅读教学与其他教学一样,教师将更多的关注点放在教学检测结果之上,而阅读理解中的理解却被忽视。实际上,成功完成阅读的关键就在于完善与监控阅读理解。为了能够让学生学会理解,可以从学生的自我检测入手,并鼓励他们同教师探讨具体的理解策略,这是元认知与认知过程的紧密结合。

例如,教师不应该在学生阅读完一篇文章之后,提问学生关于理解的问题,而是应该为学生示范如何进行理解。全体学生一起阅读,并一起探讨,这样便于每一位学生理解文章的内容。

四、跨文化交际视域下大学英语阅读教学的方法

(一)采用"阅读圈"教学

"阅读圈"是指一种由学生自主阅读、自主讨论与分享的阅读活动。[①]在大学英语阅读圈中常常会采用分组的学习方式,小组中每位学生自愿承担一个角色,负责一项工作,并进行读后反思。在阅读体裁的选择上,可以选择自己喜欢和感兴趣的文章开展有目的性的阅读。同时,每个人都有自己的任务需要完成,每个人在阅读完以后都要和他人分享和讨论相关性的问题。阅读圈模式的目的是鼓励学生阅读和思考,其活动效果在很大程度上取决于小组成员在前期是否做好了充分的准备工作。采用"阅读圈"教学法开展阅读教学,对于提高学生的阅读兴趣和教学效果具有重要意义。在英语阅读教学中,"阅读圈"教学法主要包含以下几个实施步骤。

1.设计任务

教师以某个文化专题为教学内容,明确教学目标,选定学生在课堂以及课外需要阅读的材料,设计好相应的需要学生进行讨论和分析的问题,并规划好学生完成这些任务的学习模式。

---

① 刘卉.英语文化教学中阅读圈教学模式的构建与探索[J].教育现代化,2018,(45):237.

第六章　跨文化交际视域下大学英语读写技能教学的理论与方法实践

2. 布置任务

在这一环节,教师安排学生组成"阅读圈",每个小圈子为 6～7 人。之后,教师向学生讲解阅读圈教学模式的理念、要求和规则,告知学生的学习重点和内容。此外,教师可以鼓励学生在自己的阅读圈内承担一定的角色,具体角色示例如表 6-1 所示。

表 6-1　阅读圈各成员的角色分配示例

角色	具体任务
讨论组织者	主持整个讨论过程,并准备相关问题供圈内成员讨论
词汇总结者	摘出阅读材料中的与文化专题相关的重点词汇和好词好句,引导圈内成员一起学习
总结概括者	对所有阅读材料的文化元素和内容进行总结并与组员分享,总结、评价小组活动的内容和成果
语篇分析者	提炼阅读材料的重要语篇信息并与圈内成员分享
联想者	将所读阅读材料与文化专题相对应的中国文化的内容建立联系,结合最新的社会文化发展动态进行批判性评价
文化研究者	从阅读材料中找到与自己相同、相近或者不同的文化元素和内容,并引导圈内成员进行比较

(资料来源:刘卉,2018)

3. 准备任务

在布置完任务之后,教师引导学生进行独立思考,并让学生对需要讨论的问题及自身的思考结果形成文字。此外,由于阅读圈内各成员承担着不同角色,教师应鼓励学生完成各自任务,自由表达自己对文化的不同看法。

4. 完成任务

当学生通过自己的努力和教师的引导完成相应的任务时,各个小组就可以按照各自负责的内容进行汇报,对所读内容进行信息加工、思维拓展,确定小组汇报的内容,最终形成 PPT,在课堂上展示核心成果。这一阶段是学生汇报并自由讨论的阶段,有助于启发学生的多元思维,深化文化内容的探讨,因此教师要引起足够的重视。而教师作为活动的组织者和指导者,要掌控整个讨论过程,对讨论过程中可能出现的争论不休或偏离主题等问题进行及时解决。

5.评价任务

当学生各自汇报完自己的学习成果时,就可以进入评价阶段了。评价可以是学生自评,也可以是同学互评,还可以是学生和教师共同评价。在互评时,可以根据每个阅读圈展示的阅读成果以及成员讨论表现进行打分。学生互评完成后,教师可以进行总结,对各阅读圈及学生自身的表现进行点评。需要注意的是,教师在点评时要注意尊重学生对文化的不同观点,重点关注学生思想的深度和广度,同时对那些积极参与讨论的学生提出表扬,以此带动全班同学积极参加此类活动。

(二)构建阅读文化图式

图式理论充分彰显了阅读的本质,即强调阅读的本质是读者及其大脑中所理解的相关主题知识与阅读材料输入的文字信息之间相互作用与交互的过程。图式理论是一种关于阅读研究的科学理论,其不仅强调文化背景知识与文化主题知识的重要性,而且并未忽视词汇、语法在阅读中的重要作用。下面通过读前、读中、读后三个阶段进行详细的分析。

读前阶段是信息导入阶段。在这一阶段,要发挥出图式在阅读之前的预测功能。教师可以组织学生参加一些讨论、预测或者头脑风暴等活动,从而将学生头脑中的图式激发出来。在这一阶段,通过自上而下的阅读,学生头脑中的先验知识与文本相结合,从而将学生的图式激活,为学生进一步的阅读埋下伏笔。

读中阶段是文化渗透阶段。在这一阶段,要发挥出图式的信息处理功能。学生根据自上而下的模式来探究文章的整体思路。一些新的文化知识可以通过自上而下的阅读模式获得,从而构建内容图式与阅读技巧。在读中阶段,略读、细读等都是比较好的策略。

读后阶段是文化拓展阶段。在这一阶段,要发挥出图式的记忆组织功能。教师可以通过各种活动对学生的新图式加以巩固,如辩论、角色扮演、讨论等。图式理论指出学生存储在大脑中的图式越丰富,学生的预测能力就越强。因此,课外阅读是非常重要的。

具体可以通过图6-1体现出来。

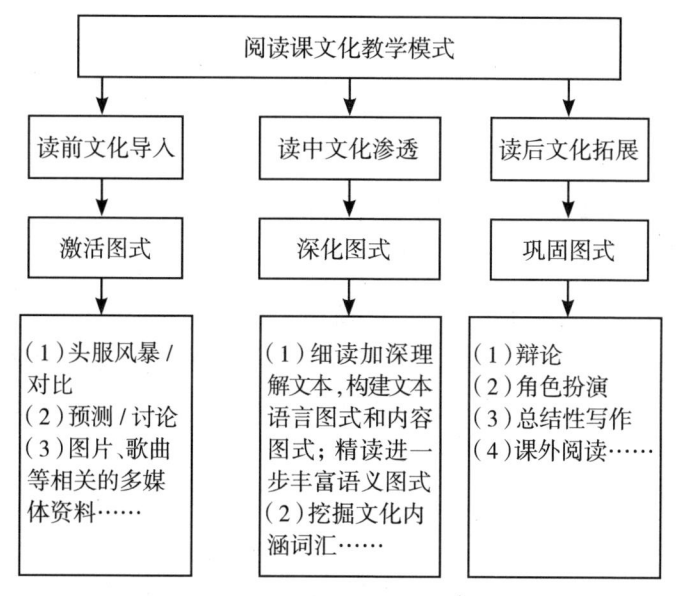

第六章 跨文化交际视域下大学英语读写技能教学的理论与方法实践

```
                    ┌─────────────────────┐
                    │  阅读课文化教学模式   │
                    └─────────────────────┘
          ┌──────────────┼──────────────┐
   ┌──────────────┐ ┌──────────────┐ ┌──────────────┐
   │  读前文化导入 │ │  读中文化渗透 │ │  读后文化拓展 │
   └──────────────┘ └──────────────┘ └──────────────┘
          │               │               │
   ┌──────────────┐ ┌──────────────┐ ┌──────────────┐
   │   激活图式   │ │   深化图式   │ │   巩固图式   │
   └──────────────┘ └──────────────┘ └──────────────┘
          │               │               │
   ┌──────────────┐ ┌──────────────┐ ┌──────────────┐
   │(1)头脑风暴/  │ │(1)细读加深理 │ │(1)辩论       │
   │对比          │ │解文本,构建文本│ │(2)角色扮演   │
   │(2)预测/讨论  │ │语言图式和内容 │ │(3)总结性写作 │
   │(3)图片、歌曲 │ │图式;精读进一 │ │(4)课外阅读…… │
   │等相关的多媒  │ │步丰富语义图式 │ │              │
   │体资料……      │ │(2)挖掘文化内 │ │              │
   │              │ │涵词汇……      │ │              │
   └──────────────┘ └──────────────┘ └──────────────┘
```

图 6-1 阅读文化图式模式

（资料来源：马苹惠，2016）

1. 读前文化导入——激活图式

（1）头脑风暴法

在英语阅读中,头脑风暴法常被用于导入环节。学生通过这一方法可以展开丰富的联想,从而刺激头脑中形成新的图式。因此,教师在文化导入过程中要考虑话题的需要,为学生创设合理的头脑风暴,让学生更好地融入课堂中。

例如,在讲解与音乐相关的内容时,教师可以对音乐类型进行头脑风暴,从而让学生们想象到 Rap, folk music 等类型。在这些音乐中,也可以让学生对比中西方音乐的不同,从而吸引学生学习的兴趣和积极性。

（2）预测与讨论

在阅读之前运用图式理论时,教师应该发挥学生推理的能力。学生通过对文本材料进行解读与推理,从而刺激自身的图式。例如,还是以音乐为例,教师在讲授门基乐队成立的情况时,可以提出 5W,从而帮助学生更好地预测文本信息,之后鼓励学生通过讨论预测具体的文本内容。

（3）运用多媒体资料

在文化导入阶段，教师应该善于运用多媒体资料，从而让学生更好地体验文化教学的特色。通过多媒体，学生可以更直观地感受语言知识，了解中西方语言文化的差异，刺激学生的图式，让学生在激活自身图式的基础上进行下一步内容图式的拓展。

2. 读中文化渗透——深化图式

在读中阶段，教师可以在这一阶段进行文化知识的渗透，进一步对学生的内容图式加以丰富，从而让学生更好地展开阅读。在阅读教学中，教师采用扫描、略读等策略帮助学生构建灵活的图式，促进学生激发头脑中与之相关的图式，从而便于学生更好地理解文章。在细读阶段，教师要帮助学生挖掘与语篇相关的文化内涵，扫除他们在正式阅读中的障碍。

首先，可以通过略读和扫描法，让学生大致了解文章的大意，从而获得文章的总体信息与思路，这是帮助学生建构相关内容图式的有效路径。扫描法是学生根据教师的指令，能够在文章中找到特定的信息。

其次，可以通过细读，根据上下文，让学生明确每一个单词的含义，尤其是那些具有文化内涵的词汇，从而丰富学生的内容图式。

3. 读后文化拓展——巩固图式

在读后阶段，主要是充分发挥学生头脑中的记忆功能。一般来说，读后文化拓展的方法主要有如下几种。

第一种是辩论。教师可以针对文本材料中的相关内容，选取一些视角展开辩论，学生在辩论中对与文本相关的内容图式加以巩固。同时，通过辩论，学生也可以更好地理解文本的文化内涵与文化背景知识。

第二种是角色扮演。学生通过学习与文本相关的文化知识，从而丰富自身的文化内容。然后，学生带着角色有目的地重新阅读文本，教师引导学生对文本进行改编或者情景模拟，从而激发学生学习的兴趣和积极性，提高他们在真实语境下对文本综合运用的能力。

第三种是总结性写作。这一方式有助于学生加深对文本的理解，让学生将文化知识从短时记忆转向长时记忆。

第四种是课外阅读。除了课后巩固之外，教师还应该鼓励学生展开课外阅读。通过大量的课外阅读，学生可以提高学习的自主性，而且还能在阅读中不断丰富自身的内容图式。

第六章 跨文化交际视域下大学英语读写技能教学的理论与方法实践

五、跨文化交际视阈下大学英语阅读教学案例分析

教学目的：通过该教学方法，积极引导学生参与形式多样的阅读课活动，培养他们的自主学习能力和合作学习精神。

教学形式：4人小组合作学习、个人自主学习、组际互动交流。

教学任务：完成外研社 NSE 9A M12 U2 读写课的教学任务：*Module 12 Summer in LA Unit 2 Learn English in Los Angeles.*

教学流程：

先自主学习：

（1）小组进行合作学习和讨论，翻译并拼读本课生词和短语，同学之间相互检查。

翻译并拼读下列生词和词组：英语课程、美国文化、每天四小时、在……的开端、周测试、在……中取得进步、参加活动、也、填写、体验生活。

（2）助学提示。

① The courses last for four, six or eight weeks.

解读：句中 last 意为"持续"，后接一段时间。

练习：会议持续了多长时间？_____ _____ did the meeting____?

② You will enjoy coming to Los Angeles.

解读：句中 enjoy 意为"喜欢、享受"，enjoy oneself=have a good time。例如：Did you enjoy yourself today? 今天玩得开心吗？

练习：Last Sunday the children enjoyed_____at the beach.

A.they B.them C.himself D.themselves

（3）小组内讨论并思考一下问题：What activities/courses have you ever attended? Where have you gone? How long has it lasted?

后展开教学：

Step 1：Skimming

Read the text quickly and match the titles with the paragraphs. 让学生自主快速阅读课文，启发引导学生抓住本文 Main idea 和各段的 Topic sentence。

Step 2：Scanning

Read the text carefully and do True or False & correct：

（1）If you come to Los Angeles, you can experience life in

England.（   ）

（2）Some families create friendships with the students which last a long time.（   ）

（3）You live and have meals with an American family, do some activities with them and take part in American life.（   ）

（4）There are few things to do in LA.（   ）

Step 3：Fill in the form

Suppose you're planning to attend a course, fill in the form.

e.g. My name is... I'm a student of... My e-mail address is... I'd like to start the course on... It can last for... I'd like to study with... It would be better if I can live... because I can... I want to take trips to... because...

先由学生自己填写,然后4人小组内进行交流讨论,再由小组内选出一名代表与其他小组间进行交流。

分析：该案例从先自主学习、课堂教学实施（后教）对"学案导学、先学后教"这一阅读教学方法展开了说明。在先自主学习阶段中,以学案为载体,以导学为方法,这样学生更有信心在有限的课堂时间里参与交流合作。在后教阶段,彻底改变了陈旧的教学模式,师生一起边教边学,真正体现了"先学后教"的新理念。

第二节 跨文化交际视域下大学英语写作教学的理论与方法实践

在英语技能教学中,写作教学是其重要的一部分。通过写作教学,学生能够不断提升自身的写作能力与思维能力,提升自己情感表达的水平,从而促进自身写作学习的动机。但是,英语写作教学也会受到文化因素的影响,因此需要将文化渗透其中。

一、大学英语写作教学概述

写作是人们传达思想与情感的一种书面形式,其与口语是同等的地位,不是口语的附属品,都属于对语言的重要输出。

第六章　跨文化交际视域下大学英语读写技能教学的理论与方法实践

写作的过程是非常复杂的,其需要复杂的思维,并受到知识、技能、风格、内容、结构等多个层面的影响和制约。要想写出一部完美的作品,首先需要保证风格的统一与结构的完整。

需要指出的是,写作并不简单从视觉教学编写,而是一个对各类问题与信息展开加工的过程。一般来说,写作的目的也是非常明确的。根据写作目的的不同,写作形式有论文、报告等多种。

通过写作,可以实现如下两大功能。

首先是为了学习语言而展开写作。通过写作,学生可以对自己所学的词汇、语法、语篇知识加以巩固。

其次是为了写作而展开写作。因为通过写作,学生可以将自身的观点表达出来,从而锻炼自身的手和脑,强化自身的写作学习,提升自身的写作能力。

简单来说,英语写作是运用书面形式传达思想与情感的。但是,语言与文化关系密切,是否能够准确地理解文化对写作有着直接的影响。汉语往往呈现整体性与象征性,而英语呈现的是逻辑性与明确性,因此在写作时,学生切不可用汉语的思维展开英语写作,这样写出的文章很难让人理解。

二、大学英语写作教学中的文化因素

(一)词汇层面

词汇与文化有着密切的关系,是语言中最为弹性与活跃的部分,是文化负荷量最大的部分。因此,要想对英语词汇有真正的了解,就需要明确词汇的文化内涵。英汉语属于不同的词汇体系,词汇含义不可能是完全对应的。有的学生认为,只要掌握了一定的词汇量,那么就可以凭借常识与习惯去了解不同的文化。当然,英汉语中存在一些耦合的现象,但是耦合的并不多。如果仅仅从自身经验与文化立场出发,恐怕很难了解英语中的一些惯用法。

(二)句子结构与段落篇章层面

除了词汇,文化因素也会对句子结构与段落篇章产生影响。在句子结构上,英语思维是先直接传达重要信息,然后再传达次要信息。尤其是表达复杂的思想时,英语习惯开门见山,先把叙述的重点放在开头,然后再运用各种手段展开分述。在西方人观念中,文章是否连贯取决于连词的使用是否符合逻辑。但是汉语中连词很少,句子与句子的逻辑是通过内容体现的。

在段落布局上,中西方思维出现了螺旋式与直线式的差别。英语直线型的思维要求开篇点题,一般会在首句点出主题,每一段的主题句与文章主题相呼应。之后每一段的具体内容与整个段落的首句呼应。但是相比之下,汉语往往采用螺旋式的思维,即先进行渲染,然后在结尾点出主题。

三、跨文化交际视域下大学英语写作教学的原则

（一）恰当性原则

英语写作教学的恰当性是指写作任务的设计应该恰当。具体来说,写作任务需要具备如下两点特征。

一是能够激发学生思想交流的需求,使学生有内容进行写作。

二是对于学生语言能力提升有帮助,如增加词汇量、学习新句型等。

这两点虽然是作者对写作方法的要求,但也是对写作任务的设计要求。具体来说,如果教师要想设计出一个好的写作任务,那么就需要与学生的实际相符,让学生有充足的内容与经验展开写作。同时,还需要符合学生实际的语言能力,这样才能完成写作,将理论知识运用到具体的实践中。

（二）多样性原则

英语写作教学中需要坚持多样性原则,主要体现在训练方式与表达方式上。

从训练方式上说,教师应该采用多样化的方式,如可以通过扩写、仿写等办法训练学生的写作能力,同时教师应该把握好每一种方法的优缺点,让学生在多种方法下掌握适合自己的方法。

从表达方式上说,教师应该引导学生在写作中运用多种表达方式,这样的写作才是灵活的写作。这不仅可以对学生写作中的问题加以弥补,还可以提升学生的灵活运用技巧,这样写出来的文章才能更吸引读

第六章　跨文化交际视域下大学英语读写技能教学的理论与方法实践

者的注意。

(三)循序渐进原则

任何一件事情的顺利完成都是需要花费时间的,都是一个循序渐进的过程,大学英语写作教学也不例外。在英语写作教学中,循序渐进原则主要涉及以下几个方面。

1. 语言层面:由低到高

在语言层面,教师可以先让学生进行句子写作方面的练习,然后逐步过渡到段落与篇章的写作。由于课堂教学时间有限,教师可以将对句子的写作训练穿插在其他技能课中,如精读和听说课。此外,教师可以设置组织各种训练活动,如连词组句、补全句子、合并句子、扩充句子等,学生对句子写作逐步熟练后,教师就可以增加难度,过渡到篇章写作。

2. 语法结构层面:由易到难

在写作过程中,很多学生都因语法欠佳而无法使用哪怕稍微复杂一点的表达,这样势必会影响输出效果,写作质量也不会太高。因此,学生一定要重视语法学习,掌握基础的语法结构,在此基础上掌握更为复杂的语法结构。具体来说,在写作学习中,学生要先掌握简单句,然后掌握复杂句和并列句;先掌握短句,然后掌握长句;先掌握陈述句,然后掌握虚拟句和感叹句。[1] 对教师来说,也要坚持循序渐进原则,在语法结构上由易到难,帮助学生巩固基础,进而攻克薄弱环节。

3. 话题层面:由熟到生

学生对于自己熟悉的话题往往更有写作兴趣,写起来也相对容易。因此,教师在写作训练中,可以先从学生熟悉又感兴趣的话题开始,等学生掌握一定的写作技巧后,可以让学生就一些社会热点问题表达自己的观点,锻炼学生的写作能力。

4. 体裁层面:由简到繁

对学生来说,不同文体其难易程度各不相同。一般来说,记叙文的

---

[1] 黄元龙.浅议高职英语写作教学的循序渐进原则[J].开封教育学院学报,2017,(2):152.

写作难度较低,其次是描写文,然后是说明文,议论文的写作难度比较高。因此,在写作体裁方面,学生应从记叙文的写作训练开始,逐步向其他体裁过渡。

(四)文化对比原则

受文化背景的影响,英语写作教学中需要坚持文化对比原则,即教师在教学中将中西方文化的差异引入教学中,从而为学生的写作学习奠定基础。

很多学生到了大学阶段,实际上已经掌握了一定程度的写作技巧,但是他们掌握的写作技巧大多都是中式写作,忽视了英语写作的编码与解码。也就是说,他们的写作大多是将汉语翻译成英语进行写作,导致文章中出现了很多的中式英语文章,这样很难让读者理解。

因此,在英语写作教学中应该坚持文化对比原则,让学生明确中西方语言与文化的差异,写出地道的文章。

四、跨文化交际视域下大学英语写作教学的方法

(一)重视文化知识积累

在跨文化转型背景下,英语写作教学应该重视让学生积累丰富的文化知识,摆脱汉语负迁移作用对学生英语写作的影响。在日常的写作中,如果学生遇到困难的句子,他们往往会选择用汉语思维对句子进行组织,导致出现了明显的语言错位,这就是受汉语负迁移作用的影响导致的。

因此,在英语写作教学中,教师除了对学生的词汇、语法等语言知识进行训练,还需要引导他们掌握文化知识,避免学生出现负迁移的现象。同时,教师应该鼓励学生多进行阅读,让他们在阅读中挖掘文化知识,从而充实自己的语言表达,写出得体的文章。

(二)通过阅读促进写作

无论写什么题材或者体裁的文章,要想真正地打动读者,就必须要言之有物。如果缺乏文化知识的积淀,那么这样的写作必然是单调与

第六章　跨文化交际视域下大学英语读写技能教学的理论与方法实践

死板的。要想保证顺利展开跨文化交际,不能仅仅在自己的小圈子里说话,而应该从与他人沟通的角度展开写作。当然,在这之前,学生需要阅读大量的文章,首先充实自己,这样才能有话可写。

因此,在写作教学之前,教师可以让学生读一些相关的资料,学生通过收集与选择,将这些资料运用到自身的写作之中,提升自身的写作水平,培养自身的归纳与总结能力,从而写出与众不同的内容。

(三)多技能综合教学

所谓综合教学法,是指将写与听、说、读几项基本英语技能相结合,使之相互作用提升学生的写作能力和培养学生的英语综合能力。

1. 听、写结合

听是语言输入性技能,可以为写作积累丰富的素材,加快写作的输出。教师可以具体采用边听边写和听后笔述或复述的方式开展教学。

边听边写可以是教师朗读,学生记录,也可以是播放录音,学生记录。听写的内容可以是课文内容,也可以是其他故事或内容。

听后笔述或复述是指教师以较慢的语速朗读或者录音播放听写材料,一般朗读或播放两至三遍,在这一过程中学生只听不写,在朗读或播放录音完毕后,教师要求学生凭借记忆进行笔述或复述。在笔述或复述时,学生不必拘泥于原文的词句,也不用全部写出或背诵出,只要总结出大意即可。这种方式能有效锻炼学生的语言组织和概括能力。

2. 说、写结合

说与写密切相关,说是写的基础,写与说相互贯通。以说带写,可以有效激发学生的写作兴趣,提高学生的写作能力,还能锻炼学生的口语表达能力。具体而言,教师可以采用改写对话和课堂讨论的方式开展教学。

3. 读、写结合

读与写的关系十分密切,通过阅读可以获取大量写作所需的素材,通过写作可以进一步巩固阅读能力。写作作为一种输出活动,是离不开语言知识的输入的,如果没有语言知识的积累,将不可能写出内容充实的文章。而阅读作为积累语言知识的重要途径,将能为写作奠定良好的基础。但学生的阅读需要教师的指导,因为很多学生都将理解文章内容作为阅读目的,而很少从中吸取有利的写作素材。对此,教师应引导学生体会作者遣词造句的技巧,并培养学生记笔记的良好习惯,从而使学生积累大量的利于写作的语言知识。通过阅读,学生的阅读能力不仅会得到锻炼,写作水平也会显著提高。

总体而言,在大学英语教学中,要重视英语基础知识和技能的教学,并不断进行创新,从而提高教学的质量,培养学生的英语综合能力。

(四)运用语块教学模式

如前所述,受负迁移作用的影响,学生习惯用汉语思维来对文章进行组织,这样很容易出现各种错误,如句式单一、语言不通顺等。因此,在跨文化转型背景下,教师可以采用语块教学法展开写作教学。

根据语块教学法,本族语者之所以能够表达顺畅,是因为他们在脑海中会存储一些各种情境下的语块,而不是某一个词。在发话或者写作中,他们可以调用这些语块,无须进行排列加工。这样的语言输出才更有速度与质量。同样,将这一理论运用到写作教学中就是要求教师应该对学生加强语块训练,让学生脑海中形成整体的语言知识,以语块来组织写作练习,这样写出来的文章才具有整体性与格局性。

五、跨文化交际视域下大学英语写作教学案例分析

教学任务:

本案例要完成的教学任务"急救",旨在通过听、说、读、写四项综合性活动帮助学生学会处理各种紧急情况以及急救的方法,提高生存能力。

参与形式:

本案例采取小组、个人合作参与形式。

教学流程:

本课主要培养学生新闻的写作能力。教学中采用多媒体设备创造良好的教学环境,辅助教学,整合教学资源,优化教学过程。学生在教师的指导下,观察、体验、探索与合作,展开有效的听说读写活动,通过综合性的语言实践为写作打基础。在过程写作教学法下,教师对学生进行有效写作策略上的指导,激发学生写作的热情,发展学生终身写作的能力。

第六章　跨文化交际视域下大学英语读写技能教学的理论与方法实践

表 6-2　过程性写作教学流程表

process-oriented approach		purposes	
pre-writing	listening （6 mins）	language focus	input
	speaking （10 mins）		
	sample reading （5 mins）	organization focus	
drafting	writing （15 mins）	to think independently	
revising & ending	evaluation / appreciation （8 mins）	to polish & cooperate	output
second drafting	homework （1 min） （decoration）	information.diverse intelligence	

（资料来源：姚瑞兰，2008）

在整个教学活动中，要将"真实的任务"贯彻始终，坚持以学生为中心，激发学生的学习兴趣，调动学生学习的积极性，注重学生语言的积累，指导学生的小组合作，尤其注重对学生写作策略掌握的指导。

分析：总的来说，本节课能够较好地体现出新课标的理念，无论在教学目标的设定还是在教学过程的安排等方面都有利于学生优化英语学习方式，使学生通过观察、体验、探究等方法形成有效的学习习惯，高质量地完成写作任务。

第七章 跨文化交际视域下大学英语翻译与文化技能教学的理论与方法实践

翻译是世界各国之间相互沟通的桥梁,其不仅涉及语言之间的转换,而且涉及文化之间的交流。可以说,翻译是基于不同语言之间转换的跨文化交流活动,其与文化之间的关系自然不必多说。因此,在大学英语翻译教学中,教师应基于跨文化交际视角来培养学生的翻译能力,使学生成为能够运用翻译技能流利进行跨文化交际的英语人才。本章将对跨文化交际视域下大学英语翻译与文化技能教学的理论与方法实践进行研究。

第一节 跨文化交际视域下大学英语翻译教学的理论与方法实践

一、大学英语翻译教学概述

(一)英语翻译

翻译的概念是翻译理论的基础与原点。翻译理论的很多流派都对翻译进行过界定。人类的翻译活动已经有 2 000 多年的历史了,对翻译概念的认知也随之发生了改变。

学者威尔斯说:"一部翻译史事实上就是对'翻译'这个词的多义性进行的论战。"① 从威尔斯的论述中可知,对翻译的理解需要从多个层面进行考量。

---

① 威尔斯著,祝珏,周智谟译.翻译学——问题与方法[M].北京:中国对外翻译出版社,1988:19.

第七章　跨文化交际视域下大学英语翻译与文化技能教学的理论与方法实践

1. 感悟式·语文式·文艺式·通论式

人们对翻译最初的认识是感悟式的,主要是通过隐喻或者比喻的方式来进行表达。

著名学者谭载喜(2006)通过对大量关于翻译的比喻说法进行总结,认为翻译主要是由作为行为或过程的翻译本身、作为结果的译文、作为主体的译者构成。[①]从作为行为与过程的翻译本身来说,很多形象说法都对翻译的特点、性质等进行论述。

语文式是对翻译的进一步认识,在这一层面上,人们往往通过一些简单的话语表达对翻译的看法,这些看法虽然不成系统,但是也存在着一些真理,甚至有些对后世的翻译研究有着深远影响,如严复的"信达雅",至今仍被视为翻译工作的一大重要标准。

翻译可以被视作一种对问题进行解决的活动,因为源语中的某一元素可以采用目的语中的某个元素或者某几个元素来处理。[②]之后,由于翻译活动多为文学作品的翻译,因此对于翻译概念的探究主要是从文学层面展开的,因此是文艺式的研究。这类研究强调文学作品的审美特征,并将文学翻译的本质特征揭示出来。文艺式的翻译主要是针对文学这一语体来说的,将那些非文学翻译活动排除在外,所以缺乏概括力。

进入20世纪中期,人们认识到无论是文学翻译还是非文学翻译,语言的转换是必需的,因此就语言学角度对翻译进行界定是最具有概括力的,能够将不同的翻译类型揭示出来,也开启了现代意义上的翻译研究,将传统对翻译的界定转向翻译的通论研究,将传统对文学翻译的研究转入翻译专论研究,这就是通论式阶段。从整体上说,通论式翻译研究对于翻译的普适性是非常注重的,因此其概念也更为大众化。

2. 从语言维度到语言文化维度

从普通意义上对翻译内涵的论述有很多,但观点并不统一。通论式翻译概念的确立是从语言学角度来说的,并随着语言学研究的深入而不断完善与发展。

俄罗斯学者费奥多罗夫(Fyodorov)从传统语言学角度出发,指出

---

① 谭载喜. 翻译比喻中西探微[J]. 外国语, 2006, (4):73-80.
② 蔡新乐. 翻译哲学真的没用吗?——从皮姆的《哲学与翻译》看翻译的概念化及西方翻译思想史的重构[J]. 外语教学, 2014, (6):103-107.

翻译是"运用一种语言的多种手段,将另外一种语言的多种手段在形式、内容层面不可分割的统一体中所传达的东西,用完整、准确的语句表达出来的过程"。①

英国学者卡特福德(J. C. Catford)从普通语言学理论视角,将翻译定义为"将源语文本材料替换成等值的译语文本材料的过程"。②

英国学者纽马克(P. Newmark)认为,翻译形式是将一种语言/语言单位转换成另一个语言的过程。所谓的语言/语言单位,指的是整个文本或者文本一部分的含义。③

美国学者奈达与泰伯(E. A. Nida & C. R. Taber)指出:"翻译是用目的语创造一个与源语最接近的等值物,意义为首,风格为次。"④

通论式翻译概念对人们从宏观角度认识翻译有着巨大的帮助。但是,仅仅对语言角度进行强调也并不全面,也很难将翻译的概念完全地揭示出来,翻译的概念还应该涉及文化部分。

许钧指出:"从语言学角度对翻译进行界定是将翻译活动限于语言转换层面,这样会容易遮盖翻译所囊括的广义内涵,并且容易忽视语际翻译的全过程及翻译中所承载的文化。"⑤

科米萨罗夫(Komissarov)就指出:"翻译过程不是仅仅将一种语言替换成另外一种语言,其是不同个性、文化、思维等的碰撞。"⑥同时,科米萨罗夫还专门对翻译学中的社会学、文化学问题进行了研究。即便如此,他们下的定义还未能明确文化这一维度。

俄罗斯学者什维策尔认为翻译中应该将两种语言、两种文化、两种情境体现出来,并分析出二者的差别。在他看来,翻译可以进行以下界定。⑦

(1)翻译是一个单向的,由两个阶段构成的跨语言、跨文化过程,在这一过程中,往往需要对源语文本进行有目的的分析,然后创作出译语文本,对源语文本进行替代。

---

① 杨仕章.翻译界说新探[J].外语教学,2015,(6):101.
② Catford, J. C. *A Linguistic Theory of Translation*[M]. London: Oxford University Press, 1965: 20.
③ Newmark, P. *About Translation*[M]. Beijing: Foreign Language Teaching and Research Press, 2006: 27.
④ Nida, E. A. & Taber, C. R. *The Theory and Practice of Translation*[M]. Shanghai: Shanghai Foreign Language Education Press, 2004: 12.
⑤ 许钧.翻译概论[M].北京:外语教学与研究出版社,2009:29.
⑥ 杨仕章.翻译界说新探[J].外语教学,2015,(6):101.
⑦ 同上.

… 第七章　跨文化交际视域下大学英语翻译与文化技能教学的理论与方法实践

（2）翻译是一个对源语文本交际效果进行传达的过程,其目的由于两种语言、文化、交际情境的差异性而逐渐改变。

很明显,什维策尔的定义包含了文化因素,并指出翻译是跨文化交际的过程,强调译本语境是另一种语言文化环境。

我国学者许钧认为翻译具有五大特征,即符号转换性、社会性、创造性、文化性、历史性。同时,基于这五大特征,将翻译定义为"以符号转换作为手段,以意义再生作为任务的一项跨文化交际活动"。①

显然,当前的翻译已经从语言维度逐渐过渡到语言文化维度。

3. 翻译的传播形式：单向跨文化传播

在翻译的定义中将翻译的文化性体现出来,可谓一个很大的进步。但是,在将文化性体现出来的同时,很多学者习惯运用"跨文化交流"或"跨文化交际"这样的说法。

翻译属于跨文化交际活动,但这大多是从历史角度对不同民族间的翻译活动历史成效进行的定性表述。

普罗瑟认为,跨文化交流活动需要的是双向互动,但是跨文化传播则需要的是单向互动。② 由于具体的翻译活动往往呈现的是单向过程,因此决定了翻译活动应该是一种传播活动。所以,如果确切地对翻译进行界定的话,可以将翻译定义为"一种跨文化传播活动"。

如果翻译的语言特征体现为不同语言之间的转换,那么翻译的文化特征体现的则是文化移植。当然,这种移植可以是引入,也可以是移出,由于源语文化与译语文化并不是对称的,同一个文化因素在引入与移出的过程中不可避免地会遇到不同的翻译策略。这样可以说明,无论是从语言转换的角度,还是从文化移植的角度,翻译都是单向性的。

4. 翻译的任务：源语文本的再现

在翻译的定义中经常会出现"意义"一词,其主要包含翻译的客体,即"翻译是什么？"应该说,"意义"相比费奥多罗夫的"所表达出的东西",更具有术语性,用其解答什么是翻译的问题是翻译学界的一大进步。但是也不得不说,有时候运用"意义"对翻译进行界定会引起某些偏差,因为很多人在理解意义时往往会受到结构主义语言学的影响,认

---

① 许钧. 翻译概论[M]. 北京：外语教学与研究出版社, 2009：41.
② 普罗瑟著, 何道宽译. 文化对话：跨文化传播导论[M]. 北京：北京大学出版社, 2013：3.

为语言是有固定的、明确的意义的。但就实际程度来说，语言的意义非常复杂。

著名语言学家利奇（L. N. Leech）指出意义具有七大类型，同时指出："我不希望给人留下这样的印象，即这些就是所有意义的类型，能够将所传递的一切意义都表达出来。"[①]利奇还使用sense来表达狭义层面的意义，而对于包含七大意义在内的广义层面的意义，利奇将这些意义称为"交际价值"，其对于人们认知翻译十分重要。换句话说，源语文本中的这种广义层面的意义实际上指代的都是不同的价值，将这些价值结合起来就是所谓的总体价值。

很多学者指出，如果不将原作的细节考虑进去，就无法来谈论原作的整体层面。但需要指出的是，原作的整体不是细节的简单叠加，因此从整体上对原作进行考量，并分析翻译的概念是十分必要的。

王宏印在对翻译进行界定时指出："翻译的客体是文本，并指出文本是语言活动的完整作品，其是稳定、独立的客观实体。"[②]但是，原作文本作为一个整体如何成为译本呢？作者认为，美学中的"再现"恰好能解释这一过程。

在美学中，再现是对模仿的一种超越。在模仿说中，艺术家的地位是不值得被提出来的，他们不过是在现实之后的一种奴仆，他们的角色如镜子一样，仅仅是对现实的一种被动的记录，自己却没有得到任何东西。换句话说，在模仿说中，艺术品、艺术表现力是不值得被提出来的，因为最终要对艺术品进行评论，都是看其与真实物是否相像。实际上，模仿说并未真实地反映出艺术创作的情况，很多人认为模仿的过程是被动的，但是在这种看似被动的情况下，也包含了很多表现行为与艺术创造力，其中就包括艺术家的个人体验与个人风格。同样，即便是那些不涉及艺术性的信息类文本，其翻译活动也不是模仿，而是译者进行的创造过程；对于那些富含艺术性的文本，模仿说更是无稽之谈了。最终，模仿必然会被再现替代。

用"再现"这一术语对翻译概念进行说明，可以明确地展现翻译的创造性，可以将译作的非依附性清楚地表现出来。因为再现与被再现事物本身并不等同，而是一个创造性的艺术表现形式，同时再现可以实

[①] 利奇著，李瑞华，王彤福，杨自俭，穆国豪译.语义学[M].上海：上海外语教育出版社，1987：29.

[②] 王宏印.英汉翻译综合教程[M].大连：辽宁师范大学出版社，2002：54.

第七章　跨文化交际视域下大学英语翻译与文化技能教学的理论与方法实践

现译作替代原作的功能。

(二)英语翻译教学

1. 翻译教学的内涵

翻译理论与实践相结合构成的一个重要领域就是翻译教学。在研究翻译的过程中,翻译教学是一个不可忽视的内容。要想提高翻译教学的水平,首先必须对翻译教学展开深入探究。对翻译教学实践发展起着决定性作用的就是对翻译教学理论的探究。因此,随着社会对翻译人才需求的大幅度增加,对于翻译教学的相关探究就显得极为重要。

但是,目前学界对翻译教学的内涵仍然存在较大争议。学者们对于翻译教学的范畴及翻译教学与教学翻译的区别并未达成共识。加拿大著名学者让·德利尔(Jean Delisle,1988)曾经对教学翻译(pedagogical translation)与翻译教学(pedagogy of translation)做过明确的区分。

让·德利尔指出:"学校翻译也称'教学翻译',是为了学习某种语言或者在高水平中运用这种语言与深入了解这种语言的问题而采用的一种方法。学校翻译仅为一种教学方法。翻译教学追求目标与学校翻译目的的不同,翻译教学不是为了掌握语言结构与丰富语言知识,也不是为了提高外语的水平。纯正的翻译目的是要出翻译自身的成果,而教学翻译的目的仅是为了考核学校外语学习的成果。"

近些年的研究有了一些新的突破。罗选民认为,学者对教学翻译与翻译教学的阐述有利于对概念的澄清,但翻译教学的概念要重新界定。翻译教学是由"大学翻译教学"与"专业翻译教学"组成的,将原来公认的教学翻译也纳入了翻译教学的范畴,扩大了翻译教学的范围。

2. 翻译教学的理念

(1)将翻译理论作为先导

翻译教学离不开翻译理论的指导,所以翻译教学的一个重要理念就是将翻译理论作为先导。目前,已经形成的翻译流派和内容十分繁多,如果将所有观点及相关内容都融入翻译理论中,不但会令读者感到空乏,而且缺乏科学性。不少翻译理论是源自宗教和哲学领域的,所以相对传统,也缺乏实用性。有调查显示,多数翻译理论仅适用于占每年翻译工作大概4%的文学翻译,而超过90%的实用翻译理论却很少提到。由此可见,翻译理论与实践的失衡可以说明翻译理论的不切实际。

相对来说,较为实用的翻译理论是翻译功能目的论。该理论强调,译本的预期目的与功能决定着翻译的过程。实用文体翻译通常具有现实的甚至功利的目的。这一目的在很大程度上受翻译委托人、译本接受者及其文化背景和情境的制约。目的和功能是实用文体翻译的重要依据,而功能目的论的理论核心就是目的和功能。因此,翻译的理论与实践有可能得到较好地结合。实际上,翻译课程的开设主要是为了培养学生英语语言运用的能力,而通过实践,可以看出学生选择这门课程更多的是为了在考试中获得高分或为了工作。因此,将翻译的功能目的论作为翻译的理论依据,用于指导学生的翻译课程,更有利于调动学生学习的积极性和创造性。

(2)将语言对比作为翻译的基础

翻译教学首先应该从语言对比入手。对于中国的英语学习者来说,一旦脱离了说英语的环境,我们总会本能地说汉语,其特别体现在初学者身上。但是,如果我们积累了一定数量的词汇,就会很乐于说英语,在此过程中就会对英汉语言进行对比,如不会翻译某些短语,就会用汉语思维进行翻译。

二、大学英语翻译教学中的文化因素

(一)风俗习惯层面

中西文化差异在风俗习惯上有着显著的体现,而风俗习惯的差异对翻译有着很大的影响。例如,在饮食方面,中西方就有着显著的差异。中国人对饮食向来十分注重,俗话说"民以食为天",中国人不仅讲究吃,而且追求美味,将美味作为评价食物的最高标准。而西方人在饮食上非常注重营养,往往以营养作为饮食的最高标准。在西方人的饮食观念中,维系生命,保持身体健康,是饮食的主要目的,饮食并不是为了享乐。在饮食对象方面,西方人主要以面包为主,而中国则通常以米饭或面食为主食,这种差异在翻译中体现得很明显。例如,英文中有 a piece of cake 这一短语,如果直译为"一块蛋糕",会让读者感到莫名其妙,不知其意,这是因为蛋糕在中国人的主食中并不常见。但是,如果将其译为"小菜一碟",那就很容易为中国读者所理解。同理,在汉语中

第七章　跨文化交际视域下大学英语翻译与文化技能教学的理论与方法实践

有"画饼充饥"这一成语,译者在翻译时最好译为"draw a cake and call it a dinner",这样会更容易为西方读者理解。

(二)思维方式层面

中西方的思维方式存在明显的差异,这在语言上有明显体现,因此必然会对翻译产生重要影响。例如,对于同一事物,由于思维方式不同,语言表达也不同,如"红茶"与 black tea 相对应,"红糖"与 brown sugar 相对应。如果将"红茶"翻译成 red tea,将"红糖"翻译成 red sugar 必然会闹出笑话。

(三)词义意象层面

语境不同,词汇的联想意义也不同。例如,black holes 这个词不仅可以翻译为"黑洞",也可以翻译为"军营中的牢房",具体如何翻译,需要根据具体的语境来确定。如果对这两种意象不了解,很容易出现翻译的错误。

三、跨文化交际视域下大学英语翻译教学的原则

(一)循序渐进原则

翻译能力的提高不可能一蹴而就,而是要经历一个过程。相应地,翻译教学也不能操之过急,应遵循由浅入深、循序渐进的规律,所选的语篇练习也应该是先易后难,逐步帮助学生提高翻译能力。从篇章的内容来看,应该是从学生最熟悉的开始;从题材来看,应该从学生最了解的入手;从原文语言本身来看,应该是从浅显一点的渐渐到难一些的。这样由浅入深,学生对翻译学习会越来越有信心,兴趣也会逐渐增强,翻译技能也会相应得到提高。

(二)精讲多练原则

精讲多练原则主要包含两个层面:精讲和多练。翻译教学如果仅从传统教学方法入手,先教授后练习,那么是很难塑造好的翻译人才的。因此,在翻译教学中,教师不仅要教授理论,还需要让学生实践,在课堂上将二者完美结合。

（三）实践性原则

只注重翻译理论的教授很难培养出好的翻译人才，还需要进行翻译练习，这就是翻译的实践性原则。在翻译教学中，教师应该为学生创造更多的机会展开练习。例如，教师可以让学生去翻译公司实习，通过实际活动来进行体验。

四、跨文化交际视域下大学英语翻译教学的方法

（一）扩大学生知识面

翻译是一项包含多领域的活动，如果对翻译的基础知识不了解，就很难明白文本的内容，也很难准确展开翻译。到目前为止，我国很多高校的英语翻译教学过多关注翻译基础知识，而忽视翻译能力培养，尤其是很少介绍文化方面的知识，这就导致学生遇到了与文化相关的翻译内容时往往手足无措，甚至会出现翻译错误。因此，在英语翻译教学中，应该渗透文化知识，扩大学生的知识面，培养学生对文化知识的理解与把握，帮助他们形成翻译能力。

（二）提高学生语言功底

翻译活动是一项复杂的活动，其需要学生具备双语知识。也就是说，英汉语言功底对于翻译人员都不可缺少。因此，在翻译教学中，教师不仅要教授学生英语语言知识，还需要培养学生的汉语表达能力，熟悉英汉语言国家的表达习惯，提升翻译质量。

（三）注重文化对比分析

由于教学环境的影响，英语文化的渗透还需要依赖翻译教学，其中文化对比分析是一种比较重要的方式。具体来说，在翻译教学中，教师不仅要讲解教材中的文化背景知识，还需要对文章中的中西文化进行对比与拓展，帮助学生在翻译内容时接受文化知识。另外，利用文化对比分析，学生能够建构完整的文化体系。

第七章　跨文化交际视域下大学英语翻译与文化技能教学的理论与方法实践

（四）重视归化与异化结合

在翻译策略选择上，归化策略与异化策略是两种重要的翻译策略。由于英汉语言的差异，翻译实践中如果仅依靠一种策略是很难完成全部翻译内容的，只有将二者结合起来，并进行灵活的处理，这样才能保证翻译出的文章更为完美。

（五）媒体教学与课外活动相结合

为帮助学生更好地展开翻译，教师应该鼓励学生多学习一些英美原版作品，如教师可以引导学生多观看一些英美原版电影，从电影字幕出发教授学生翻译的技巧。另外，教师应该让学生在课外多收集一些生活风俗、文化背景方面的资料，在阅读与翻译中，学到更多的知识，从而为以后的翻译实践做铺垫。

五、跨文化交际视域下大学英语翻译教学案例分析

教学任务：从语言特征分析英语新闻标题的翻译。
教学形式：小组、个人、师生互动。
教学流程：

（1）翻译教学进入正题之前，教师首先提出为什么要学习英语新闻标题翻译，并要求学生进行讨论，最后教师进行总结归纳。

（2）展示、分析新闻标题的语言特点。教师首先用幻灯片展示几组新闻标题和一般英文表述的对比（图7-1），让学生分组讨论，并指出二者之间的区别。在此期间，教师可对学生的讨论、发言进行点评和总结，并根据以上分析，进一步探讨英语新闻标题的特点，以及在时态、语态等方面和一般英文的差异。

通过观察对比，我们可做出如下总结。
①英语新闻标题一般言简意赅、传神达意、时效性强。
②英语报刊的新闻标题多采用现在时态，一般不用过去时态、过去完成时等时态，以使读者阅报时有置身其中的感觉。这种存在于新闻中的现在时被称为"新闻现在时"（journalistic present tense）。
③英语新闻标题中的动词常用一般现在时、现在进行时和将来时。

④英语新闻标题中常省略系动词等。

分析：小组合作式的翻译教学倡导自主、合作与交流、探究的学习方式，要求学生要与教师进行广泛的合作与沟通。这种带着任务去学习的方式，可以使学生在完成任务的过程中掌握到新知识。在学生进行充分的自主、探究和小组合作学习的基础上，教师还要给予及时的指导与点拨，以促进学生学习的进步。

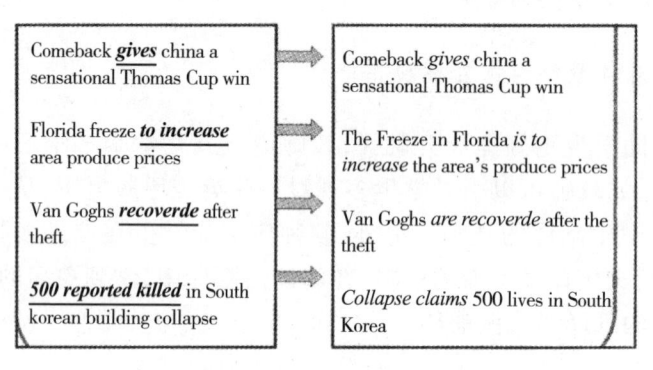

新闻标题	一般英文
Comeback *gives* china a sensational Thomas Cup win	Comeback *gives* china a sensational Thomas Cup win
Florida freeze *to increase* area produce prices	The Freeze in Florida *is to increase* the area's produce prices
Van Goghs *recoverde* after theft	Van Goghs *are recoverde* after the theft
500 reported killed in South korean building collapse	*Collapse claims* 500 lives in South Korea

图 7-1　新闻标题和一般英文对比示意图

（资料来源：邓道宣、江世勇，2018）

第二节　跨文化交际视域下大学英语文化教学的理论与方法实践

人们从出生起就浸润在母语语言与文化环境之中，在习得母语的同时，实际上也学习了母语文化。但是，对于中国人来说，英语属于第二语言，属于一门外语，在学习其语言的过程中也不能忽视对文化的学习。随着全球化趋势的加剧，我国的英语教学也必然离不开文化内容的教授。

一、大学英语文化教学的基本内涵

语言是文化的重要组成部分，语言背后蕴含的是丰富的文化内容。但是，要想明确英语文化教学的相关知识，首先就需要弄清楚其基本的内涵。

第七章 跨文化交际视域下大学英语翻译与文化技能教学的理论与方法实践

1994年,著名学者胡文仲在《文化与交际》一书中指出语言与文化的关系,即语言是文化的一种表现形式,属于文化的一部分。如果学生不清楚英美文化,那么将会很难学好英语。从胡文仲先生这段话中不难看出,要想真正地学会语言运用,首先就需要对文化有所了解。英语文化教学就是引导学生学习西方的文化知识,增强学生对文化的敏感性。只有这样,才能让学生符合社会对英语人才的需要。

二、大学英语文化教学的本质与过程

(一)个体心理情感的变化过程

不同的文化之间经常会出现冲突,而导致冲突出现的最根本原因就是价值观念的不同。人们对这种冲突常常有着强烈的生理和心理反应,这种现象就是文化冲撞。在学习第二文化的过程中,经常会出现文化冲撞的经历。因为文化冲撞会对学习者的心理带来巨大冲击,使他们情感受到重创,所以它主要属于心理层面上的问题。

焦虑、紧张、孤独、沮丧的情绪往往会导致压抑、退缩、封闭,甚至放弃,这些文化冲撞在心理和行为上的特点虽然在第二文化学习的初始阶段最明显,但这种冲撞给学习者带来的心理上的冲击存在于任何目的、任何环境、任何阶段的文化学习中,只是学习者感受的强度和表现出来的特点有所不同。随着学习者对目的语文化了解的不断增多,经历越来越丰富,文化冲撞的感受会逐渐减弱。然而,文化冲撞除非被目的语文化完全同化,否则它带来的疲乏感会始终存在,既会使学习者感到迷茫、痛苦,又会促使他们将文化学习进行到底。

对于外语教学环境中的文化学习来说,虽然学习外国文化知识尤为重要,但这仅是文化学习的一个方面。想要成为一个跨文化交际者,外语交际能力与跨文化交际能力的培养同等重要,这就需要学习者通过参与跨文化交际实践,通过与来自不同文化背景的人进行广泛接触,通过自己的亲身体验,来增强跨文化意识和跨文化交际能力。这一过程称为"体验式或发现式学习"(experiential or discovery learning),使学习者在文化冲撞中得以学习、了解目的语文化。当然,假如在目的语文化环境中的学习者难逃文化冲撞所带来的痛苦的话,那么外语教学环境中的文化学习者则总是可以寻求到本族文化氛围的慰藉,逃避和放弃的机会要有很多。

然而,这种逃避文化冲撞的做法对文化学习是不利的,因为如果缺少这种体验就会使外语教学环境中的文化学习效果不如目的语文化环境中的文化学习。可见,文化冲撞不仅仅是一种病态的表现,更是文化学习的必经阶段和重要手段。文化学习者要正视文化冲撞,消除恐惧、退缩和放弃的消极心理,积极应对和有效利用文化冲撞,使那些经历转换成自己文化学习的宝贵财富。

一些学者为了避免或减弱文化冲撞给人的负面、消极的印象,他们尝试用文化疲乏(culture fatigue)来指文化学习与调适过程中,人们所经历的生理和心理的冲击。有的学者指出,文化疲乏是有效调适的一个必要前提,因为如果学习者原有的本族文化参考框架没有被部分打破的话,跨文化学习就不可能达到一定的高度。实际上,跨文化交际领域已经出现了很多利用文化冲撞进行文化教学和培训的研究,它们均强调文化冲撞对于增强学习者跨文化意识,培养移情和文化相对论思想,提高自我认识的教学功能。

需要指出的是,虽然文化冲撞在文化学习过程中发挥着重要作用,有着不可替代的教学功能,但是我们不应因此而一味地强调其积极的作用,却忽视其对文化学习带来的消极影响。有时,文化冲撞对学习者可能带来巨大的压力和打击,会让他们失去信心,削弱对学习的热情和动力。因此,学习者经历的文化冲撞不是越多越好,教师和培训者要尽可能地减轻文化冲撞给学习者带来的紧张和压力,为他们提供心理上的安慰和行为上的引导。

随着学习者越来越深入地学习文化以及文化体验的增加,他们对文化冲撞的感受慢慢减弱,从而有了一定的情感变化,先前的焦躁不安逐渐变得平和,从而发现目的语文化的价值和作用,开始逐渐欣赏各种习俗,重新认识自己的价值观,甚至逐渐放弃本族文化的价值体系,接受目的语文化的价值观念,最终完全被目的语文化同化吸收。种种变化均是在文化学习过程中学习者心理情感可能产生的变化,但这不是所有学习者都必须经历的过程,特别是最后被同化的阶段仅适用少数希望融入目的语文化的学习者。

(二)个体文化学习的认知过程

在社会化的过程中,成年人乃至整个社会环境均有意或无意地将

第七章　跨文化交际视域下大学英语翻译与文化技能教学的理论与方法实践

有关社会规范和价值观念等信息传递给儿童,所传递的信息经过儿童的过滤、选择、分类,以认知结构的形式储存于他们的大脑中,所以习得的文化知识就成了他们的认知图式,即先验图式(schemata)。需要特别说明的是,任何先验图式都具有开放性,都可能被修改,文化图式也是这样。修改文化图式主要有两个途径。其一,在同一文化环境中,继续学习,使自己的文化图式形成个性化的特点。虽然社会化的过程经过大概10年的时间就告一段落,学习者也已经成为有着该社会文化身份的人,个人生活与社会交往基本遵循该社会文化的规范。但是,从某种层面说,社会化过程永远都不会结束,因为文化学习是没有止境的人类活动,它可以是对客观文化的学习过程,也可以是主观文化的学习过程。并且,主观文化的学习者在具体生活、工作和社会交往实践中要不断完善对社会规范和文化价值观念的理解。

另外,因为社会规范和文化价值观念随着社会的发展和文化交流的影响在不断发生变化,所以文化学习就要继续下去。此外,社会化(或第一文化)的学习不仅是为了习得具有普遍意义的社会文化身份,还是促进个性发展的有效手段。除了较为宏观的民族、社会和文化身份之外,人们常常还有很多其他的身份特点,如性别身份、职业身份、地域身份、政治身份等。这些身份的获得和发展成熟也需要学习者的不断体验,而不是短期内一蹴而就的。所有身份综合起来就形成学习者的个人身份和个性特点,它是文化图式不断发展变化的一个产物。

外国文化(或第二文化)的学习也是改变文化图式的方式。如果说第一文化学习属于一种文化图式建构过程,那么第二文化学习就属于对文化图式进行修改的过程。鲁姆哈特(Rumelhart,1980)的图式理论充分说明了第一文化学习和第二文化学习以及第二语言学习者认知发展的不同本质。

鲁姆哈特提出了三种文化学习的模式:增加、调整和再创造,三种模式都对学习者的先验图式有一定影响,并促使他们的认知结构发生变化。增加就是对现有图式的丰富和扩大。由于每一次新的经历均会在人类的记忆中留下痕迹;调整即对现有图式的修改,可以使其更能满足学习者的需要;再创造即在学习者大脑中尚未建立起有关图式或认知结构的情况下,创造一个全新的图式。这一理论主要被应用在语言学习和文化学习的研究中。下面就对文化学习的本质和文化学习与语言学习之间的差别进行简单介绍。

首先，儿童在被社会化的过程中，文化学习与第一语言学习是不可分割、相辅相成的。因为此过程是从儿童出生就开始的，出生之前儿童大脑中没有认知图式，所以在社会化过程中的文化与语言学习基本属于图式建构和创造模式，虽然在这一建构和创造过程中学习者也在不断修改、调整已形成的认知结构，但总体上以第三种学习模式（图式创造）为主。相比较而言，第二语言和第二文化的学习过程更加复杂，因为二者涉及三种学习模式。另外，考虑到语言与文化的差异，第二语言学习与第二文化学习过程也呈现了不同的特点。首先，第二语言学习既是一个图式再创造的过程，又是一个图式增加与调整的过程。不同语言的个性与语言之间的差异决定了不同语言有着不同的句法、语义和语用系统，所以像英汉两种有着差异巨大的语言，外语学习者显然会觉得这是一个全新认识和学习语言的过程。因此，第二语言学习就是一个有关语言符号和语言使用认知结构的创造过程。

其次，语言的共性决定第二语言学习者可以利用第一语言的学习经验，并借助第一语言进行思考，帮助他们理解第二语言的规律，这是第一语言或母语对第二语言学习的积极作用。母语干扰（native language interference）研究表明第一语言对第二语言学习也有一定的干扰、妨碍作用，学习者，特别是初级和中级阶段的学习者往往有意无意地将母语的使用规则搬至第二语言学习中，使他们的第二语言中介语（interlanguage）具有浓厚的母语特点。不管从母语对第二语言学习所起的积极还是消极影响来看，均说明第二语言学习不同于第一语言学习，这不是一个图式创造过程，而是一个图式调整、修改和增加的过程。

除了第二语言，第二文化学习也是一个不断调整、修改和增加认知的过程。普遍文化（culture-general）的研究说明人类的语言文化具有诸多共性，它们使文化交流成为可能，所以对第二文化的学习不需要建立新的文化图式，而是可以通过文化对比，了解文化差异。此外，文化时刻都影响着人们的思想、行为，在人们的脑海中根深蒂固，通常人们会有一个主要的文化身份，也会遵循这一文化的价值观念和行为准则。学习者能了解诸多不同的价值系统，但总得来说他们的世界观和价值观不存在多重性，不可能除本族文化价值观和世界观之外，另外再习得并自动使用另外一种截然不同的文化系统。也就是说，没有人具有绝对的双重文化身份，通常只会掌握两种或多种文化，比较擅长规避跨文化交际中的文化冲突。

第七章 跨文化交际视域下大学英语翻译与文化技能教学的理论与方法实践

因此,人们在学习第二文化时一般会有三个结果:第一,学习目的语文化,逐渐取代本族文化。第二,放弃目的语文化,保持本族文化。第三,学习目的语文化,丰富本族文化,成为具有跨文化交际能力的跨文化的人。只有最后这种结果才是人们学习第二文化的目标,它是在现有的参考框架和认知图式的基础上,通过学习不同文化,了解文化差异,增强跨文化意识,培养宽容、移情的态度以及灵活机动的跨文化交际能力。也就是说,这种结果才是对现有认知框架和图式的一个增加、修改和调整的过程。但是,这并不意味着第二文化学习不涉及图式再创的过程,而是每种文化均有一些特定文化,学习它们就属于一个再创过程,但从文化学习的整体上说,文化差异的学习远大于特有文化内容的学习,所以它主要是一个图式增加、修改和调整的学习过程。

综上所述,第一文化、第二文化的学习与第一语言、第二语言的学习有着密切关系,但就认知过程而言,其主要是对现有认知图式的丰富、修改和调整过程。

文化学习的认知过程主要包括信息的获取、分析、综合、理解和洞察五个阶段。显然,信息的获取是文化学习的第一个阶段。这一阶段是学习者面对一些没有系统、没有组织的文化事实时的感知,尚未形成理解和系统;文化学习的第二个阶段是分析,它是理解的第一步;分析是对文化信息的整理归类,使这些杂乱无章的信息形成可操作化的过程;综合是将经过分析的文化信息组织成一个整体结构,各个要素及它们之间的关系一目了然,综合使人们看清文化的连贯性和整体性。经过分析和综合,学习者对目的语文化的具体信息和整体文化模式就形成了初步的理解。达到这一水平的学习者能够发现和解释该文化模式中一些新的行为和事件,可以根据文化线索,预计文化行为,而不必局限在对接触过的信息的理解。洞察力即学习者可以从目的语文化内部看到这个文化,即具备这一文化群体成员之间惯有的默契,熟知目的语文化行为的原因与动机。这个过程清楚地阐述了文化学习的认知过程,对于文化教学有着重要意义。

(三)个体文化学习的行为表现

在进行文化学习的过程中,学习者的心理情感和认知结构的变化一般会与外部行为的调整同步进行。一是因为认知心理一般可以通过行为体现出来,二者一般不可分离;二是文化信息的获取和文化知识的积累固然重要,但如果文化学习仅限于此的话,文化学习的目标,不管是文化调适、文化移入,还是跨文化人的培养均是不可能实现的。

（1）假如文化学习者以信息和知识为中心,认为文化是一个封闭的、终结的、完整的系统,那么就忽视了文化的发展性和开放性。文化的发展通常离不开不同文化的交流、影响、借鉴,加上科技的发展,社会的进步以及人们生活水平的提高。因此,如果文化学习者将文化看成是一个固定不变的知识体系,那就大大违背了其发展的规律。

（2）文化学习者如果以信息和知识为中心,那么就会对目的语文化产生成见或偏见,从而忽视文化内部亚文化以及个体个性的特点。

（3）只学文化知识,不注重能力的培养,学习者面对以前没有接触过的环境会措手不及,难以应对。

总之,具备大量有关目的语文化知识的人有可能根本无法与这个文化群体的人们进行有效的交际,也不太可能理解和学习新文化的技能。对此,有学者得出的结论是:文化学习者要清楚文化学习的本质,将其作为一个过程来学习,而不是作为一个事实进行学习。

文化学习重点不应是获取信息和知识,而应是一个认知发展和行为调整的过程,在此过程中学习者应努力获取文化信息,积累文化知识,同时还要通过参与、体验和实践,使文化信息和知识转化成能力,且对所学的知识和体验加以反思,与本族文化进行对比,以便增强跨文化意识和跨文化交际能力。学习者的跨文化交际能力一方面表现在心理情感层面,另一方面体现在交际行为上,两方面互为条件,彼此支撑。如果缺乏应有的心理素质,学习者就无法在交际中表现得自然得体;而心理和情感必然会在行为中得以体现。

文化学习是一个行为调整的过程,即学习者的交际行为随着认知结构的调整,目的语文化知识的积累和跨文化意识的增强会产生变化。具体而言,文化学习过程中学习者的行为可能经历如下几个发展阶段:意识、关注、反应、实践和互动。对于目的语文化中的某些行为,学习者先是意识到它们的存在,且对其加以关注和仔细思考,之后学会针对它们做出恰当的反应,且可以在各种语境中有意识地进行交际实践,最后达到在任何场合或语境中均能灵活、自由地与目的语文化群体的成员进行互动交流。此过程的特点是学习者逐渐形成能够根据不同场合和环境,灵活调整自己的交际行为的能力。交际行为涉及语言交际行为

第七章　跨文化交际视域下大学英语翻译与文化技能教学的理论与方法实践

与非语言交际行为,所以文化学习除了要获取文化知识和能力外,还应掌握语言和非语言交际行为。学习者要在学习目的语语言与文化的过程中意识到文化对语言使用的影响。学习者要在外语交际实践的过程中,用心体会用目的语和文化进行交际与用本族语言和文化进行交际的差异,在增强跨文化意识的基础上,调整自己的语言交际行为,使其具有可变性和灵活性。

非语言交际行为的范围很广,除了涉及副语言特征和体态语外,对时空的态度和处理方式也有丰富的文化含义,是非语言交际的重要组成部分。因为非语言交际行为通常是自然、无意识的行为,并且第二文化学习者均已习得了自己本族文化的非语言交际行为,所以要学会目的语文化中的非语言交际行为极为困难。

实际上,文化学习并不要求学习者掌握目的语文化中的所有非语言交际行为,他们只需了解该文化的非语言交际行为的特点和一些比较敏感的行为,在与该文化群体的人们进行交际时,理解他们的非语言行为,避免使用对方忌讳的行为,且能够根据交际需要,灵活地调整自己的时空观。因此,文化学习的目的不是力求习得一套完整的目的语文化的非语言交际行为系统,而是在学习和了解目的语文化的非语言交际行为的基础上,调整现有的非语言交际行为系统,使其更具灵活性,能够使用不同的文化环境。

三、大学英语文化教学的必要性、问题与模式

(一)大学英语文化教学的必要性

1. 文化教学是英语学习组成部分

任何语言都和它所在的文化环境有密不可分的关系。语言是文化的一部分,它是文化的载体,同时也是传播工具;而文化是语言的母体,文化需要由语言来表达。语言本身包含很丰富的文化内涵,如果不懂文化,就很难完全正确理解并正确使用语言,使用语言要遵循一定的文化规则。由此可见,语言和文化相互影响,想要学习语言必须了解文化,了解文化又必须学习语言,二者密不可分。文化渗透于语言的各个部分,而语言又是文化的一部分,所以学习英语必然要进行文化教学。

2. 文化教学是英语交际的关键

交际能力要以语言能力为基础,而具备语言能力也并不能保证具备交际能力,因为学习英语除了要学会单词、语音和语法外,还要了解英语国家的民族、历史、文化、社会风俗等背景知识,这样才能把握英语的精髓,正确理解英语,这样才能进行完全的交际。

3. 文化教学是英语教学改革的要求

在我国传统的教学中,只注重语言知识的学习,忽视文化的重要性。新的英语课程标准要求学习英语除了要掌握英语知识,还应该了解英语文化。文化因素渗透在语言里,如果学生只学习英语知识而忽视英语文化,那么即使学习很优秀,交际能力也不会很强,应为他会受到文化的限制而对交谈中的内容产生误解。此外,学习英语不仅是思维方式的拓展,而且还会形成新的价值观念,对多角度观察和认识世界有很大的帮助。此外,在英语教学中进行文化教学不仅有利于学生更深刻地理解英语,还能使课堂内容变得多样化,更加具有趣味性,从而调动学生学习英语的积极性。

4. 文化教学是人才培养的需要

新时期英语教学的目标是培养学生的综合素质。学习英语是为了培养交际技能,了解英语国家的民族文化。进行文化教学可以培养学生的跨文化意识,他们通过对中西文化的对比分析,可以充分地了解英语文化,然后用心的眼光来评价中国文化,做到知己知彼。只有这样,才能培养更多具有国际竞争力的学生,推动国际间的交流与合作,为我国的经济发展做贡献。

(二)大学英语文化教学中存在的问题

1. 教材中关于文化的内容有限

现代大学英语教材中有各种文体的文章,但是分配比例很不均匀,其中科技性和说明性的文章占了很大比例,这对学生学英语来说只能构造框架性的知识,没有实质性的内涵填充。教材中的文章大部分都忽视了语言的文化意义,涉及到英语国家的文化内容,如价值观、思维方式、民族风俗等的文章很少,造成了学生对这些非语言形式方面的知

第七章　跨文化交际视域下大学英语翻译与文化技能教学的理论与方法实践

识了解不够。此外，大学英语教学中的功利色彩也很浓重，在学生的书面语言能力，特别是应试书面语言能力方面下了很多功夫，却轻视了文化因素在语言学习中的重要性。现在我国大学英语教学中普遍使用的是外教社出版的《新视野大学英语》，有研究者对其个单元做了统计，其中与文化直接相关的仅有五个单元。他们是第二册的 Unit 1 和 Unit 4，以及第三册的 Unit 3、Unit 4 和 Unit 7，这套大学英语教材从第一册到第四册共有40个单元，所以有关文化的材料仅占12.5%。由此可见，学生所学的知识涉及到的有关英语国家文化的知识比较少，导致了对西方文化的意识敏感度较低，阻碍了学生跨文化交际能力的培养。

2. 教师的文化教学意识不强

英语的文化教学能否具体落实实施，教师的因素起着关键作用。现代大学英语教学中很少涉及到文化教学的内容，仍然只是进行语言知识的传授。很多原因造成了这种局面，比如受到各种因素的影响，教师的教学观念存在偏误，他们只是片面地重视语言形式的正确性而很少涉及文化内容，即使介绍了，却缺乏系统性和条理性；有的教师则认为，学习英语就是要学习语言知识，如果语言知识学会了，交际能力就有了，他们忽视了语言在社会环境中的运用；有的教师是因为不愿意把过多的时间放在文化教学上，所以他们很少进行这方面的教学研究，更不会做备课准备。

3. 学生的自主学习能力较弱

长期以来，受到传统教学模式的影响，学生的自主学习能力较差，过渡依赖教师的授课，导致学习缺乏自主性，没有教师的讲课，学生便无从下手，毫无学习的目的性。一直以来，学生习惯于教师知识的灌输，教师如果不讲授英语语言的文化，学生就认识不到语言和文化之间的紧密关系，也不会主动去翻阅相关文化书籍资料，更不会探索学习这些文化知识。所以，学生自主学习能力较弱也是造成文化教学问题的一个很重要的因素。

(三)大学英语文化教学的模式

随着英语教学不断开展，教师对于英语的文化内涵开始给予关注，并且知道在英语教学中培养学生的文化交际素质是非常重要的。在文化教学中,教师应才用恰当的教学模式,只有这样才能实现教学目的。一般来说,文化教学的模式主要有如下几种。

1. "交际—结构—跨文化"模式

文化教学的常见模式就是"交际—结构—跨文化"模式,这一模式与中国人的英语教学习惯相符合。在英语教学中,中国的大多数学生都是以汉语思维展开的。这种认知与思维方式与英语学习的规律不相符。心理学家指出,事物之间的差异越大,那么就越能对人类的记忆进行刺激。"交际—结构—跨文化"模式能够从英语学习的全过程出发,展开认知层面的刺激。在教学的各个阶段,都对学生的目的语思维模式产生影响。

(1) 交际体验

交际体验即让学生掌握一定的交际能力,通过运用英语展开交际。交际能力是人们为了对环境进行平衡而实施的一种自我调节机制。通过这种交际体验,能够不断提升学生的交际能力。在交际过程中,交际双方需要建立在一定的语言交际环境的基础上,不断熟悉和了解交际双方的背景知识,从而将交际双方的交际技能发挥出来。我国的英语教学需要为学生营造能够进行交际体验的环境,这样才能形成一种双向的互动与交际模式。

(2) 结构学习

结构学习将语言技巧作为目标,将语言结构作为教学的中心与重点内容,从而利用英语展开教学。语言具有系统性,语言教与学中应该对这种系统性予以利用,找到教与学中的规律,实施结构性学习方式。

结构学习要对如下几点予以关注。

第一,对学生的英语结构运用能力进行培养。

第二,对学生的词汇选择与创造力进行培养。

第三,对学生组词成句、组句成篇能力进行培养。

第四,对学生在不同语境下的交际能力进行培养。

(3) 跨文化意识

跨文化意识是将对文化知识的了解与熟知作为目标,对文化习俗非常重视,因为利用英语为学生讲解文化习俗方面的知识。要想具备英语文化知识,学生不仅要对英语国家的历史与文化活动有所了解,还需要对相关文学作品进行研读,同时还要了解相关国家的风俗与习惯,从而形成对西方文化学习的热情与兴趣。久而久之,英语教学就成为一种对文化的探索教学,从而激发学生的学习兴趣,提升学生的学习效果。

这一模式要求在整个教学中需要对中西方文化进行对比,从而培养学生的跨文化意识。

2."文化因素互动"教学模式

考虑英语文化教学中存在多种问题,很多专家、学者从不同的视角提出了不同的解决方案,但是总体上都不能让人满意。文化的双向传递指的是在英语教学中,以中西方文化作为中心,以对文化的学习来促进语言的学习,从而建构学生的中西方文化知识结构,培养他们的跨文化交际能力。

文化因素互动目的是克服因英语教学中单向西方文化输入产生的问题,尤其是"中国文化失语"现象的出现,而是用中西方文化的双向输入;克服零散的点的输入,而是用系统的文化输入;克服片面的流行文化的输入,而是以文化精髓与文化底蕴进行输入;克服被动的文化输入,而是采用主动的文化建构输入。在英语教学中实施文化因素互动模式,有利于对学生的文化知识结构进行优化,培养学生的文化能力与意识,提高学生的跨文化交际能力,使学生能够在适应全球化发展的同时,对本土优秀文化进行弘扬,保证中西方文化的平等对话。

当前,多数英语文化教学将西方文化作为教授的内容,多以西方文化作为教学重点与资源,但是未将中国文化传播纳入教学之中,因此主张采用文化双中心原则。虽然当前基于全球化背景,文化研究多是以西方范式作为主导,但是我们也不能忽视本土文化。很多中国学者呼吁应该进行中西方文化的平等对话,而要想实现平等对话,主体必然是中国人,并且是懂得如何进行平等对话的中国人。中国的大学是培养中国人才的摇篮,中国的大学英语教育应该承担责任,在英语文化教学中坚持文化双中心原则,将中国文化教学与西方文化教学相结合,实现二者的并重,这样才能真正地做到知己知彼,才能避免出现"中国文化失语"的现象。

四、跨文化交际视域下大学英语文化教学案例分析

教学题目:社会行为

教学目的:帮助学生了解英美国家人们的日常行为;引导学生就这

些行为进行文化对比,增强文化意识。

教学流程:

(1)把材料发给学生,让学生自己阅读。

(2)把全班分成若干小组。

(3)让学生在小组内就所读的内容进行讨论,并在四个选项中选出答案。

(4)请每组派代表总结发言。

(5)教师让学生发挥想象,如果这个情景发生在自己身边,自己会怎么办?

(6)围绕下面两个问题组织全班讨论。

① What did you learn about behavior in English-speaking countries from this activity?

② What did you learn about behavior in your home country?

分析:该教学实践通过让学生了解英美人士日常生活情景中的言语行为方式,使他们意识到人们的行为无时无刻不受到文化的影响。学生通过熟悉英语词汇内涵和外延中所包括的文化含义,了解西方社会背景下的人们的语言特征,可避免交际过程中的文化矛盾和障碍,从而提高自己的跨文化交际能力。

第八章　跨文化交际视域下大学英语教学其他要素的创新发展

在跨文化交际视域下展开大学英语教学的创新发展,同样不容忽视其他要素。在这里,其他要素往往涉及教师、教材、教学评价、教学模式等。为此,本章就针对以上这几个层面展开研究。

第一节　跨文化交际视域下大学英语教师的角色转型

在教学活动中,教师具有组织者的身份,是对教学效果产生影响的一个重要变量。教师的主导作用往往需要与学生的互动与交往才能实现。在教学中,教师应该将自身的主导作用发挥出来,不断提升自身的素质与能力。

一、跨文化交际视域下大学英语教师的角色定位

（一）英语教师的传统角色

在传统的英语教学中,教师扮演了两种重要的角色:一是知识的复制者;二是知识的传授者。

1. 知识的复制者

在传统的英语教学中,教师工作就是将知识原封不动地传授给学生,在传统英语教师的眼中,书本知识就是金科玉律,教参就是真理,因此教师往往将书本知识视作教授学生的来源,并且根据书本来设计教案。对教师教学好坏进行评价主要看教师能否把书本知识传达到位、准确。显然,基于这样的观念,大多数教师从书本内容出发展开教学,

教师很自然地就成了英语课本的复制者。

在传统的英语教学中,学校往往为教师配备了一整套教材、教参等,并且为教师设计了教材上要求的每一堂课的活动,甚至对教师说的话都进行了明确的规定。教师如同批量生产的工人一般,千篇一律地展开教学,将大纲内容复制给学生。

但在新环境下,教学过程被看作师生互动的过程。就建构主义学派的观点来说,这一过程是师生对客观事物的意义加以构建的过程,并且是合作性的构建,并不是单纯地对客观知识加以传递。

在英语教学中,教材、教参等是重要的资源,师生需要对这些资源进行开发,尤其对教师来说,他们需要对这些资源加以分割与整合,之后通过与学生的互动,将固有内容转化成丰富的、可供学生理解与接受的知识。之所以将教材静态的知识转换成动态的资源,将课堂上单一的知识转变成生动的课堂,最终目的都在于帮助学生获得知识。就这一角度而言,学生固然是知识的建构者与参与者,而教师更应该将自己置身于开放的环境中,成为资源的积极构建者。也就是说,教师的角色应该发生改变。

2. 知识的传授者

传统的教育观依然在教师的心中存在,这与现代的信息环境有着较大差距。在信息技术环境下,很多教师的理念中仍旧存在"教书匠"的意识,他们侧重以书本作为经验与教学方式,采用灌输的手段进行教学。一些教师将学生看作被动接收知识的容器,认为教材是学生获取知识的对象,教师是将这些知识灌输给学生的人。显然,教师充当了一个"传话筒"的角色,学生是接收器,将教学简单地视作知识传递的过程。这种对知识过于重视而忽视具体能力的教学方法,势必会造成教学过程的重复、单一,也会制约教师的创新意识与研究精神,让教师的教学思想与观念更加保守、陈旧。

在新形势下,信息技术迅猛发展,教师在技术、知识上所具备的权威性受到极大的挑战。在新环境下,高校英语教师对于知识传授者的角色是否有新的理解?是否对教师新的角色进行重新定位?教师自身的教学手段、角色观念是否感到不适?教师如何转变自我并适应这一环境?这些问题都说明,教师作为知识传授者的角色应该改变。

第八章 跨文化交际视域下大学英语教学其他要素的创新发展

（二）跨文化交际视域下大学英语教师的新角色

说到角色，一般人会觉得其与身份、地位有关，认为角色是对人们身份、地位的诠释。在当今社会，教师扮演着十分重要的角色，他们以各种方式调动与引导学生参与活动，并引导学生在自己设定的环境中展开探索。传统的英语教师所扮演的角色已经很难适应当今社会的需要。在这个多元化的社会，教育具有多样性，他们需要适应不同层次、不同族群人的需求。教师需要作为文化传承执行者的角色展现在人们的面前，他们通过间接的形式逐渐实现文化传递。只有具有多元文化教育观的教师，才能与多元文化社会教育相适应。也就是说，教师不再是知识的传授者与复制者这些简单的角色，而是被赋予了新的多样角色。下面就具体分析英语教师角色的转变。

1. 知识与技能引导者

（1）语言知识的诠释者

英语教师是英语语言知识的诠释者，他们在开展课程教学之前，首先必须具备渊博的知识。简单来说，英语教师需要对英语专业知识有系统的、全面的把握，并能够从这些知识中分析出语言现象。一般来说，英语教师需要掌握的专业知识包括理论知识、语境知识、实践知识等，这些知识中囊括了语音、词汇、语法、语篇、文化等知识，英语教师只有掌握了这些知识，他们才能解决学生学习中遇到的实际问题，帮助学生提升自我，实现更好地语言输出。

（2）语言技能的传授者

当然除了英语知识，英语教师还需要掌握语言技能，并且将这些技能传授给学生。在学生学习语言的过程中，掌握语言知识是基本条件，而最终目的是为了提升自身的语言技能。一般来说，语言技能包含听、说、读、写、译五项。就语言的发展规律而言，听、说居于重要地位，读、写、译其次，但就外语教育的角度而言，读、写、译居于重要地位，听、说其次。这就说明高校英语课程教学的目标是让学生具备一定的读、写、译能力，而听、说能力是实现读、写、译能力的前提与基础。高校英语教师要想能够提高教学质量，熟练地驾驭英语这门课程，就必须掌握这五项技能，并且保证五项技能的有机结合，从而提升学生的语言综合技能。

（3）课堂活动的组织者

无论是英语课程教学还是其他教学，课堂活动都是必不可少的一部分。在高校英语课程教学中，课堂教学是其重要的载体与媒介。英语教师要想提升自身的教学质量，必须要设计出合理的课堂活动，如辩论、对话、对话表演等，这些都是能够让学生参与其中的活动，让学生有真实的语言训练机会，提升自身的语言表达能力。在这之中，学生也会不断加深对英语语言知识与技能的印象，巩固自身的知识体系。

（4）教学方法的探求者

英语教师在英语教学中不能仅使用一种教学方法，应该承担起教学方法开发者与设计者的角色，创新教学方法，使教学课堂更多样有趣。与其他学科相比，英语教学具有极强的实践性，因此其与教学方法的关系更为密切，教师对语言知识的分析、学生语言技能的掌握、教师课堂活动的组织等都需要考虑相应的教学方法。

随着很多学者对英语教学进行深入的研究，探索出了很多教学方法，如语法—翻译法、交际法、任务法、情境法等，这些教学方法各有利弊，高校英语教师需要考虑教学的实际情况以及学生的实际水平，选择适合自己的教学方法组织教学，有时候甚至需要多种方法并用，从而传达出最佳的教学效果。

2. 多元文化驾驭者

（1）多元文化环境的创设者

学校的文化环境会对学生的学习产生影响。作为一种社会化机构，学校的目标、功能、管理等都属于主流文化，如果教师不知道如何对学校的教学环境进行塑造，就很难在家庭—社区—学校之间构建一个平衡点，很难让学生予以适应。因此，教师要努力创建多元文化教育环境。具体来说，可以从如下几点着手。

首先，师生之间要构建信任关系。师生间的人际关系对学生的成绩会产生重要影响，文化差异的存在、教师的偏见容易造成师生之间的隔阂与误解。如果师生之间存在这种隔阂与误解，就会对学生的自我观念产生负面影响，让学生受到挫折，甚至孤立无援。

其次，教师要努力构建一种积极的家庭式氛围。教师要为学生提供一个尊重与关怀的环境，让学生领略到家庭语言与文化。教师要对学生的文化背景有充分的了解，不断搜寻相关的信息，并将这些相关信

第八章 跨文化交际视域下大学英语教学其他要素的创新发展

息自然地融入教学之中。

总之,教师只有充当一名多元文化者,才能对学生所处的文化环境有清楚的了解,对学生的文化价值观有清楚的了解。同时,教师只有从多种角度对文化加以理解,才能为每一位学生创造合适的教学策略与内容。

（2）中西文化差异的解释者

在多元文化背景下,英语教师充当了中西文化差异的解释者的角色。由于中西方文化传统不同,二者在价值观、思维模式上存在明显差异,而这些差异逐渐成为学生跨文化交际的障碍。

就社会文化角度而言,语言属于一种应用系统,具有独特的规范性,是文化要素中的一项重要组成部分。因此,在英语教学中,英语教师除了要教授英语知识与技能,还需要囊括文化背景知识,实现英语知识、英语技能、文化背景知识三者的融合与补充。

就语言文化知识的内容而言,除了要教授本土文化知识,还需要讲授西方文化背景知识。中西方语言文化的差异性主要体现在风俗习惯、思维模式、价值观念等层面,而这些差异性在语言上有明显的呈现,无论是词汇中,还是篇章中,因此高校英语教师应该充当中西方语言文化的解释者这一角色,将中西方语言的差异性解释给学生,让学生在了解这些差异的基础上掌握好英语语言。

需要指出的是,教师在充当中西方语言文化的解释者这一角色的时候,对中西方文化要保持中立态度。文化没有优劣之分,因此高校英语教师在选取素材时,应该尽量选择那些不会对其他文化造成伤害的素材,避免引导学生对某些文化产生偏见,从而使学生对不同的文化有清楚的认识。

（3）本土文化知识的传授者

前面提到英语教师应该对西方文化背景知识有清楚的了解,除此之外,他们还应该对本土文化有清楚的了解与认识,甚至需要成为本土文化的专家,挖掘本土文化所蕴含的特色与思维形式。英语教师既是知识的引导者,也是文化的传承者,他们应该以一个真诚的面孔展现在学生面前,将本土文化知识融入自己的课堂之中,与学生展开平等的交流,从而为英语教学提供更为广阔的空间,同时构建和谐的师生关系。

教师要比其他人对本土文化知识有更敏锐的直觉,更注重保护与发展本土文化知识的价值,并且懂得如何对学校所处社区的本土文化知识进行挖掘。在英语教学过程中,英语教师应该对学生在本土社会中获取的知识予以尊重,而不是一味地否定或者贬低。教师可以引导学生对本土文化知识与书本知识进行比较,让学生将本土文化知识与书本知识紧密融合,从而创造出新的知识体系。

3. 网络技术应用者

(1)语言单元任务的设计者

要想实现单元主题目标,就必然需要对单元任务进行设计,这是英语教师的一项重要任务。学生通过教师设计的这些真实的任务,可以拓宽自己的语言知识面,还能够提升自身解决具体问题的能力。因此,在英语学习中,语言单元训练任务的设计是非常重要的。这要求教师在网上设计相应的单元任务,让学生在规定的时间内完成,最后提交完成任务的结果。通过这种方式,学生可以降低自身的压力,并愿意参与其中。

另外,通过网络,学生可以根据自身的实际情况选择教师设计的任务,遇到问题时也可以与教师或其他同学进行网上交流,最后呈现自己的作品或观点。显然,这种方式不仅锻炼了学生的英语语言水平,还有助于提升学生的兴趣和积极性,加强人与人之间的交往与合作。

(2)有效主题教学模式的设计者

在新形势下,英语教学要求教师不断探求新的教学模式与方法。具体来说,英语教师不仅需要发挥网络的优势,还需要提升学生学习的效率。对此,英语教师在设计主题教学模式时,应该选择学生感兴趣的话题,并且整个教学模式都围绕这一主题开展,以小组合作讨论的形式完成任务,最后提交讨论结果。

当然,由于处于网络环境下,英语教师设计的每一个主题应该能让学生在网络上找到丰富的资料,包含这一主题的文化背景与发展动态,然后由学生进行总结与归纳,进而在网上进行讨论,这样的设计模式实际上帮助学生摆脱了课本的限制。

另外,在设计有效主题教学模式时,英语教师要尽量链接一些有效网址,帮助学生接触更多的国内外文化知识。英语教师还可以下载一些前沿性的资料,以吸引学生,提升他们的求知欲。当然,对于一些敏感性的话题,英语教师要进行正确指导,避免学生出现文化偏见。

第八章　跨文化交际视域下大学英语教学其他要素的创新发展

（3）学生网络学习的帮助者

在英语教学中，网络能够起到监控的作用。通过网络监控，英语教师可以对学生的学习过程有所了解与把握，从而帮助学生实现自己的学习需要。英语教师是学生进行网络学习的帮助者，尤其对于差生而言，英语教师更是发挥了不可磨灭的作用，他们通过记录学生浏览网页的情况，了解学生是否参与其中，从而清楚学生在学习中遇到的困难，之后帮助学生解决实际的问题。

另外，由于不同的学生遇到的困难不同，因此英语教师应该给予分别指导，促进不同层次学生各自的进步。显然，英语教师对学生网络学习的帮助更具有人情味，不仅有助于提升优等生的水平，还有助于避免差生的畏惧心理，帮助不同层次的学生解决不同的问题，真正帮助他们实现有效的自主学习。

（4）在线学习系统的建立者

网络为学生的英语学习提供了便利，而教师在这之中充当了调控学生学习、提供个别指导的作用，但在这之前，首先就需要建构一个完善的在线学习系统。在这一系统中，有教师与学生两个端口。学生通过填写自己的信息，向教师端提出申请，教师负责审核，使学生加入到这一系统中。

根据在线学习系统的导航提示，学生可以获取自身所需的资料，也可以下载下来。例如，某一在线学习系统可能包含"单元测试"与"家庭作业"两个项目，在"单元测试"中学生可以进行训练与测试，在"家庭作业"中学生可以提交自己的作业。之后，学生可以通过论坛、QQ等与教师进行讨论，实现网上交互。

二、跨文化交际视域下大学英语教师专业能力发展的基本路径

在新形势下，英语教师的专业发展面临着专业意识欠缺、专业能力薄弱等问题。对此，教师应该展望世界，培育自身的专业意识，丰富自身的专业能力，大胆反思，从而成为适应当前社会需要的高素质教师。具体来说，可以从以下几个方面着手。

（一）提高专业意识

当前很多年轻的教师由于教学时间短、缺乏教学经验，也没有过多

参与课题研究的机会,因此经过一段时间的教学工作后,往往比较厌烦,这都是自我专业发展意识薄弱的表现。因此,在当前的跨文化教育背景下,大学英语教师应该不断提升自身的专业意识,具体而言可以从如下三点着手。

1. 理想意识

教师的理想对教师的专业发展起着十分重要的作用,为教师指明了前进的方向。大学英语教师的专业理想主要指的是他们对工作的热情。只有具备了热情,他们才能富有积极性,才能具有专业认同感,愿意在自己的工作中付出努力。

2. 科研意识

通过记录专业中的关键事件与自我专业发展保持对话,并对未来的发展规划做出适当的调整,教师在专业化发展的过程中必有大成。教师能否具有科研意识,决定了教师能否尽自己所能投入到科研活动中。也就是说,教师要想从事科研工作,就必须具备科研意识,他们要在思想上对科研有所重视,在理论上不断加强学习,获得科研的理论指导,在时间上还要不断提升自身的问题与思考意识等,这样才能真正地投入到科研活动中,并为大学英语教学研究贡献一份自己的力量。

(二)提升专业能力

教师要想在跨文化教育背景下提升自身的跨文化意识,首先就需要提升自身的专业能力。具体来说,可以从如下几点着手。

1. 实行专业引领

当前,我国的英语教学在不断革新,先进的理念需要有骨干、研究者的带领,才能促进教师自身的专业发展。一般来说,教学专家、资深教师等都可以起到专业引领的作用。普通大学英语教师要向他们学习,接触先进的思想与经验,从而推动自身的专业化发展。一般来说,专业引领具有如下要求。

(1)要发挥专家与普通大学英语教师之间的能动性与积极性。不同的引领人员,所侧重的层面也必然不同。科研专家对教学理论非常注重,因此在其引领上更注重理论与实践的结合。骨干教师注重教学实践,因此在其引领上更注重具体操作。但无论是哪一种引领,他们都

第八章　跨文化交际视域下大学英语教学其他要素的创新发展

需要较高的引领能力,既能够在理论上进行指导,还能够在具体操作中提供建议。对于普通的大学英语教师而言,他们应该配合专家与骨干教师,对他们给予的建议要认真听取,并择优采纳,从而分析与总结自身的教学问题,对自己的教学活动进行反思,提升自身的专业素质。

（2）英语教师要保证内容、目标等的正确,采用的方法要恰当。英语教师专业发展的总目标在于让他们能够对新知识、新信息予以把握,并且能够在这些新知识、新信息的基础上提升自身的专业素质。不同的英语教师存在着个体的差异,因此在专业发展、水平上也必然不同,因此在进行专业引领时,需要考虑不同教师的具体情况,对不同的教师制订出与他们相符的方法,从而实现专业引领的合理性与有效性。

从上述分析可知,专业引领对于英语教师专业素质提升非常重要,具体而言可以从如下几个层面着眼。

首先,阐述教学理念。就很大程度上而言,英语教师的教学行为往往会受到教学理念的影响,因此在专业引领中,专家、骨干教师等应该尽可能引导普通的大学英语教师熟悉与掌握教学理念,可以采用讲座或者报告等形式。

其次,共同拟定教学方案。当普通的英语教师对先进的理念进行掌握之后,专家、骨干教师应该与普通的英语教师共同探讨先进的教学方案。在这一过程中,专家、骨干教师不仅是引领者,还需要对普通的英语教师的教学设计提出建议、给予指导,从而让普通的英语教师的教学设计更为完善。在专家、骨干教师等的引领下,普通的英语教师能够顺利地制订出与教学理念相符的教学方案,并将这一方案付诸实践。

最后,指导教学实践尝试。当制订完教学方案之后,就需要将其付诸实践,从而对教学方案进行验证。在验证时,专家、骨干教师应该参与其中,对教师的教学行为进行记录,从而与具体的方案进行对比,找出差距。在教师结束课堂之后,专家、骨干教师与普通的大学英语教师进行分析与探讨,对教学方案进行修订,从而使方案更完善、更切合实际。

2. 提高教师实施能力

英语教师的教学实施能力是教师专业素养的核心部分,是在教师专业知识的基础上促进教师专业理念、专业智慧生成的根基。开展英语教师教学实施能力训练,必须在扎实掌握英语教师专业知识的基础上,切实将所学的学科知识、教育理论转化为从师任教的行为方式。

(1)英语教师教学实施能力的基本认知

英语教师的教学实施能力,指英语教师为保证教学成功,达到预期目的,对整个教学活动进行计划、控制、检查、评价、反馈和调节的能力。这种能力包括以下三部分内容。

第一,对自己的教学活动的事先计划和安排。

第二,对教学活动进行有意识地监察、评价和反馈。

第三,对教学活动进行调节、校正和有意识地自我控制。

教学活动包括的内容和涉及的因素多种多样。因此,英语教师的教学实施能力也具有多方面的内容和多样化的表现。英语教师的教学若想走在新课程改革的前沿,则需要通过课堂实践,探索既符合新课程精神,又符合英语教师自身实际的教学方式,不断提高各方面的能力。

通过提升英语教师教学实施能力的专题实践研究,我们期望在学校的课堂教学中切实实现以下方面的转变:将知识传授为中心转向以学生发展为本;由过去"依教案教学"转向"以学定教";由过去只关注教学结果转向兼顾结果与过程,特别是关注学习过程中学生获得的自信、养成的科学态度和习惯以及培养出来的人文精神等,这比单纯追求拥有知识的多少更有价值。

这样才能最终使广大英语教师基于新课程标准理念下的教学设计,在现实的课堂情境中尽可能高质量地达成课堂教学的目标。

其一,理清影响英语教师教学实施能力提升的因素。英语教师教学实施能力的提升受到多方面因素的影响,通过实践研究与反思发现,影响英语教师教学实施能力的因素主要包括以下几个方面。

英语教师的教学基本功。英语教师的基本功,除了传统的板书、班级管理外,还包括对专业知识的理解,对课程标准和教材的整体把握,对英语教师心理的了解,沟通与合作的能力,搜集、整理、运用信息的能力,主动学习并积极反思的能力等。

英语教师的主观因素。通过调查问卷发现,英语教师的主观因素对教学的实施能力及效果也产生明显的影响。

英语教学的经验主义。近40%的英语教师选择"我心中有数,常常提前一天考虑第二天的工作"。关于课堂设问,超过三分之一的英语教师选择"心里知道是哪几个问题,但谈不上精心"等。这表明在现实中,英语教师的思想相对滞后。不少英语教师习惯于运用传统教学模式,存在思想守旧、满足于现有的办法与成绩,改革创新意识不强,有畏

第八章　跨文化交际视域下大学英语教学其他要素的创新发展

难情绪,缺乏实施新课程的主动性等。

英语教师工作负担过重,也是参与课改积极性不高的重要原因。

其二,自觉反思的习惯。绝大多数的英语教师缺乏系统、深入的反思。超过一半的英语教师只在脑子里回顾一下或是在教案后稍作记录,多数英语教师会"和同事就某一方面展开讨论"。多数英语教师"不知如何表述"反思或是苦于没人能指导,这也从侧面反映出培训不到位。虽然进行了大规模的培训,但无论是全员培训还是学科培训,基本属于通识培训。不少专家阐释的有关课改的理论材料,形式上的东西还较为明显。

其三,追求卓越的意识。绝大多数英语教师认为"态度决定高度,专业发展的高低跟自身的努力追求成正比";四分之三的英语教师反映平时很注意"想出各种方法使自己的课生动有趣",并意识到对教育科研应积极了解、参与,对自己的专业发展会有帮助;42%的英语教师将"提高自身素质"作为未来发展的第一需要,这显示了英语教师非常关注学科教学的"软实力"——关注自身的学科教学素养、学科的内在价值和学科教学的实施过程,这种内驱力与英语教师的专业发展紧密相伴且更易长久保持。

其四,情绪波动的情况。超过四成的英语教师承认"前一节课上得不愉快,会影响自己下一班级的教学";并且,情绪产生的时间与进行教学的时间间隔越短,对教学的影响越大。这就向我们提出一个问题——课间的时间短暂,英语教师应如何调节自身的情绪,以达到最佳教学状态?也许我们可以通过系统的心理知识讲座、特聘心理专家专设网络信箱等为英语教师提供心理疏导,以提升英语教师自我心理调节能力。

其五,自身的沟通需求。调查显示,近四成的英语教师自认"与受教育者的沟通能力一般",两成多英语教师认为自己最擅长与受教育者进行"全班整体交流",而这样的交流相对而言是缺乏个体针对性的,效果较差。当前教育强调"以人为本",但更多的时候,人们停留在关注"共性"的"人",而忽略了"个性"的"人"。

其六,职业的归属认同。调查显示,绝大多数英语教师认同教学这门职业,喜欢任教的学科,自己工作的热情自然就高。近七成的英语教师明确表示以学科为单位常态的教学研讨对于促进职业的认同感和提升自己的教学实施能力帮助很大。这说明教研组的建设是较成功的,得到了大多数英语教师的认可,成功地为英语教师营造了集体归属感;

英语教师队伍的师德建设、职业成就感的培养也是成功的。

（2）提升英语教师教学实施能力的机制与保障

其一，制订教学能力自我提升计划。在英语教师教学能力提升培训的基础上，每个英语教师参照评课标准进行自我教学能力的测评，根据结果制订相应的教学能力自我提升计划。通过英语教师教学能力自我提升计划的实施，计划由学期到学年，可侧重每学期重点改进的一个方向，目标分阶段，力求合理化。这让每位英语教师自我的改进方向变得更明确、更具体、易操作、易测评，促使英语教师课堂教学水平明显改进和提高。

其二，以英语教师专业发展电子平台为载体，提升教学质量。英语教师专业发展电子平台建立后，要求全体英语教师定期上传自己的教案、案例、教学随笔和论文。电子平台如同档案室，也像阅览室，可以真正地交流，不限地点与时间，实现真正地便捷。在英语教师的成长历程中，电子平台上的教学设计、案例、课例、课件绝大多数是常态课，不像公开课那样遥不可及，具有极强的实效性、真实性。

以前被推广展示的都是公开课的教学设计与课件，但一堂公开课的工作量之大，是日常教学不可能保持的；台前幕后参与的方方面面之多，也是日常教学所做不到的。这就是为什么听讲座报告时心潮澎湃，但过后这份澎湃却因发现不实用或是自身没能内化而烟消云散；听公开课、优质课时，感觉非常好，因欣赏而照搬设计，却发现效果不能复制，因为我们看到被呈现的理论、理念的背后，没有机会感受过程，缺乏过程的支持，理解的深度与反思自然不足。在平台上我们可以看到同伴的日常教学，以及互动教研后改进的教学设计与反思，感受整个过程，这份真实、这一过程，对英语教师成长的帮助将更实在，更有效。可以说，电子平台建立之前，教研活动主要是针对公开课；建了电子平台，教研活动转向主要立足于常态课。这样的校本教研、校本培训才真正体现出"校本"的优势、特色及意义。

当然，互联网上也有许多的案例、课件、教学设计，但由于教材不同（全国各地同一年级、同一学科，教材版本众多），英语教师背景不同，自然没有身边同事教师的东西来得亲切、实在、实用。另外，时常会发生这样一种情况：当我们在教育教学中遇到问题，尤其是课堂突发事件时，往往会第一时间在办公室里发出感叹，但这种感叹大多属于一种即时的情感宣泄，同事的回应大多是与我们的情绪相呼应的，希望能够给

第八章 跨文化交际视域下大学英语教学其他要素的创新发展

我们些安慰。

这时人们分析问题往往带有极强的主观性和情绪,强调客观原因,归因分析表面化,不能平心静气地从学科知识思维方式、学习方法、学生的视角等方面客观地分析问题的本质,反思性地看问题,更多的时候感叹过后一切归于平静,甚至被遗忘,问题并没有解决,不了了之。敬业的英语教师会把这些写成教学随笔,及时记录下自己的感想、反思、困惑、问题,以备一段时间以后再回顾、梳理,看看是否会有新的感悟或解决策略。但能够定期将自己的教学随感进行重温的英语教师并不多,而且自己的回顾毕竟依然局限于个人的思维。因为按中国人的文化习惯,常态课一般不会主动把教案、教学反思拿给别人看,请别人提意见。有了电子平台后,这一切都在悄然地发生变化……

在以往的教学管理中,要求教师每节课后,至少每个章节教学后,必须完成书面的教学反思,以培养教师养成记录教学反思的习惯。现在如果大家能及时将自己的教学随感写在电子平台上,既可以完成资料的积淀,又便于梳理资料,同时还可避免局限于个人的思维。借助电子平台,同事可以随时浏览,他们瞬间的思维灵感可以与我们形成互动,课题或策略就在这种积淀、梳理、互动中生成了。或许当你在第一时间用语言宣泄时,同事们由于忙于自己的事情,或者由于当时的心境、情绪等,没有什么想法,而浏览电子平台时,由于心境、情绪的不同,思维状态自然也不同,就会有新的思维火花。

电子平台的又一优越性是持续的开放性。它让校本教研可以随时随地进行。也许初看时没有感觉,但当自己在工作中遇到困惑时,哪怕是无意中的浏览,也会引发共鸣,产生交流互动,这也是在平台上开展校本教研的价值所在。尤其是在本校内,因为学生、班级都很熟悉,某种意义上说可谓零距离接触,更易产生共鸣,更具现实意义,更易产生校本研修的课题。

这样一个多元、开放的载体,让教研活动形式更多样,范围更扩大,并可改变传统上教研活动多局限于本学科组内的弊端。平台上的各类信息向所有的英语教师开放,不同学科之间在教学方法上,对学生的分析上,对科研课题的筛选上,对教育问题的反思上都是相通的。平台上的对话、交流甚至碰撞,既可弥补按教研组划分办公室而造成的年级组英语教师间交流的缺乏,又可避免按年级组办公而造成的教研组交流的缺失。

其三，进行英语教师创新教育能力培养。英语教师创新教育能力的激励和培养涉及很多方面，大到社会环境、教育体制，小到学校管理、培训教育、物质条件和实践机会都是其中基本的因素，都对英语教师创新教育能力的形成与发展产生直接而重要的影响。学校环境是对英语教师创新能力的形成发展产生影响的因素，其中较为重要的有学校的校长、学校管理、教学的评估体系等。适宜、合理的学校环境是英语教师创造力顺利发展的必要条件。

其四，学校各层面执行政策不走样。学校各层面切不可搞"上有政策、下有对策"，只有校级、中层、基础层都很好地贯彻和执行政策——相关管理与评价制度，使政策不走样，才能提高英语教师课堂实施能力。

其五，多渠道培养英语教师的学习习惯，养成愿意学习的心态。平心而论，英语教师今天面对的诱惑与生活的琐事也远多于以前，我们的心"收"住了吗？我们还有苦读的精神吗？我们面对新理念、新教材、新教法这些我们赖以立身的新知识，我们在"自主学习"还是在"被动接受"？鉴于上述思考，高校应实行并完善一系列制度，促进教师在态度、习惯等方面正向发展。

第二节　跨文化交际视域下大学英语教材的多维度开发

一、英语教材简述

随着我国改革开放步伐的加快和中国加入WTO，使用多年的这套教材反映出了"内容陈旧和忽视对学习者交际能力的培养"等问题。大学英语教材的发展呈现出一系列的特点。一方面，教材不断地系统化、层次化、精细化和考试化。大学英语教材的编写从最初全国理工科通用的大学英语教材，到各具特色的大学英语教材；从以大纲为主要依据的教材编写，到结合其他教育政策以及考试大纲的教材编写；从着重培养阅读能力的教材，到各种能力分层培养、各种能力同等重要的教材，这一系列发展变化与大学英语的发展、社会发展、学生英语水平的提高等是分不开的。另一方面，教材在内容、题材和体裁上发生了变化。经过几十年的发展，大学英语教材内容不断丰富，题材和体裁更加多样。

第八章　跨文化交际视域下大学英语教学其他要素的创新发展

逐渐地涵盖到社会生活的各个方面，在教材分层次、分能力训练的同时，也更加注重教材的体系性、整体性与一致性。

（一）《新视野大学英语》教材

1. 教材简介

《新视野大学英语》是大学英语课的指定教材，也是优秀的外语教材，它开阔了大学英语发展的空间，下面就详细讲解一下它在教材撰写、内容设计和课本制作方面所作出的创新和突破。

其一，拓展了教学内容。《新视野大学英语》与时俱进，开创了网络课程，值得一提的是，网络课程不仅开放所有教学内容，而且内容还极为详细。网络课程上，有大学生必修的基本内容，更贴心的是，网络课程为了使教师能根据自己的教学习惯制定教学方案和制作课件，还专门设计了网上工具，教师可自主修改、完善和增添教学内容。另外，网络课程也考虑到了学生的学习需求，为学生提供了与教材内容有关的学习网址，学生可以根据自己的需求进行学习。在教学上，有教材的基本教学内容和那些被拓展的教学内容两个部分，教师在教学时是不能把两个部分都当作重点知识来讲的，应该注重基本的教学内容，进行侧重讲解。

其二，理论与实践相结合。从 1980 年开始，我国就从国外引进了许多语言类学科教材和经典著作，各个高校的英语教师也不负众望，他们学以致用，研读过这些教材和名著的理论后，主动把经典理论运用到了课堂中以及自己的学术研究上。编写《新视野大学英语》教材的工作者们，在教学内容撰写、内容设计和教材制作的过程中，很注重科学正确的理论对于教学实践的指导性作用。为什么要学英语呢？理由很简单，为了与人交流，这也是语言之所以存在的最大意义，因此语言教学就需要把交流能力和语言知识结合起来。之前，在英语课堂上，教师也会安排一些课堂练习或者组织一些课堂活动，教师这样做的目的，可能是想重点培养一下学生的某一种能力，但是，这种教学模式要想获得成功，更多的还是需要学生使用其他的交流沟通技能。《新视野大学英语》最大的优点就是把提高大学生英语综合使用能力放在了第一位，在教材中，它以应用为教学基础，做到了写、读、说、听多方面的培养。

其三，课堂教学和网络教学相结合。《新视野大学英语》拥有传统课程和网络课程的很多优点,同时拥有英语教学内容传输和学习管理两大教学内容,它在追踪学生学习与练习的过程中,还能自动保存学生的全部学习状况,而且学生还可以随时随地查询学习成绩。另外,网络课程也给教师提供了各个学习阶段的试题库,同时提供了考试流程,安排了考试环境。《新视野大学英语》通过网络技术,弱化了时间和空间对学生学习的限制作用,网络课件设置了电子邮件板块和线上交流互动板块,这一设置,让学生在线上就能和教师、同学进行交流讨论,但是这些都只是对传统课堂教学的拓展、完善以及巩固,无法替代课堂教学,师生面对面交流的课堂教学,是所有教学方式中最重要的手段。在出现了网络课程教学,并且教学内容越来越多种多样的状况下,教师在课堂上应当精简教学内容,杜绝重复累赘,要增加课堂上面对面辅导学生的比重。

其四,兼容传统教材、光盘资料和网络课程。《新视野大学英语》教材中兼容了传统教材、光盘资料和网络课程。传统的英语教材,是历年文化精华的总汇,在它的影响下,培育出数不尽的人才。教材都有着一定的编写规则,置课本而不顾,会对传统教学习俗产生许多不利影响。因此,教学课本依然不能被抛弃,它是最基本的教学工具。一方面,教学课本、光盘资料和网络课程的兼容,有利于教学内容的延伸,教学内容由此以书本为起点,以网络为媒介,拓展到了丰富多彩的信息世界里。另一方面,教学课本、光盘资料和网络课程的兼容,使传统的你教什么我学什么的模式,逐渐转化到自由选择的教学模式中。这一兼容所引起的教学模式的改变,使学生既可以在课堂上听教师现场教学,又可以根据教学计划,实现网上自学,这种自学不受时间空间影响,还可以在网络上使用电子邮件、发言、通信等功能,与其他同学互动。

2. 编写依据

《新视野大学英语(第3版)》在坚持大学英语教学精髓的基础上,引进了国外科学、先进、有效的外语教学理念和模式,兼容了国际一流的教学资源,丰富的教学方法和科学的教学设计,非常有效地提高了大学生的综合应用能力,同时也促使大学英语教学跨出了飞跃性的一步。

3. 教材特色

选材富有时代气息,体现思辨性和人文性。这份教材注重网络技术和当代大学生的生理、学习特点,因此从题材和素材选择上,就比较

第八章　跨文化交际视域下大学英语教学其他要素的创新发展

偏向具有时代色彩的内容,而且选题也比较关注知识性与趣味性相结合,在知识内容安排上,故意让各个理论相互碰撞,同时也让各个理论相互补充。教学方式上也注重培养学生的创新能力和善于思考的习惯,培养他们用不同的角度、不同的高度去做人做事,以及了解这个五彩缤纷的社会和世界。视听说分册包含丰富的英国广播公司(BBC)原版音(视)频,音(视)频里的对话语言生动,发音正宗,对话场景比较真实贴切,这样的教材设置,不仅能使学生的视野变得开阔,而且能增强学生的理解能力和翻译能力,能让学生发自内心地去喜欢这门语言。

一方面,教学与评估并重,帮助教师实现教学相长。《新视野大学英语(第3版)》,一方面为教师提供了各式各样的教材资源,教师可以自主选择教学方式和教学资料,同时教师还可以把自己精心制作的教案、教学课件以及教学心得,分享到"Ucreate"专属教师的交流平台,鼓励教师相互学习,取长补短,不断促进英语教学的创新和改进。

另一方面,《新视野大学英语(第3版)》拥有阶段性的与完结性的测评系统,教师可以在教授完一阶段课程后,及时了解学生对所教知识的掌握程度,从而整改教学方式,尝试更多科学有效的教学方法。随时随地的网上交互式学习模式,多元化教学模式、学习测评模式等新的学习模式的探索,可以给教师提供更多的教学思路、研究方向和教学案例,促进教师在教学方面和学术方面的共同发展。

(二)《全新版大学英语综合教程》教材

李荫华、王德明主编的《全新版大学英语综合教程》旨在指导学生在深入研究、学习教材知识内容的基础上,从文章的各个组成部分,进行传统的由听到说、由说到读、由读到写、由写到译的多角度语言训练,旨在提高学生的综合应用能力。这本教材使用了 Eclecticism 的教学模式,使用了基于教学主题的从听到说、由说到读、由读到写、由写到译的多角度综合训练的授课方式。

1.编写宗旨

《全新版大学英语综合教程》的编写宗旨,是遵守英语教学的根本规则,同时满足学生在英语学习方面的切实需求,做到了课堂教学和课后利用网络自主学习相结合,不但使学生的语言基础变得更加扎实,而且英语综合应用能力也得到了极大的提高,其中听、说、写的能力最为重要,因为在今后的学习、生活和工作中,掌握了听、说、写能力,就可以自如运用英语。

2.《全新版大学英语综合教程》编写的指导方针

《全新版大学英语综合教程》的撰写,采用了我国在成立英语课程教学过程中逐步探索出来的经典教学方法和经验。详细解读了学生在学习英语的过程中和文化交流中时常发生的一些问题,它引入国外优秀的、有效的教学方法和教学理论,并结合我国目前的教学条件和教学需要加以加工改进,自主进行教材选择和编写。所以,《全新版大学英语综合教程》的编写,统筹了国内和国外教学方法的优点,是一种Eclecticism 的教学模式。

3.《全新版大学英语综合教程》的编写原则

《全新版大学英语综合教程》的编写,使用了一个单元讲述一个主题的编写形式。而且主题多半都是来自目前生活中比较热门的话题,这样做的好处是,可以把英语学习融入探讨、思考日常生活发生的各式各样的问题中去,充分利用实践法、交流法的教学规则。当然每个章节的学习主题之间都会有一定的关联。

教学素材选用目前英语的通用语体,或者是经典文体。文章用语规范,用词精美、行文生动,文章主题思想可以启迪学生思考;素材多样化,现实生活写照居多,科学类、艺术类、人文历史类都占有一定比例;行文语言书面语和口语都有兼容。

倡导基础课堂教学与网络教学相结合的创新型教学方式。引入互联网教学模式,不但突破了时间和空间对教学的限制,而且有利于学生自主安排学习、进行语言练习和学习效果检测,也有利于师生互动。但这种模式不能太过死板,必须具备灵活性,因为各个学校之间,各个班级之间的学习状况和学习需求都存在着差异性。因此,网络教学和课堂教学之间应当优势互补、相辅相成,共同促进大学英语教育不断发展进步。

主张学生个性化地安排自己的学习,同时注重教师在教学上的重要作用。教师能否统筹好课堂教学和网络教学,是教学是否有效的关键。课堂教学与课外辅导学习,应当统筹兼顾,教师教学的重点,应引导学生找到正确有效的学习方法以及培养学生的学习兴趣。

因为每个大学生都需参加大学英语四六级考试,因此教程中,会安

第八章 跨文化交际视域下大学英语教学其他要素的创新发展

排部分四六级考题模拟题型,供学生练习,此外《全新版大学英语综合教程》参考了四六级的考试题目,设计了"自我测试练习"的板块,帮助学生提前了解四六级考试的题型。

课后练习题目的设计,以提高学生理解能力和语言应用能力为基础,刻意改进了我国学生英语学习的薄弱环节,以及完善学生学习的实际需要,提倡交互式的学习模式和阶段性任务的学习模式。

着重培养学生的文化内涵和对世界文化的理解。大学英语从其实质上看,不单纯是一门语言基础学科,而是一门拓宽学生知识层面、开阔视野、接触世界文化的综合性教育学科,兼具方法性和学习性。

统筹兼顾由说到读、由读到写、由写到译的多角度语言训练。使大学生在今后的学习、工作和生活中,能较好地去应用这门语言,这不仅是大学英语学习所要达到的目的,也是大学生日后学习、生活、工作的切实需要。而要想学好英语,就必须不断地读和听一定量的教学素材,以达到锻炼的目的。因此,必须把课内课外、线上线下的一系列教学活动结合起来,以全面提高学生由说到读、由读到写、由写到译的全方位应用能力。

二、跨文化交际视域下大学英语教材开发的主体与维度

大学英语教材的多维度开发需要考虑两个问题:一是开发的主体是谁?二是开发哪些维度?这两个问题也是大学英语教材多维度开发的要素,下面就做具体分析。

(一)跨文化交际视域下大学英语教材的开发主体

在整个课程教学活动中,教师居于主导地位,对整个教学活动有着重要意义。当然,他们也是教材多维度开发的主体。

虽然大学英语教师在展开授课之前都配备相应的教材,但是这些教材内容繁多、零散,因此对于大学英语教师而言,他们不仅需要将教学内容加工成与学生密切相关且操作性极强的任务,还需要激发、组织学生积极参与到具体的课堂教学实践中,引导学生完成学习任务。作为课程的实施者,大学英语教师需要不断适应既定课程,了解与挖掘课程设计者的主旨与意图,从而针对现有学生的水平与接受能力,设计恰

当的课程资源，提升自身的教学实践能力。

（二）跨文化交际视域下大学英语教材的开发维度

一般来说，大学英语教师在实际的教学中可以对语言、内容与语境、教学过程、课程管理等层面进行加工与改编。笔者认为，教材的多维度开发也可以参考这些层面，具体总结为如下几个维度。

1. 语言维度

语言是一切教材内容的载体，其涉及的领域非常广泛，大体可以划分为两种：语言内容与语言技能，前者包含语音、词汇、语法、话语、语体，后者包含听、说、读、写、译等。这些内容纷纷呈现于教材的各个角落，并渗透于各种解释、课文、练习中。因此，就语言维度来说，大学英语教材的多维度开发大体需要考虑如下几个问题。

（1）教材是否符合学生的学习需求。

（2）教材是否包含语音训练，如连读、重音等的训练。

（3）教材中是否保证了恰当的词汇数量，并且难度是否得当。

（4）教材中词汇的呈现是结构化的呈现，还是任意形式的呈现。

（5）教材中包含了哪些语法项目，是否设计了专门的语法练习。

（6）教材中是否充分覆盖了听、说、读、写、译这些项目，是否考虑了这些项目的融合。

2. 内容维度

就内容维度而言，大学英语教材的多维度开发需要考虑的是其中是否包含情感、文化层面的内容。语言与情境有着密切的关系，语言不能脱离语境而独立存在。如果教材开发者仅仅将语言视作抽象系统，那么这样的教材是很难提升学生在具体语境中的语言能力的。这就要求教材中必须呈现真实的语言运用内容，并融入一定社会文化主题，这样才能真正提升学生的语言运用能力。

3. 结构维度

语言内容是根据一定的结构进行排列的，但是不管选择何种内容、用何种形式进行排列，都需要考虑学生学习的目的。虽然教材的结构体系可能有所不同，但是其与情境、功能等是紧密结合起来的。也就是说，大学英语教师需要从学生的接受水平、认知能力出发，选择合适的内容组织排列教材,在具体的实践中还要不断调整教材的顺序与进度,以满足学生的实际需要。

4. 能力维度

在交际中,知识与能力有着密切的关系,但是二者的获取途径存在明显差异。知识往往通过呈现、发现等手段获得,即便学生当时学会了,以后也可能会忘记;能力是依靠具体练习获得,学生一旦掌握了,那么就很难忘记。

在大学英语教材的多维度开发中,教师除了设计学生需要的语言知识、社会文化知识,还需要设计相应的语言技能。这是因为,语言技能是学生学习的最终目的。具体来说,大学英语教师应该在教材中呈现听、说、读、写、译这五项技能,并保证听力材料、口语材料的真实性与恰当性;阅读材料的地道性与充足性;写作材料、翻译材料的适切性等。

第三节 跨文化交际视域下大学英语教学评价的多元化

一、跨文化交际视域下大学英语文化教学评价方法多元化的必要性

(一)传统教学评价落后于前沿理论

目前,我国教育体系已经进行了多方面的改革,取得了较大的成果,这导致传统教学评价已经落后于当前的教学系统,表现在重视结果,轻视过程;重视定量,轻视定性;重视教师,轻视学生。

1. 重结果、轻过程

在传统英语教学中,教师多使用终结性评价方式来评价学生,很少使用形成性评价方式。利用终结性评价,教师往往只重视对结果的评价,无法对学生学习过程中的情况进行把握。换言之,教师只有在期中、期末考试中才能了解学生掌握知识的情况,是否达到了学习目标,而对学生学习过程中的学习情况丝毫不知情。此外,期中、期末考试题目设计有限,教师并不能把一个学期所讲授的所有内容都放在考试题目中,因而所选择的考试题目或许存在片面性、偶然性,这对于学生的整体学

习而言都是极其不利的。

2. 重定量、轻定性

在传统英语教学评价中,教师往往只重视定量评价学生,完全忽视了从定性层面来评价学生。虽然定量评价具有一定的优点,如可以准确反映评价对象的学习成果,并且方便对评价成果进行统计与分析,然而对于学生学习过程中并不能进行量化的内容,定量评价就无法进行合理评价,所以想要全方位对学生展开评价,就不能仅采用定量评价方式,而需要将定量评价与定性评价相结合来进行。然而,定性评价在大学英语教学中受到的重视程度依然不够,还需要教师在这方面为其努力改进才可以。

3. 重教师、轻学生

在传统教学与评价过程中,教师都是主体,是不可或缺的部分,教师对于学生而言,始终处于居高临下的地位,学生往往被动或者被忽略,这对于学生自主学习积极性的培养来说是十分不利的。

(二)传统教学评价难以适应时代发展

在我国英语教学的发展过程中,很长一段时间采用的都是应试教育方式,教学评价的目的很明确,即选拔人才,将考试作为评价教师教学成果以及学生学习成绩的重要方式。然而,时代在发展,社会在进步,全球化的形成将世界上的各个国家带入一个多元化的格局中,各国文化都进行着前所未有的交流与碰撞。另外,科学技术飞速发展,将人类带入信息化时代。在这样的发展趋势下,我国应试教育的弊端也越来越明显。

应试教育不合理的评价方式导致英语教学评价内容的不全面,仅重视学生学习中认知的发展情况而忽视智力的发展情况。事实上,兴趣、态度、情感、习惯等非智力因素对学生的英语学习产生着重大影响。如果在教学过程中仅重视对语言知识的学习,忽视对语言能力的培养,那么就会造成学生只是记住了英语知识,并不能将这些英语知识运用到具体的交际实践中。由此可以看出,对传统英语教学评价进行改革十分必要。

第八章 跨文化交际视域下大学英语教学其他要素的创新发展

二、跨文化交际视域下大学英语教学评价多元化的体现

评估反映的是大学英语教学的目标和内容,而文化评估必然反映的是大学英语文化教学的目标和内容。当前,文化评估是大学英语文化教学中的薄弱环节,也是最难解决的问题,其主要原因有两点:一是缺乏一套与真实文化能力相关,同时又能被观察与分析的教学目的;二是传统大学英语教学中评估的思想和方法过于陈旧,亟待更新。基于这些问题的存在,对大学英语文化教学中评估的内容进行分析显得尤为重要。

(一)评估文化意识

在大学英语教学中,培养学生的文化意识显得十分必要,因为这样有助于学生在跨文化交际实践中了解不同背景下人们的行为方式,对他国文化有所了解,并采用积极的心态对他国文化进行学习与认知。因此,大学英语教学评估的内容必然包含文化意识评估这一项。

(二)评估文化知识

在跨文化交际视角下,文化知识评估也是大学英语教学评估的一项重要内容,具体表现为如下两点。

其一,交际双方的社会文化知识。

其二,交际双方在交际过程中,需要运用到的对交际进程加以控制的社会文化规则等知识。

(三)评估文化技能

除了文化意识与文化知识,文化技能评估也是跨文化交际视角下大学英语教学评估的一项重要内容,具体包含如下两点。

其一,对两种文化进行理解与说明的技能。

其二,对新信息得以发现、并在交际中得以运用的技能。

三、跨文化交际视域下大学英语教学评价方法创新的表现

（一）文化意识评价的方法

对文化意识的评价主要可以采用以下几种方法。

1. "社会距离"量表

在跨文化交际中，文化背景不同的人，社会心理距离也必然存在差异，"社会距离"量表就是对他们进行的社会心理距离测试，如表 8-1 所示。

表 8-1 "社会距离"量表

	1.作为结婚对象	2.作为亲密朋友	3.作为邻居	4.作为同事	5.仅作为认识的人
法国人					
西班牙人					
美国人					
英国人					
日本人					
阿拉伯人					
俄罗斯人					

（资料来源：严明，2007）

2. 问卷评价

在跨文化交际视角下，问卷评价是一种常用的评价方式，主要对学生的自尊心进行检测。一般来说，问卷评价的方式可以是口头的，也可以是书面的，受试者通过回答同意与不同意来进行测试。

3. 单一文化态度评价

单一文化态度评价是由格赖斯提出的，受试的题目是对多种态度的描述，受试者需要根据自身情况来进行评判。

（二）文化知识与技能评价方法

上面分析了文化意识的评价方式，下面来分析文化知识与文化技能这两个层面。

1. 语言和社会变量的相互作用

人们的话语与行为往往会受到一些变量的影响和制约,如年龄、性别等。在跨文化交际中,交际双方需要对这些变量有所把握,这样才能使交际更加有效、顺畅。因此,在大学英语教学评价中,对学生的语言与社会变量的评价是一个重要的方法。

2. 对文化观点的评价

学生应该具备概括英语国家文化的能力,同时对已有观点加以评价与修改。对文化观点的评价,一般有如下方法。[①]

题目:评价 10 个用英语给出的对德国文化做出的概括,分别给出下列结论。

(1)可能正确。

(2)可能错误。

(3)我不知道其是否正确。

对于可能错误的概括,需要找出对错误进行驳斥的依据。对于不知道是否正确的概括,需要给出你所认知的附加信息,以便添加这些信息后得出结论。

要求:10 个概括应在评价时给出。答题时间为 45 分钟。

评分标准:必须答对 80% 或 80% 以上。

在跨文化交际视角下,大学英语教学评价可以是填空形式、判断形式、选择形式,也可以是主观题形式,但是无论采用何种方式,目的都是为了评测学生的文化知识掌握情况,这样才能将评价的效果体现出来。

第四节 跨文化交际视域下大学英语教学模式的多样化

当前,时代与社会都在快速发展,相应地大学英语教学也需要与时俱进,因为只有不断更新与发展才能跟上时代发展的步伐。在跨文化交际视域下,大学英语教学的新发展表现在很多方面,如网络技术的应用与渗透、线上线下混合式教学模式的实施。

---

① 严明.跨文化交际理论研究[M].黑龙江:黑龙江大学出版社,2009:204.

一、采用网络技术辅助教学

网络是由节点与连线构成,是不同对象间的相互联系。网络在不同领域有不同的意义,在数学领域,网络一般指代加权图;在物理领域,网络是基于某种相同类型的实际问题而抽象出来的一种模型;在计算机领域,网络被定义为一种虚拟平台,主要用于信息传输与接收。总体而言,人们运用网络可以连接各个点、面、体,从而实现资源的共享。因此,网络在人类生活中有着十分重要的作用。目前,网络的发展日益迅速,人们的生活已经离不开网络这一媒体。

(一)网络技术辅助英语教学的意义

1. 提高教学质量

网络技术的应用极大地提高了英语教学质量。具体来说,英语教学质量的提高表现在英语教学过程中真正实现了英语教学目标,促进了学生的德、智、体、美等多方面的发展。网络技术在英语教学过程中的应用对于学生的多方面素质的发展均有较高要求,学习过程中学生的各项知识与技能不断得到提高,手、眼、耳、鼻、口各个感官共同应用到英语学习过程中,还促进了学生大脑思维的发展,可实现学生的全面发展。网络技术对英语教学质量提高的促进具体分析如下。

首先,网络技术为教学提供技术支持,能为现代英语教学提供一个良好的交互环境,给学生提供更自主学习的机会,使学生更加主动地投入到学习中去,更加积极地去收集、处理、加工、反馈各种学习信息,有助于增强学习效果,促进学生主动发展、个性化发展,提高个体化英语教学品质。

其次,在新时代,网络技术与英语教学的结合无时间、空间的限制,有利于创建英语教学的大格局,能更加高效地调动各种英语教学资源,使得优质的英语教学资源得到有效整合,扩大优质的英语教学资源的受益面,进而促进英语教学质量的整体提高。

最后,现代化的英语教学强调高素质全面发展的人才培养,强调学生的发展应与社会发展相适应,现代英语教学为提高教学质量和促进英语教学为社会现代化发展服务,新的英语教学观念将会催生新的英

第八章　跨文化交际视域下大学英语教学其他要素的创新发展

语教学质量评估体系和评价方式,并有助于建立信息全面的大数据跟踪与检测,促进每一名学生的真正发展。

2. 提高教学效率

生产技术的改革必然会促进生产效率的提高,在教育领域,技术也具有相同的提高教学效率的作用。所谓教学效率,具体是指一定时间内完成的更多教学任务,或者完成相同教学任务量使用更少的教学时间。网络技术的发展和英语教学的结合可缩短英语教学的时间,能更加高效地实现教师和学生在英语教学过程中的知识输出与输入。

3. 扩大教学规模

网络技术能扩大教育规模,加速英语教学的发展。从当前我国的英语教学现状来看,国家正在实施科教兴国战略,充分利用网络技术,开展各种远程教育,可使更多的偏远地区的学生受益,大大节省了师资、校舍和设备,并有效促进了英语教学规模的扩大。

4. 更新教学观念

网络技术的创新与应用可使教师对教学过程与教学资源利用有新的思考,进而促进教学观念的更新。传统的英语教学以教师为中心,教师作为传授知识的主体,在英语教学过程中发挥着十分重要的作用,而且这种作用被放大化,整个教学都围绕教师来进行,学生只是被动地参与学习。教师是教学技术(黑板、教学教具模型)的绝对使用者,学生只是被动观看。

在英语教学观念方面,网络技术的应用为英语教学的发展提供了新思路、新思想、新办法,促进了现代教育观、现代学校观、现代人才观的形成。在现代英语教学中,网络技术在英语教学过程中得到了广泛利用,增加了师生之间的交流与沟通、实现了师生之间交互的双向教学,教师从单纯地讲授书本知识转变为利用多媒体技术进行教学设计,网络技术在英语教学过程中的应用,学习者从被动地接受知识转变为利用网络技术进行自主学习,学生能更加主动地获取知识,教师也在英语教学过程中逐渐建立起以学习为中心的观念;"应试教育"更加彻底地向"素质教育"转变。

5. 转变师生角色

在网络英语教学中,最大的障碍是教师角色的转变。很多研究者认为，网络环境下的英语教学通过"传递信息"和"吸收内化"过程的转变，教师由知识的传授者转变为学生学习的指导者、服务者；学生由被动的接受者转变为主动的研究者。

6. 促进教学改革

网络技术的发展是英语教学改革与发展的制高点和突破口，引起了英语教学领域的多方面变革，具体分析如下。

（1）英语教学组织形式的变革

在传统英语教学中，英语教学组织形式是以学校、班级和课堂为主场所，在英语教学过程中，也重视学生的个体化发展，提倡个别答疑、分组学习，但受多种条件限制，学生的统一化教学仍是主要教学形式，学生的个性化教学难以实现。随着网络技术在英语教学中的应用，学生的小组学习、个别化学习成为可能。例如，网络化的传输功能能在各种学科之间实现实时交互学习。

（2）英语教学手段与方法的变革

网络技术在英语教学实践中的应用，为教师的多样化灵活教学提供了更多的技术支持，也能丰富学生的感官体验，有助于提高教师和学生的教与学的积极性与主动性。教育手段多媒体化，教学方法多样化，在英语教学实践过程中，教师对多样化的英语教学工具与方法的选择，能为学生不同英语教学内容的学习提供最佳的教学环境与教学体验。

（3）英语教学模式的变革

在英语教学模式上，传统的英语教学模式限于教室、教师、黑板和教科书。现代教学媒体改变了原有英语教学过程的结构，形成了多种人—机结合的教育新模式。网络技术在英语教学中的应用突破了有围墙的学校模式，使教师的"教"与学生的"学"均摆脱了学校、课堂、时间、地域的限制，远距离教学的模式——"网络大学""开放大学""全球学校"得以实现。

7. 匹配学习活动与学习环境

按照学习过程是否需要交流协作或独立思考，可以将学习分为独学和群学。独学以独立思考为特征，如知识传授；群学以协作交流为特征，如知识内化。学习环境也有两类：私环境和公环境。私环境如家里，安静、干扰少，适用于独立思考，适用于独学；公环境如课室、公共场所，适用交流分享、协作探究，适用于群学。

第八章　跨文化交际视域下大学英语教学其他要素的创新发展

网络英语教学将"在课堂学习知识,在家完成作业"的方式转变为"在家观看视频学习知识,在课堂讨论学习",实现了学习方式与学习环境的完美匹配,即适宜群学的学习内容和与适宜群学的环境相互匹配;适宜独学的学习内容与适宜独学的学习环境达到高度统一。网络英语教学的最大潜力和最大特色可以认为是实现学习活动与学习环境的完美结合与匹配。

(二)网络技术辅助英语教学的理念

既然是教学,那么必然与教学理论与学习理论有着密切的关系,当然英语跨文化教学也不例外。而在网络技术背景下,跨文化交际视域下的大学英语教学还需要遵循特定的教与学理念。下面就对其进行具体分析。

1. 视听教育理论

(1)视听教育理论的核心——"经验之塔"

在教育中,教师会运用到各种视听教学媒体,这些教学媒体也发挥着非常重要的作用,视听教育理论也指出了这一点。视听教育理论是现代教育技术应用的基础理论之一,也是教育技术应用需要遵循的一个基本规律。

关于视听教育理论的研究,戴尔(美国教育家)撰写了《教学中的视听方法》(1946年),在当时产生了巨大的影响。其中视听教育理论的核心——"经验之塔"理论就是出自这本书。"经验之塔"理论将人们获得的经验划分为三种类型:做的经验、观察的经验和抽象的经验,并将经验获取方法分成若干层次。

做的经验主要源自如下三个层面:直接有目的的经验、设计的经验、游戏的经验。

其一,直接有目的的经验。在"经验之塔"模型中,位于最底部的是直接有目的的经验,指的是从日常生活的具体事物中获得的知识,这类经验最具体也最丰富,从日常生活中总结而来,学生获得直接经验是形成概念和进行抽象思维的基础。

其二,设计的经验。通过间接材料(如学习模型、学习标本等)获得的经验就是设计的经验。由人工设计、仿制的学习模型和标本与实物是有差异的,如大小差异、结构差异、复杂度差异等,尽管如此,学生利用这些材料可以更好地理解实际事物。

其三,游戏的经验。通过演戏、表演等获得的经验更接近现实。学生要获得关于社会观念、意识形态、历史事件等事物的经验,通过直接实践是行不通的,因此要根据这些事物的特点来设计相应的戏剧活动,让学生在活动中通过角色扮演获得逼真的经验。

上述三种经验的共同特征都是通过学生的亲自实践获得的,比较具体、丰富。

观察的经验主要源自如下几个层面。其一,观摩示范。学生先模仿别人,再亲自尝试,以获得直接经验。其二,广播、录音、照片与幻灯。学生听录音、广播,看幻灯与照片,可获取相关信息,形成视听经验。这些经验来源的真实性不及电视、电影,比较抽象,但和完全抽象的经验相比,还是具有直接性。其三,参观展览。学生通过观察展览活动中陈列的实物、图表、模型、照片等事物而获取经验。学生在参观展览中看到的事物缺乏真实性,也不具有普遍意义。其四,电视与电影。学生观看电视与电影获得的经验是间接的。利用电视、电影艺术可以将教学中的难点内容形象表现出来,表现手法有编辑、动画、特技等,采用这些丰富的手法可以生动形象地呈现教学内容,使学生理解起来更方便。电视和电影相比,具有直接功能,学生观看电视获得的经验比观看电影获得的经验相对来说更直接一些。其五,见习旅行。学生在参观访问、考察等活动中对真实事物进行观察与学习,从而增长见识,获得丰富经验。在学生的学习过程中,抽象思维伴随其整个过程,只是在程度上存在某些差异。随着信息技术的推广与发展,应在这层经验和电视电影之间增加"计算机互联网"这个新的层次经验。以上经验的共同点是都通过学生的"观察"而获得,它们在"经验之塔"中的分布越高,就越抽象。

抽象的经验主要源自言语符号与视觉符号两大类。其一,言语符号。在"经验之塔"模型中位于最顶端的言语符号的抽象程度是整个模型材料中最高的。言语符号是事物与观念的抽象表示方法,包括口头语、书面语等。言语符号几乎不能单独发挥作用,而要和模型中的其他材料结合起来发挥作用。其二,视觉符号。学生在示意图、图表等事物中获得的经验都是视觉符号经验。如水的流动方向用箭头代表,铁路用线条代表等。这些符号是真实事物的抽象表示形式,学生在这些视觉符号中无法看到真实事物的形态。和语言文字相比,视觉符号更直

第八章　跨文化交际视域下大学英语教学其他要素的创新发展

观一些,学生要对视觉符号所代表的事物有正确的理解,这样才能学到知识,获得有价值的经验。

(2)"经验之塔"理论的要点分析

"经验之塔"理论的基本要点如下。

第一,"经验之塔"模型中最底层的经验是最直接和最具体的学习经验,学生容易掌握,层次越高,经验的抽象程度和间接程度就越强。最抽象的是顶层经验,这一层次的经验便于形成概念,应用起来较为便捷。学生并不是一定要经历从底层到顶层的这个过程才能获得经验;也没有说哪个层次的经验比其他层次的经验更有价值,对经验进行层次划分,只是为了对不同经验的抽象程度有一定的认识。

第二,观察经验在"经验之塔"中处于中段位置,和抽象经验相比,这类经验相对更形象、具体,更容易被学生理解,有利于对学生的观察能力进行培养,并使其直接经验得到弥补。

第三,获得具体经验并不是学习的目的,要在获得具体经验后过渡到抽象经验,以形成概念,便于应用。在推理中需要用到概念,思维与求知都要以概念为基础,这有利于对实践进行有效的指导。在教育中不能过分重视直接经验和过分追求具体化的教学,而要尽可能使学生达到普遍化的充分理解。

第四,在学校教学中,为了使教学更直观、具体,应充分运用丰富的教学媒体手段,这也是使学生获得更好的抽象经验的重要手段。

总之,"经验之塔"理论模型对学习经验进行分类,说明各种经验的抽象程度,与人们的认知规律相符,即从具体到抽象、从感性到理性、从个别到一般。

(3)视听教育理论的优劣

视听教育理论的核心是"经验之塔",其对现代教育技术起到以下几方面的作用。第一,经验之塔理论划分出具体学习经验和抽象学习经验两种类型,提出学生的学习规律是从直观到抽象,这与人类的基本认识规律相符,为教学中对视听教材的应用提供了重要的理论依据。第二,为划分视听教材的类型提供了重要的理论依据,即划分视听教材时,应参考的一个主要依据就是各教材所对应的学习经验的抽象程度,对视听教材的合理分类能够为划分教学媒体的类型和优化选择教学媒体奠定基础。第三,有机结合视听教材与课程,这也是现代教育技术研究与应用的思想基础。

除了上述这些贡献,视听教育理论也具有局限性。第一,只对视听教材本身的作用进行强调,而对设计、开发、制作及管理等一系列环节不够重视。第二,视听教育理论对媒体在教学中地位与作用的认识不到位,认为视听教材只是教学的辅助手段,这会导致教育改革的不彻底和视听教育的作用得不到充分发挥。

2. 教育传播理论

在现代教育学中,用传播学理论对媒体与教学过程进行研究,从中对教学过程中媒体的作用机理进行探索,这是比较传统的一个研究手段,教育传播学就产生于这个研究中。下面主要对教育传播理论的模式、应用、传播过程的功能条件及教学传播中媒体的作用进行分析。

(1)传播理论及模式

传播源自拉丁文 communicure,是共享、共用的意思。英语中的传播 communication 被译为沟通、交流等。当前,传播一般被解释为传播者运用一定媒体与受传者之间进行信息传递和交流的社会活动。传播有自我传播、人际传播、大众传播和组织传播四种类型,这是按照传播涉及人员的范围及传播对象划分的结果。关于传播的理论与模式,下面主要列举几个具有代表性的。

美国伟大的数学家香农曾喜欢研究一些电报通信问题,他在 20 世纪 40 年代提出了一个和通信过程有关的单向直线式数学模型。之后又与著名信息学者韦弗共同对这个模型进行了改进,将反馈系统加入该模型,于是便形成了香农–韦弗模型,如图 8-1 所示。该模型在技术应用方面发挥了重要作用。

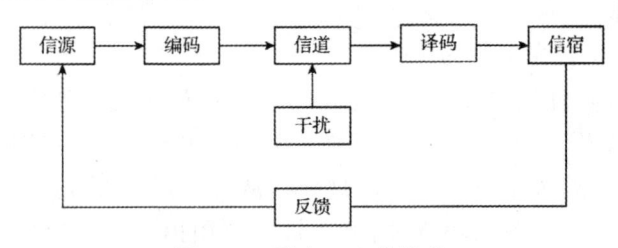

图 8-1 香农–韦弗模式

(资料来源:瞿堃、钟晓燕,2012)

美国学者拉斯韦尔指出,传播过程是由"谁""说什么""采取什么途径""对谁""产生什么效果"五个线性要素共同组成的一种线性结构,也就是"5W模型"。从传播学的角度来看,这五个因素分别对应的

第八章 跨文化交际视域下大学英语教学其他要素的创新发展

是信息源、信息本身、受传者、媒体以及期望的产出。它们之间的关系如图 8-2 所示。

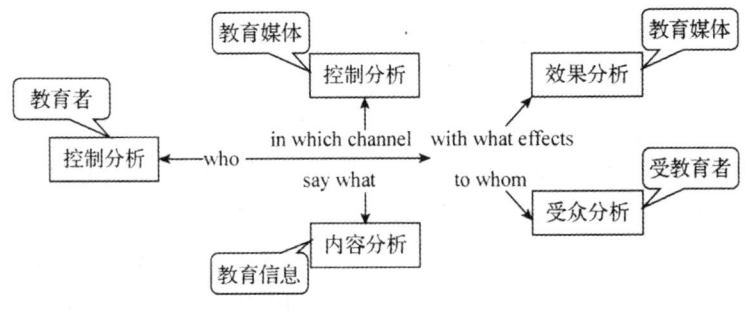

图 8-2 拉斯韦尔模式

（资料来源：瞿堃、钟晓燕，2012）

（2）传播理论对教学过程的解释与说明

利用以上传播模式可以对教学过程进行解释与说明，这些模式为教育传播学研究奠定了重要的理论基础。

其一，指出教学过程的双向性。早期传播理论片面地认为传播过程是单向的，也就是受传者对信息内容被动接受的过程。这种理论对信息接受者作为独立个体所拥有的主动性和自主性没有正确的认识。施拉姆模式指出传播过程是双向的互动过程，传播主体不仅包括传播者，还包括受传者。之所以能够循环不断地进行传播，主要是反馈机制在起作用，这也说明了受传者的主体作用。按照施拉姆传播模式，教学过程中包含教师与学生共同的传播行为，教师传播教学信息，学生接受的同时也做出反馈，因此要从教与学两方面出发来设计与安排教学过程，并将学生的反馈信息充分利用起来，及时调控教学过程。

其二，说明教学过程包含的要素。拉斯韦尔提出了"5W"直线性传播模式，用该模式可以解释一般传播过程。有人以此为基础构建了"7W"模式。该模式指出，传播过程包含 7 个要素，将该模式运用到教学中，也能说明完整的教学过程包含七要素，如表 8-2 所示。

表 8-2 教学过程的要素

Who	谁——教师
Says what	说什么——教学内容
In which channel	用什么方式——教学媒体
To whom	对谁说——教学对象

续表

Where	在什么情况下——教学环境
With what effect	有何效果——教学效果
Why	为什么——教学目的

（资料来源：瞿堃、钟晓燕，2012）

需要注意，在教学过程研究、教学设计安排及教学问题解决中，这些要素都应纳入考虑范围。

其三，确定教学过程的基本阶段。传播是一个连续的、不断变化的过程，具有明显的动态性。为便于研究，可将其划分为六个阶段，每个传播阶段都对应教学过程的一个环节，具体分析如下。

①确定教学信息。将所要传递的教学信息确定下来，这是教学传播的首要环节。教师要从教学目标出发来确定要传递的教学信息。通常，要传递的教学信息出自专家按照教学大纲精心编写的课程教材中。在这一阶段，教师要对课程教材认真钻研，细致分析各教学单元的内容，并进行适当分解，确定被分解后的内容所要达到的传递效果。

②选择传播媒体。这个阶段主要是进行信息编码，选择适当的媒体手段来呈现与传递信息，这个过程比较复杂，需要在科学原理的指导下循序渐进地完成。教师所选的传播媒体要满足以下要求：能将教学信息内容准确呈现出来；方便获取，传播效果较好；与学生的知识水平、经验相符，使学生接受和理解起来更快一些。

③传递信息。在这个阶段重点是将以下两个问题解决好：确定媒体信号传播的范围；合理安排信息内容的传递问题，利用媒体对教学信息进行有序传递，尽可能减少外界环境对媒体信号的干扰。

④接收和解释信息。在教学过程中，学生作为教学主体，不仅要接收教师利用教学媒体传递的教学信息，还要对此进行解释，做出反应。从传播学的角度来看，这个环节主要是进行信息译码。学生先用感官接收信号，然后从自身知识水平与经验出发将接收的信号解释为信息意义，并在大脑中加以储存。

⑤信息反馈与教学评价。学生接收并解释信息后，知识得到增长，智力得到发展，但还需要通过评价来判断预期教学目的是否实现。观察学生的行为变化、课堂提问、课后作业、阶段性测试等都是可采用的评价方式。

第八章　跨文化交际视域下大学英语教学其他要素的创新发展

⑥调整再传递信息。对比信息传播效果与预期教学目标,发现教学的不足,及时调整传播内容、传播媒体,然后再传递,以达到预期教学目标。例如,对于课堂上出现的问题,要在课堂上迅速解决;对于学生课后作业中存在的问题,如果是个别问题,以个别辅导为主,如果是共性问题,需要在课堂上集中解决;对于远程教育中的问题,多提供有价值的资料,或创造条件提供面授辅导。

⑦揭示教学过程的规律。随着传播学与教育学不断融合,现代教学与信息传播逐渐拥有了共同规律,将传播学与教育学理论方法综合运用起来对教学过程与规律进行研究,可有效提高教学效果。

（3）教学传播过程的功能条件

教学系统的结构是在系统各要素相互组合和联系的基础上构成的。这种结构可能是功能较弱的静态结构。只有在信息传播中让系统各要素相互联系与作用,并产生连续循环的动态过程,系统的多重功能才能形成。

教学传播过程就是在教学系统各要素相互作用的基础上产生的循环动态过程。教学系统内部信息传递是实现教学系统多重功能的基本条件,而要维持教学传播过程,需要教学系统各要素具备一定的条件或满足一定的要求,并在此基础上实现自己的功能。具体分析如下。

①在教师层面,作为教学系统中起主导作用的重要组成部分,他们应达到较高标准的要求,如精通专业、熟悉教材、了解学生、教学态度端正、传播技能良好等。此外,教师在教学中必须对教学系统的其他要素及相互关系有深入了解,如教学对象、内容、方法、媒体、环境等。教师自身功能的实现需要具备以下几个条件:教师在所教学科领域的知识水平要高于学生,教师通过不断地学习来提高自己的知识水平;教师要有良好的教学技能,如语言表达技能、教学媒体运用技能等;教师对教学活动要有良好的调控能力,包括调节自身状态和师生关系等。

②在学生层面,完成学习任务,各方面素质协调发展是教学系统功能实现的首要标志。学生实现其功能要满足几个条件:明确的学习目的、一定的学习能力、良好的自控能力。

③在教学内容层面,具体来说,要做到随着社会的发展与时代的进步而不断更新教学内容;在教学内容体系中纳入具有潜在发展意义的前沿知识,注重理论与实践的有机结合;按照学科逻辑、学生认知规律来编排教学内容,如从已知到未知、从整体到部分;教材内容纵横联系、

融会贯通,便于学生接受,又能启发学生探索。

④在教学方法层面,根据教学规律、教学目的任务、教学内容特点、教学环境、学生的适应性及教师的教学能力选用教学方法;对各种有效的教学方法进行适当的优化组合,达到优势互补、相得益彰的效应。

⑤在教学媒体层面,根据教学目标任务、学生特点、学校教学条件合理选用教学媒体;了解各类教学媒体的优缺点,综合使用教学媒体,达到相得益彰的效应;教学媒体功能的发挥受其自身特点及一些实践因素的影响,如媒体操作的复杂程度、媒体资源软硬件添置的可能性、媒体资源配合使用的灵活性等。在教学媒体选用中要综合考虑这些影响因素,将不良影响降到最低。

教学系统中每个要素的功能都直接影响教学系统的运行,只有充分发挥教学系统各个要素的功能,才能保证教学系统正常运行。此外,教学系统中各要素之间的相互关系与作用情况直接决定了教学传播效果,因此要按照信息传播规律与法则来传播教学信息,以最大化地提高教学传播效果。

二、实施线上线下混合式教学

线上线下混合式教学模式指的是将传统意义上的面授教学与以互联网为依托的教学相融合,打造线上资源联合线下辅导的一体化教学模式,教学过程呈现多维度性,训练具有多层次性。线上线下混合式教学模式使得教师的主导作用和学生的主体地位相融合,课堂教学与在线学习相融合,最大限度地发挥了教师的引导、启发和监督作用,体现出以学生为本的教学思想,尊重学生的个性发展,注重学生知识和技能的培养,体现出优质的教学效果。

(一)线上线下混合式教学的优势

1. 整合多重教学资源

在大学英语教学中运用线上线下混合式教学模式,能有效加强学生的学习体验,提升学生的学习效率,而且切合学生的实际需求。首先,网上含有大量的英语教学视频,学生可以根据自身的水平和学习需求,自主选择优质课程,有针对性地利用教学资源。其次,通过线上线下混合式教学模式,学生可以获得丰富的学习体验,会形成自主探究的学习习惯,满足个性化发展需求。

2. 突破时空的限制

信息科技与互联网的发展及其所带来的便利,使得英语教学视频可以在网上广泛传播,多样化的视频教学形式,如专题讲解、碎片化学习、视听说一体的视频教学等教学形式开始出现,使得英语教学的灵活性大大提高。首先,学生可以通过网络方便快捷地获取多元化的教学资源,不受时间和空间的限制而进行碎片化学习。其次,教师可以通过网络资源提升自身的专业素质和水平,从而开展形式灵活、多样化的优质教学,提高英语课堂教学效果。

3. 拓展学习空间

相较于传统的教学模式,线上线下混合式教学模式切入点精准,在整体上能够拓展学习空间。该教学模式引发了教师主导课堂格局的改变,通过丰富的线上资源来充实课堂内容,并且通过线下形式多样的个性化实践措施丰富学生的学习体验,进而精准地切入学生的爱好点,拓展学生的学习空间。将线上线下两种模式混合应用,能够有效改变教学思路,切实优化教学质量。

(二)英语跨文化教学中线上线下混合教学的实施

线上线下混合式教学模式在英语跨文化教学中的应用分为以下三个阶段。

1. 课前助学阶段

在基于线上线下混合式教学模式的英语教学中,教师在授课之前要针对具体的教学内容和学生的学习情况选择合理的课程资源,并且结合实际情况设计能够培养学生自主学习能力的学习任务,以充分利用教材和网络课程资源。例如,"朗文交互学习平台""新理念外语网络教学平台"等都是可以实现师生交互的移动网络平台,通过这些平台,教师可以将教材中所涉及的学习计划、学习目标、学习重点、学习难点、学习主题等相应的预习内容和学习任务等,及时发到学生手中,学生可以根据任务的要求通过不同的方式,如个人独立思考、小组讨论等,有效地获取知识背景,高效地完成预习任务,而且在这一过程中,自主学习能力也会相应地得到提高。

2. 课堂面授阶段

所谓线下，也就是课堂上的面授。在这一阶段，主要是通过课堂的教学平台和自主学习平台的相互融合，展开具有针对性的多媒体辅助教学。

3. 课后巩固阶段

在课后阶段，教师可以通过线上线下混合教学模式进一步补充相应的学习材料，有效拓宽学生视野，加深学生对所学知识的理解和掌握程度。在课后，学生也可以利用网络平台寻找相应的复习资料，进一步加深学习效果，增加练习的实践，扩大知识范围，更好地完成相应的学习任务。课后巩固延伸了课堂教学的空间，能够显著培养学生自主学习能力，也能够为学生养成良好的终身学习习惯打好基础。

参考文献

[1] 陈俊森,樊葳葳,钟华.跨文化交际与外语教育[M].武汉:华中科技大学出版社,2006.

[2] 傅铿.文化[M].上海:上海人民出版社,1990.

[3] 胡文仲,高一虹.外语教学与文化[M].长沙:湖南教育出版社,1997.

[4] 贾玉新.跨文化交际学[M].上海:上海外语教育出版社,1997.

[5] 李雁冰.课程评价论[M].上海:上海教育出版社,2002.

[6] 利奇.语义学[M].著.李瑞华,王彤福,杨自俭,穆国豪,译.上海:上海外语教育出版社,1987:29.

[7] 刘燕.文化与大学英语教学[M].北京:科学技术文献出版社,2020.

[8] 鲁子问,王笃勤.新编英语教学论[M].武汉:华中师范大学出版社,2006.

[9] 普罗瑟.文化对话:跨文化传播导论[M].何道宽,译.北京:北京大学出版社,2013.

[10] 王策三.教学论稿[M].北京:人民教育出版社,1985.

[11] 王宏印.英汉翻译综合教程[M].大连:辽宁师范大学出版社,2002.

[12] 王秋红等.英语阅读教学中的语言处理:理解与赏析[M].杭州:浙江大学出版社,2015.

[13] 王希杰.语言是什么?[M].上海:上海教育出版社,1983.

[14] 威尔斯著,祝珏,周智谟译.翻译学——问题与方法[M].北京:中国对外翻译出版社,1988.

[15] 许钧.翻译概论[M].北京:外语教学与研究出版社,2009.

[16] 严明.跨文化交际理论研究[M].哈尔滨:黑龙江大学出版社,2009.

[17] 严明. 跨文化交际理论研究 [M]. 黑龙江：黑龙江大学出版社，2009.

[18] 张红玲. 跨文化外语教学 [M]. 上海：上海外语教育出版社，2007.

[19] 张健垒. 跨文化交际英语教学与研究 [M]. 北京：冶金工业出版社，2019.

[20] 赵元任. 语言问题 [M]. 台北：台湾商务印书馆，1968.

[21] 毕继万. 跨文化交际研究与第二语言教学 [J]. 语言教学与研究，1998,（1）：10-24.

[22] 毕继万. 第二语言的主要任务是培养学生的跨文化交际能力 [J]. 中国外语，2005,（1）：66-70.

[23] 蔡礼鸿. 从语用学角度浅析跨文化交际语用失误及大学英语教学 [J]. 安阳工学院学报，2021,20（01）：118-121.

[24] 蔡新乐. 翻译哲学真的没用吗？——从皮姆的《哲学与翻译》看翻译的概念化及西方翻译思想史的重构 [J]. 外语教学，2014,（6）：103-107.

[25] 陈新仁，李捷. 英语作为国际通用语背景下的跨文化交际能力培养刍议 [J]. 当代外语研究. 2017,（01）：19-24.

[26] 陈新仁、李民.2015.英语作为国际通用语背景下的语用失误新解 [J]. 外语与外语教学,（2）：7-12.

[27] 代礼胜. 论外语专业学生多元文化认知能力与跨文化交际能力培养 [J]. 外国语文，2009,（5）：116-120.

[28] 邓道宣、江世勇. 略论中学英语语法教学的原则和方法 [A]. 四川大学出版社《外国语文论丛》第8辑 [C].：《外国语文论丛》编辑部，2018：12.

[29] 冯海颖、黄大网. 跨文化交际研究：从本质主义到批判现实主义 [J]. 外语界，2016,（1）：61-69.

[30] 付小秋，张红玲. 综合英语课程的跨文化教学设计与实施 [J]. 外语界，2017,（1）：89-95.

[31] 傅蜜蜜. 论外语教学中跨文化交际能力的培养 [J]. 外国语文，2018,34（05）：155-160.

[32] 高一虹. "英语通用语"的理念发展与现实启示 [J]. 中国外语，2015.（5）：1,9-10.

[33] 高永晨.跨文化交际中文化移情的适度原则[J].外语与外语教学,2003,(8):29-32.

[34] 高永晨.大学生跨文化交际能力的现状调查和对策研究[J].外语与外语教学,2006.(11):26-28.

[35] 高永晨.跨文化交际中文化移情能力的价值与培养[J].外语与外语教学,2005.(12):17-19.

[36] 高永晨.中国大学生跨文化交际能力测评体系的理论框架构建[J].外语界,2014.(4):80-88.

[37] 高永晨.中国大学生跨文化交际能力现状调查与分析[J].外语与外语教学,2016.(2):71-78.

[38] 葛春萍,王守仁.跨文化交际能力培养与大学英语教学[J].外语与外语教学,2016,(02):79-86+146.

[39] 顾晓乐.外语教学中跨文化交际能力培养之理论和实践模型[J].外语界,2017,(01):79-88.

[40] 韩笑.一带一路背景下的大学英语跨文化交际能力培养[J].湖北开放职业学院学报,2021,34(03):166-167.

[41] 胡文仲.跨文化交际能力在外语教学中如何定位[J].外语界,2013,(06):2-8.

[42] 黄佳佳.大学英语写作教学形成性评估中的多元主体研究[J].常州信息职业技术学院学报,2021,20(01):33-37.

[43] 黄文红.过程性文化教学与跨文化交际能力培养的实证研究[J].解放军外国语学院学报,2015,(1):51-58.

[44] 黄元龙.浅议高职英语写作教学的循序渐进原则[J].开封教育学院学报,2017(2):152-153.

[45] 孔德亮,栾述文.大学英语跨文化教学的模式构建——研究现状与理论思考[J].外语界,2012,(2):17-26.

[46] 李壮桂.大学英语后续课程"跨文化交际"的教学实践[J].牡丹江大学学报,2021,30(01):115-118.

[47] 林大津,毛浩然,谢朝群.跨文化交际研究:焦点与启示[J].中国外语,2012(1):98-103.

[48] 刘承宇,单菲菲.大学英语课程的跨文化交际能力共核与差异——基于合法化语码理论的《大学英语教学指南》解读[J].外语界.2017,(04):79-87.

[49] 刘卉.英语文化教学中阅读圈教学模式的构建与探索[J].教育现代化,2018,(45):236-238.

[50] 刘梅华、刘世生.大学生交换学习期间跨文化交际能力和自我身份的变化:访谈研究[J].外语教学,2015(1):65-68.

[51] 马鑫,苏敏,李杰.国际跨文化交际研究现状的文献计量分析(1998—2017)[J].外语教学,2020,41(01):59-64.

[52] 孟银连.高中英语阅读教学中文化知识教学调查研究[D].重庆:重庆师范大学,2018:10.

[53] 冉永平,杨青.英语国际通用语背景下的语用能力及其重构[J].外语教学与研究,2016(2):287-299.

[54] 冉永平、杨青.英语国际通用语背景下的语用能力思想新探[J].外语界,2015(5):10-17.

[55] 任仕超、梁文霞.中外远程协作课程对跨文化交际能力影响的实证研究[J].外语界,2014(6):87-94.

[56] 苏广才,孟昕.大学英语文化差异教学方法实证研究[J].外国语文.2014,30(01):132-135.

[57] 孙有中.外语教育与跨文化能力培养[J].中国外语,2016,(3):1,17-22.

[58] 索格飞,迟若冰.基于慕课的混合式跨文化外语教学研究[J].外语界,2018,(03):89-96.

[59] 谭载喜.翻译比喻中西探微[J].外国语,2006(4):73-80.

[60] 王娇.教育生态学视域下大学英语写作教学中的个案分析[J].海外英语,2021(02):167-168.

[61] 王守仁.高校外语专业学生跨文化能力的培养[J].西北工业大学学报(社会科学版),2019,(04):45-49.

[62] 王晓宇,潘亚玲.我国跨文化外语教学研究发展现状及启示——基于文献计量学分析(2000—2018)[J].外语界,2019,(04):76-84.

[63] 文秋芳.在英语通用语背景下重新认识语言与文化的关系[J].外语教学理论与实践,2016(2):1-7.

[64] 许国璋.语言的定义、功能、起源[J].外语教学与研究,1986,(2):15-22.

[65] 许力生.跨文化的交际能力问题探讨[J].外语与外语教学,

2000,(7):17-21.

[66] 许力生.跨文化能力构建再认识[J].浙江大学学报(人文社会科学版),2011,(3):132-139.

[67] 颜静兰,外语教学中的跨文化教育实践与思考——以英语报刊公选课为例[J].外语界,2018,(03):18-23.

[68] 杨华,李莉文.融合跨文化能力与大学英语教学的行动研究[J].外语与外语教学,2017,(2):9-17.

[69] 杨仕章.翻译界说新探[J].外语教学,2015(6):99-103.

[70] 杨洋.跨文化交际能力的界定与评价[D].北京:北京语言大学,2009.

[71] 杨盈,庄恩平.构建外语教学跨文化交际能力框架[J].外语界,2007,(4):13-21.

[72] 杨盈,庄恩平.跨文化外语教学:教材与教法——外语教学跨文化能力模式的应用[J].江苏外语教学研究,2008,(2):16-21.

[73] 姚瑞兰.深入研读英语语篇,促进核心素养有效形成[J].福建教育,2008(41):51-53.

[74] 叶洪.后现代批判视域下跨文化外语教学与研究的新理路——澳大利亚国家级课题组对跨文化"第三空间"的探索与启示[J].外语教学与研究,2012,(1):116-126.

[75] 张红玲.以跨文化教育为导向的外语教学:历史、现状与未来[J].外语界,2012,(2):2-7.

[76] 张璇,彭兵转.大学英语"跨文化交际"课程思政教学探索[J].黑龙江教育(理论与实践),2021(03):31-32.

[77] 张元元,刘鹃,孙小倩.应用型本科院校英语教学中"文化失语症"现象探析[J].海外英语,2021(02):179-180.

[78] 周学恒,战菊.从《要求》到《指南》:解读《大学英语教学指南》中的课程设置[J].中国外语,2016,(1):13-18.

[79] 朱勇玲.混合式教学理念下的大学英语听力教学模式转型探究[J].海外英语,2021(04):170-171.

[80] 祝爱华.基于中国英语能力等级量表的大学英语教师角色分析[J].扬州大学学报(高教研究版),2021,25(01):100-106.

[81] Coperias M J. Intercultural communicative competence in the context of the European higher education area[J]. *Language and*

Intercultural Communication,2009,9（4）：242-255.

[82] Arasaratnam-Smith, L.A. An exploration of the relationship between intercultural communication competence and bilingualism [J]. *Communication Research Reports*, 2016,（3）：231-238.

[83] Behrnd V & Porzelt S. Intercultural competence and training outcomes of students with experiences abroad[J].*International Journal of Intercultural Relations*,2012,(36)：213-223.

[84] Benveniste, Emile. *Problems in General Linguistics*[M]. Coral Gables：University of Miami Press,1966.

[85] Berwick, R. Need assessment in language programming：from theory to practice[A]. *The Second Language Curriculum*[C]. In R.K. Johnson（ed.）. Cambridge：Cambridge University Press,1989.

[86] Byram M. *From Foreign Language Education to Education for Intercultural Citizenship：Essays and R eflections*[M]. Clevedon, England：Multilingual Matters,2008.

[87] Byram M. *Teaching and Assessing Intercultural Communicative Competence* [M].Shanghai：Shanghai Foreign Language Education Press,2014.

[88] Catford, J. C. *A Linguistic Theory of Translation*[M]. London：Oxford University Press,1965.

[89] Chen G M & Starosta W J. *Foundations of Intercultural Commu-nication*[M]. Shanghai：Shanghai Foreign Language Education Press,2007.

[90] Cook, S. & Burns, A. Integrating Grammar in Adult TESOL Classroom[J]. *Applied Linguistics*,2008,（3）.

[91] Davis,Linell. *Doing Culture—Cross-Cultural Communication in Action* [M].Beijing：Foreign Language Teaching and Research Press,2004.

[92] Elboubekri A. The intercultural communicative competence and digital education：The case of Moroccan University students of English in Oujda [J]. *Journal of Educational Technology Systems*, 2017,45（4）：520-545.

[93] Hall Edward T. *The Silent Language*[M]. New York：Anchor

Books,1959.

[94]]Harmer, J. *The Practice of English Language Teaching*[M]. London: Longman,1990.

[95] Holmes P & O'Neill G. Developing and evaluating intercultural competence: Ethnographies of intercultural en-counters [J]. *International Journal of Intercultural Relations*,2012,(36): 707-718.

[96] Imahori T & Lanigan M. Relational model of intercultural communication competence [J]. *International Journal of Intercultural Relations*,1989,13(3): 269-286.

[97] Johnson J, Lenartowicz T & Apud S. Cross-cultural competence in international business: Toward a definition and a model [J]. *Journal of International Business*,2006,(37): 525-543.

[98] Larsen-Freeman, D. *Teaching Language: From Grammar to Grammaring*[M]. Beijing: Foreign Language Teaching and Research Press,2005.

[99] Lewis, M. M. *Infant Speech: a Study of the Beginnings of Lanuage*[M]. London: Kegan Paul,1936.

[100] Lewis, M. *Second Language Vocabulary Acquisition*[M]. Cambridge University Press,1997.

[101] Lustig M & Koester J. *Intercultural Competence: Interpersonal Communication across Cultures*(5th Ed.)[M].Shanghai: Shanghai Foreign Language Education Press,2007.

[102] Muller, Friendrich Max. Lectures on the Science of Language[A]. *The Origin of Language*[C]. Roy Harris. Bristol: Thoemmes Press,1861.

[103] Newmark, P. *About Translation*[M]. Beijing: Foreign Language Teaching and Research Press,2006.

[104] Nida, E. A. & Taber, C. R. *The Theory and Practice of Translation*[M]. Shanghai: Shanghai Foreign Language Education Press,2004.

[105]]Perry L & Southwell L. Developing intercultural understanding and skills: Models and approaches[J].*Inter-cultural Education*,2011, 22(6): 453-466.

[106] Raymond Williams. *Keywords: A Vocabulary of Culture and Society*[M]. London: Fontana Press, 1983.

[107] Richards, J. C. & R. Schmidt. *Longman Dictionary of Language Teaching and Applied Linguistics*[M]. London, UK: Longman, 2002.

[108] Ruben B. The study of cross-cultural competence: Traditions and contemporary issues[J]. *International Journal of Intercultural Relations*, 1989, 13(3): 229-240.

[109] Rubin, J. An Overview to "A Guide for the Teaching of Second Language Listening" [A]// *A Guide for the Teaching of Second Language Listening* D. Mendelsohn & J. Rubin. San Diego, CA: Dominie Press, 1995.

[110] Samovar, L. & Porter, R. *Communication between Cultures*[M]. Belmont, CA: Wadsworth Publishing Company, 1995.

[111] Spitzberg B H. A model of intercultural communication competence[A]. In Samovar L A and Porter R E (eds.). *Intercultural Communication: A Reader*[C]. Belmont, CA: Wadsworth, 1997. 379-391.

[112] Spitzberg B. A model of intercultural communication competence[A]. In Samovar L A & Porter R E (eds.). *Intercultural Communication: A Reader* (9th Ed.)[C]. Belmont, CA: Wadsworth Publishing Co., 2000. 375-387.

[113] Spitzberg B. Issues in the development of a theory of interpersonal competence in the intercultural context[J]. *International Journal of Intercultural Relations*, 1989, 13(3): 241-268.

[114] Tylor, Edward Burnrtt. *Primitive Culture*[M]. Beijing: the Chinese Press, 1990.

[115]]Wen Q. Globalization and intercultural competence[A]. In Tam K & Weiss T (eds.). *English and Globalization: Perspectives from Hong Kong and Mainland China*[C]. Hong Kong: The Chinese University Press, 2004: 169-180.

[116] Whitney, W. D. Nature and Origin of Language[A]. *The Origin of Language*[C]. Bristol: Thoemmes Press, 1875.

[117] Widdowson, H.G. EST in theory and practice[A]// *Explorations in Applied Linguistics* In H.G. Widdowson (ed.). London: Oxford University Press, 1979.

[118] Perry L & Southwell L. Developing intercultural understanding and skills: Models and approaches [J]. *Inter-cultural Education*, 2011, 22(6): 453-466.